酒店营销实务

张 萍　王蕾蕾　编著

海峡出版发行集团 | 福建人民出版社
THE STRAITS PUBLISHING & DISTRIBUTING GROUP | FUJIAN PEOPLE'S PUBLISHING HOUSE

图书在版编目（CIP）数据

酒店营销实务/张萍，王蕾蕾著．—福州：福建人民出版社，2014.12

ISBN 978-7-211-07074-9

Ⅰ．①酒…　Ⅱ．①张…　②王…　Ⅲ．①饭店—市场营销学　Ⅳ．①F719.2

中国版本图书馆 CIP 数据核字（2014）第 297464 号

酒店营销实务

JIUDIAN YINGXIAO SHIWU

作　　者：张　萍　王蕾蕾

责任编辑：代媛媛

出版发行：海峡出版发行集团

福建人民出版社　　**电　　话：**0591-87533169(发行部)

网　　址：http://www.fjpph.com　　**电子邮箱：**fjpph7211@126.com

微　　博：http://weibo.com/fjpph

地　　址：福州市东水路 76 号　　**邮政编码：**350001

经　　销：福建新华发行（集团）有限责任公司

印　　刷：福州万达印刷有限公司

地　　址：福州市仓山区金山大道 618 号桔园洲工业园 19 号楼

开　　本：700 毫米×1000 毫米　1/16

印　　张：18

字　　数：300 千字

版　　次：2014 年 12 月第 1 版

印　　次：2014 年 12 月第 1 次印刷

书　　号：ISBN 978-7-211-07074-9

定　　价：38.00 元

本书如有印装质量问题，影响阅读，请直接向承印厂调换

版权所有，翻印必究

前　言

广州番禺职业技术学院的酒店管理专业是首批国家示范性重点建设专业。近年来，随着“内涵式发展”理念的不断深入，以及“一技之长+综合素质”的高技能人才培养目标的不断践行，酒店管理专业在工学结合的道路一直在积极探索。

《酒店营销实务》这门课程就在此背景下产生的，它从酒店的实际工作岗位与工作任务出发，根据营销与公关的基本理念与知识进行整合，在多轮的教学实践中不断完善，最终构建了 6 项学习情境板块，10 项子任务。学生通过完成 10 个任务，能很好地理解酒店营销公关知识，掌握相关技能，并养成酒店业所需的职业素养。

编写思路

1. 以学生为中心，使学生喜欢用，用得上，所以在体例上设计中依照学生的学习过程整合资源，从课程预习到任务完成的评价全过程对学生进行有效引导。

2. 以网络课程为依托，充分利用与整合网络资源，引导学生线上线下同步学习。

3. 以酒店营销真实或高度模拟的工作任务及其工作过程为依据整合教材内容，突出学生实践能力的培养。

4. 教材理论方面，充分考虑高职学生的特点，理论内容适可而止，不刻意强调高深，但求实用。

教材结构

教材由“情境导入”，分别由 6 项“教学情境”和“案例研读”构成。

1. 在情境导入中，为吸引学生兴趣，特设计 4 个话题，供学生由浅入深了解酒店营销与营销人。

2. 情境 1—6 是围绕着市场营销的工作过程所设计；每个情境由 1—3 个精心选取和提炼的具体任务构成。在教材体例上，由“案例导入”——引起兴趣，“任务明确”——了解要完成的任务，“预习指导”——提供引导文指导学生预习并完成初步练习，“知识讲解”——结合任务讲解所需的知识，“资源扩展”——为完成任务提供所需的其他课外知识，“任务参考”——提供任务的范文与模版供学生参考，“任务评价”——提供任务考评方案，“任务实施自查”——为任务负责人提供管理反思等环节构成。总之，教材在整体结构上既考虑酒店营销部真实工作过程，又考虑学生的学习接受过程。

3．“案例研读”部分精心选取能贯穿本课程所有内容的案例，供学生参考学习，加深对知识的理解，并提高学以致用的能力。

教材特色

一是校企合作开发与设计课程内容。以情境为线索，以任务为导向，注重职业性、实践性、实用性，将“教学做相结合，理论与实践一体化”的课堂教学模式融入此书。

二是以“源于工作、高于工作”确定学习任务，在课程内容的组织方面“以营销的工作过程为依据整合和序化”。

三是以学生为中心，创新教材体例。课程章节的体例设计，从学生实际需求出发，全面涵盖完成任务的各个环节。

四是以网络课程为依托，构成立体化教材。充分利用与整合网络课程资源，引导学生线上线下同步学习。与网络课程配合使用，是集视频、案例库、课件、试卷、资讯等为一体的立体化教材，资源丰富，时效性强。

五是表单丰富，实用性强。此教程开发了一套严谨的学习管理表单，如引导文任务单、任务实施进程自查表以及评价单等，有很强的引导性与实用性，充分体现了先进的酒店管理专业的办学特色，有较大的推广前景。

本教材的编写者是来自全国首批示范性重点高职院校酒店管理专业一线的主讲教师。编写团队熟悉高职学生特点，具备深厚的理论功底，拥有丰富的教学经验以及酒店营销公关的实践经验，与时俱进地了解酒店行业动态和最新的营销活动。广州番禺职业技术学院张萍编写情境导入、情境1、2、3；王蕾蕾编写情境4、5、6；全书由张萍统稿和整理。

在教材编写过程中参考和借鉴了大量的酒店经典案例、诸多专家学者的相关著作和研究成果，在此表示衷心的感谢！

作　者

2014-11-05

目　　录

导入：酒店营销与营销人

话题 1：为什么要做酒店营销人

在国内的星级酒店里，特别是高星级酒店里，营销部的男男女女越来越引人注目。在酒店其他部门的眼中，营销人员帅哥靓姐最多、洋话说得好的最多、跳槽被挖的最多、高薪高待遇的最多。所以，营销部门成了酒店人气最旺的部门，人人向往的部门。其实，这只是营销人员的一面，营销人员还有完全相反的一面。可以说，营销人员是一帮事事处处反差最大的人。这里，不妨说一说。

第一，这是一群受宠最多、挨骂最多的人。在酒店客人多、生意好的时候，你看营销人员个个趾高气扬、踌躇满志，连老总见了都眉开眼笑；可是生意上的事变幻莫测，到了淡季生意差的时候，这群人就该灰头土脸、愁眉不展了。如果各家酒店都生意不好，那还好说，总还有个理由推诿。问题是有的酒店偏偏淡季不淡，那营销人员就得留神了。比如说，本来在旺季谁都看不上眼的一个小会议，在淡季，也会被各家酒店争得不亦乐乎，如果你争到手了，这算你有运气，老总的脸色还能看；如果你失手了，那你就麻烦了，在酒店开经营会的时候，老总会拍桌子瞪眼地把营销部批评一番。

第二，这是一群出风头最多、受窝囊气也最多的人。在酒店的各个部门中，营销部最有机会同酒店内部的各个部门与酒店外部的大千社会接触，营销人员是把顾客同酒店服务连接起来的桥梁。你看营销人员无论是洽谈生意，还是做公关访问时，个个西服革履、油头粉面，经常是手机、平板电脑一个也不少，一天跑下来，几个会议或团队就搞定了。特别是一些大型会议，更是营销人员露彩儿的时候，从确定接待方案到食宿会场落实，从对客沟通到店内协调，都看营销人员唱主角了：有的脑子灵光、善用心计的营销人员，一次会议搞下来，不但与会务组的人成了哥们儿、拉住了一个大客户，还会瞅准机会，同那些大公司的总裁、CEO或市长、部长们单独合影留念。这是营销人员光彩照人的一面，当然还有营销人员受窝囊气的一面。现在是买方市场，店多客少，客人什么事都明白，特别知道怎样保护自己的利益，有时甚至是没有道理，也会挤兑得你没脾气，反正客人总是对的。比如在旺季的时候，有的客户会拼命地拉拢营销人员，不但向营销人员要房，还要好价格，并拍着胸脯向营销人员承诺淡季如何如何，营销人员费尽九牛二虎之力总算帮他们把事情搞定了，满心期望着淡季来了以后，凭着这份交情，日子好过一点。然而，当淡季来临时营销人员发觉上当了，有些客户对市场经济的理解就是唯利是图，根本不管其前提条件是公平与信用。等到了淡季，他还会给营销人员生意，但是态度会是截然不同，本来就是没有钱可赚的生意，他也会向你提出各种苛刻要求，可是没法子，总要有些业绩，也不能让住房率太难看了。问题并没有到此结束，本来营销人员在客人面前忍气吞声地受了一肚子窝囊气，在酒店内部还没有人理解营销人员，餐饮部门也好、客房部门也好，会指着你的鼻子说：赔本赚吆喝的活你们也接，你们讨好客人了，让酒店人员受累。那里外不是人的滋味真难受。

第三，这是一群最轻松但也是最辛苦的人。比起酒店内其他业务部门，营销部的工作看起来是轻松自由的，一般，除了参加早会外，其他时间基本上是自己控制，只要完成任务，你怎样去做，不大会受到太多干涉。开通一点儿的老总，还会给营销部很大的工作方便，比如给部门配备一辆跑业务用的专车，在一定的限额内请客吃饭可以先斩后奏。有时，为了接送VIP客人或洽谈大生意，老总甚至把酒店最好的车留给营销部用。看着营销人员陪着客人在餐厅里谈笑风生，进出酒店车来车往，别的部门的人看了会多少有些羡慕或是嫉妒。其实，这些都是表面现象，在营销人员轻松自在的背后是焦虑与压力，世界上没有免费的午餐，完不成任务指标，结果就是调离岗位或是被炒鱿鱼。当周末别的部门的人踩着下班的铃声回家的时候，营销人员可能刚刚开始与客人在餐桌上周旋：营销人员既要考虑与客人的亲疏远近，又要照顾客人的脾气口味。一晚上下来，客人乘兴而归，营销人员却是头昏脑涨，饥肠辘辘，说不定回到家还要遭白眼。

第四，这是一群挣钱最多但也是挣钱最少的人。在酒店里，各部门员工对营销部的收入都或多或少有一种神秘感，看营销人员平日的穿着打扮，大家普遍认为营销部的人挣钱多。总的来说，营销部的员工收入高是个事实，因为，一般来讲，这个部门由于其工作任务的特点，在分配制度上与其他部门有较大不同，从某种意义上来说更能体现多劳多得。比如说许多酒店的销售人员的底薪很低，几百元而已，而销售提成很高，拉来的客人越多，收入自然就会越高，在提成上不封顶的酒店里，个别销售人员的工资加提成在一些时候甚至会超过老总的收入。然而，面对这样的事实，许多人有意无意地忽略了营销人员的赚钱过程，忽略了营销人员的投入，这种投入是其他部门的员工所无法比较的。营销人员没有工作时间和休息日的概念，客户需要，就要随叫随到；营销人员必须投入大量的感情，不管营销人员喜欢还是不喜欢；营销人员必须投入大量的智慧，一方面要使客户满意，另一方面还要打败竞争对手。这样的投入难道不应该有高一点的回报吗？问题是，尽管营销人员这样努力了，营销人员仍有可能收入最少。比如说，一时之间的工作失误，就可能造成客户的重大投诉，不但拿不到提成，底薪还要被扣掉。

近年来，市场竞争的日趋激烈，营销部在酒店里的作用越来越大，于是就有了龙头部门的说法，无论是老总，还是普通员工都对这个部门另眼相待。另眼相待，有时有利，有时有弊。有利的时候，它可能会使营销人员有优越感，会受到特殊的待遇；有弊的时候，它会使营销人员感到有更大的压力，对营销人员的要求更加苛刻。但是，不管是有利还是有弊，有一点毋庸置疑，同酒店内其他大多数部门的工作相比，这是一个颇具挑战性的工作，它要求从事这项工作的人员必须是出类拔萃的英才。

就冲着这么多故事，干吗不当营销人呢！

资料来源：《酒店夜话》作者：迟晓，（略有删改）

话题 2：营销人员的必备素质

那么，做个酒店营销人到底要什么条件呢？下面的几条应该是最基本的条件。

第一，诚实守信。这是做人的首要条件，也是做好营销人的首要条件。因为诚实与信用的成本最低，是为人做事最简单、最有效的办法。说到这里，有些人肯定会对此嗤之以鼻，他能举出许多例子反驳营销人员的观点。营销人员必须承认，在社会上，把诚实、守信与傻瓜等同起来的人是有的，以欺骗为手段，名利双收的人也是有的。但是，他们付出的成本很高，这些成本就是人格与良心。如果营销人员自甘堕落与他们为伍的话，那是否值得呢？这是其一。其二，有一句谚语说得好："你可能骗人一时，不可能骗人一世。"面对越来越成熟的消费者和越来越多的竞争者，做营销人切不可怀有小人之心谋取不义之财。

第二，尽职尽责。做酒店营销人要有高度的责任感，要对顾客、酒店与自己负责。这里强调尽职尽责不是讲普遍性的大道理，而是由酒店的产品所决定的，酒店产品与其他有形产品相比，其特点之一就是无法贮藏。一间标准房少则两三百元，多则上千元，如果营销人员不负责，稍有差错，就可能使一个间/夜的收入永远丢失了。而对于有形产品来说，今天卖不出去，明天可以再卖，并且丝毫不影响它的价值。有时，问题并没有到此为止，更严重的是酒店在损失了一个间/夜的收入同时，顾客因此也受到了影响，那么，这种影响将会使酒店永远失去一位回头客，这样的损失是无法估量的。

第三，善于沟通。这是酒店营销人必须具备的能力，因为与各种各样的人沟通是营销人员的主要工作内容，这一点做不好，做营销人也就无从谈起了。酒店营销人在其工作过程中，往往起着酒店与顾客之间的桥梁的作用，营销人员对外代表酒店，对内代表顾客。营销人员的沟通能力决定了营销人员是否可以扮演好这两种角色。作为顾客代表，营销人员必须深入了解顾客对酒店的需求，作为酒店的代表，营销人员必须对酒店能够提供的服务了如指掌。酒店的服务温馨周到地满足顾客的需求固然是酒店的服务宗旨，但是营销人如何使顾客心悦诚服地接受酒店的服务则是营销人沟通的本事。

第四，学无止境。首先，从大的方面而言，酒店业是世界上最古老的行业之一。因其古老，沉淀就特别丰厚，所以后来人要想有所发展，就必须首先把前辈留下来的东西学懂弄通，然后才可以谈学习新知识，应用现代的思想、观念、科技满足现代广大顾客的需求。其次，由于营销人员面对的顾客多是社会地位与经济收入较高的人，这些人从某种意义上讲是社会精英阶层的代表，因此，为他们服务，需要营销人员具备丰富的知识与阅历；再次，就营销人员个人而言，由于职业特征，营销人员需要尽可能多地同各种各样的人打交道，因此营销人员暴露自己的缺点、弱点与无知的机会就越多，要想少丢人现眼，营销人员除了事事处处小心谨慎、注意形象之外，只有坚持不断地学习新知识、接受新观念、注意新潮流，才可能做好营销工作。

第五，换位思考。酒店营销人无论是为顾客服务，还是处理同其他部门的工作关系，都应该自觉地站在对方的立场上替对方想一想，特别是当营销人员认为顾客的要求超出了营销人员的服务规范时，营销人员更应该如此。如果营销人员是在家中吃饭，有谁会因为吃出了一根头发而把一盘菜都倒掉呢？然而，作为客人在酒店吃饭，他们会以所谓菜太咸了为理由非要把一盘菜退掉不可，为什么？客人花钱了，应该享受服务。当营销人员把得了伤风感冒而仍然坚持拜访客户作为一种敬业精神时，营销人员客户却很有可能认为这是传播病毒，其实，换个位置一想，营销人员马上就明白了。营销人员没有必要把顾客当成国王，只要把他们当成顾客就可以了，从这一点而言，“顾客总是正确的”。

第六，具备必需的营销知识与技巧。营销部门许多具体业务是非常专业的，作为一位营销人，听懂相关专业词汇才能更好地与同事进行沟通；掌握典型工作任务的一般处理方法与技巧才能胜任这个工作岗位；营销离不开环境，对顾客、对大环境的把握与了解也有助于你更好地把握市场机会，更好地达成绩效。

话题 3：营销＝销售？

“营销”和“销售”是一回事吗？也许你会说是，或者拿不定主意。那我们先来阅读一个小小案例。

疲惫的张先生随着熙熙攘攘的人群挤出了车站。坐了一天一夜的火车非常疲劳，他只想找个地方好好睡一觉。他把行李放在地上，环顾四周，耳畔赫然传来一个高音喇叭单调、刺耳、操着当地方言的“叫喊”声：“××饭店，经济实惠。××饭店，经济实惠……”

张先生不由得皱了皱眉。这时，几个形象不佳的人像是一下子发现了目标，迅速把他包围起来，七嘴八舌地说："找住处吧？上我们那儿。""我们旅馆近，拐弯儿就到。""我们那儿便宜，包吃包住。"其中有人还拉扯起张先生来。张先生被弄烦了，一边说："不去，不去!"一边推开他们，拿起行李，钻进一辆出租车，迅速离开了。

没过几天，张先生再次出差，而这已经是张先生本月第四次出差了。连日来令人头痛的工作和长途飞行以及时差的困扰让他疲惫不堪。当他走下飞机时，心情简直糟透了。他一抬头，一则宣传广告映入眼帘：画面上，一位客房服务员正在精心整理一张宽大的睡床，整个画面色调柔和淡雅，为人们传递着一种家一般温馨的感觉。它的宣传词写着："不给您铺好一张舒适的床，我们怎能睡好觉?"张先生心中不由得一热："是的，我知道这家酒店。它向来以周到的服务、良好的形象、完善的设施为客人带来高尚尊贵与安静舒适的感受。我为什么不入住这家酒店好好休息一下呢?"张先生定睛看了一下广告下方酒店的具体地址和电话，叫了一辆出租车，直奔这家酒店。

思考：张先生出差到达目的地的第一件事就是找家酒店住下。为什么在火车站那么多人围着他主动向他推荐住处，他却转身逃走？而另一次在机场，仅看到一则不会说话的宣传广告，却主动拉起行李，义无反顾地直奔那家酒店呢？张先生的这两次选择说明了什么？这些酒店的做法有什么不同？酒店的目的是什么？

有时候，人们片面地把市场营销等同于销售，其实销售并不是营销，它仅仅是市场营销的一部分。著名管理大师彼得·德鲁克曾经指出："可以设想，某些销售工作总是需要的，然而营销的目的就是要使销售成为多余，营销的目的在于深刻地认识和了解顾客，从而使产品或服务完全地适合他们的需要而形成产品自我销售，理想的营销会产生一个已经准备来购买的顾客，剩下的事就是如何便于顾客得到产品或服务……"美国营销学权威菲利普·科特勒认为："营销最重要的内容并不是销售，销售只不过是营销冰山上的一角……如果营销者把认识消费者的各种需求，开发适合的产品以及定价、分销和促销等工作做得很好，这些产品就会很容易地销售出去。”

因此，销售不是营销。营销工作早在产品问世前就开始了。企业营销部门首先要确定哪里有市场，市场规模如何，有哪些细分市场，消费者的偏好和购买习惯如何。营销部门必须把市场需求情况反馈给研发部门或生产部门，让研发部门设计、生产出适应该目标市场的最好的产品。营销部门还必须为产品顺利走向市场而设计定价、分销和促销计划，让消费者了解企业的产品，方便地买到产品；在产品售出后，还要考虑提供必要的服务，让消费者满意。所以说，营销不是企业经营活动的某一方面，它始于产品生产之前，并一直延续到产品售出之后，贯穿于企业经营活动的全过程。

许多有关市场营销的定义将有助于我们对市场营销的了解，美国的营销协会把营销定义为：“营销是引导商品和劳务从生产者到达消费者或用户手中所进行的企业活动。”英国的营销协会则是这样认为：“一个企业如果要生存、发展和盈利，就必须有意识地根据用户和消费者的需要来安排生产。”日本的企业界人士认为：“在满足消费者利益的基础上，研究如何适应市场需求而提供商品和服务的整个企业活动就是营销。”

尽管以上有关市场营销的几种定义不尽相同，但是我们可以从这些定义中归纳出星级酒店市场营销的含义：星级酒店的市场营销是一个非常现代化的、理论化的、系统化的科学，同时又是灵活、复杂和多样的。营销不是经营销售，它具有这样一种功能：负责了解、调研宾客的合理需求和消费欲望，确定酒店的目标市场，并且设计、组合、创造适当的酒店产品，以满足这个市场的需要。

至此，我们可以明确地体会到营销与销售的区别。销售是把你拥有的东西想尽办法卖给对方，而营销则是你拥有别人想要的东西。所以，从现在开始，在我们正式学习这门课之前，请在脑子里时刻提醒自己：“我们的工作要高度关注顾客的需要，而不是我们自己的产品。我们要努力接近顾客，了解他们的需要，重视他们的价值，生产出他们需要的产品，把他们需要的产品放到他们抬眼就能看到的地方，想办法让他们能够拥有想要的产品。”

分析前面的小案例，我们会发现，张先生的两次经历带来了截然不同的结果。其实，案例中提到的各种酒店都在做着同样一件事：寻找客源。

无论是在火车站，还是在机场，它们都是在把潜在的客人变成酒店真正的客人。但在张先生第一次经历中，那些酒店的所作所为不能称之为营销，只能算作一种拙劣的销售活动。这种不分对象、不计他人感受、强行销售，或者说推销的行为只会让人产生厌烦，让客人远离你。相反，在第二次经历中，张先生之所以主动入住那家酒店，也不仅仅是那则动人的广告发挥了作用。广告只是让张先生对这家酒店产生了好感，并且他坚信在他入住的过程中，酒店会给他带来美好的回忆。这就是我们前面提到的理想的营销效果：产生一个已经准备来购买的顾客。

资料来源：田雅琳等《酒店市场营销实务》

话题4：酒店营销部及工作岗位

国内星级酒店承担市场营销职能（Sales & Marketing）的部门名称除了有营销部之外，还有销售部、市场部、营业部、公关营销部、公关市场部、市场推广部、公关销售部、预订销售部等。营销部是酒店的重要经营部门，在以总经理为核心的酒店领导班子带领下，全面负责酒店产品的对外销售工作，包括客房、会议室、康乐设施、餐饮项目等，它关系到酒店的营业额、酒店的形象及酒店的生存和发展，在酒店起着龙头的作用。

一、营销部的主要工作任务

定期进行本行业与本地市场调研，收集、分析市场信息，并向酒店董事会当局汇报，供决策参考，协助酒店董事会确定、调整和完善本酒店的市场营销决策和计划，提出切合实际的建议，发挥市场营销参谋的作用。

根据酒店董事会制定的经营目标和下达的销售任务，制订相应的中短期销售目标、市场策略和具体实施计划，并组织实施，使酒店获得良好的综合效益。

组合酒店产品，对酒店的地理位置、设备设施、服务项目与质量及对市场的把握进行合理组合，使推广工作更具针对性，最大限度地提高酒店的平均房价与有效收入。

对酒店的客房、餐饮、会议室及各类娱乐设施的出租运用各种营销手段进行推广，确保充分、合理地实现其时间价值，同时提高酒店的社会美誉度。

二、酒店营销部典型组织结构图

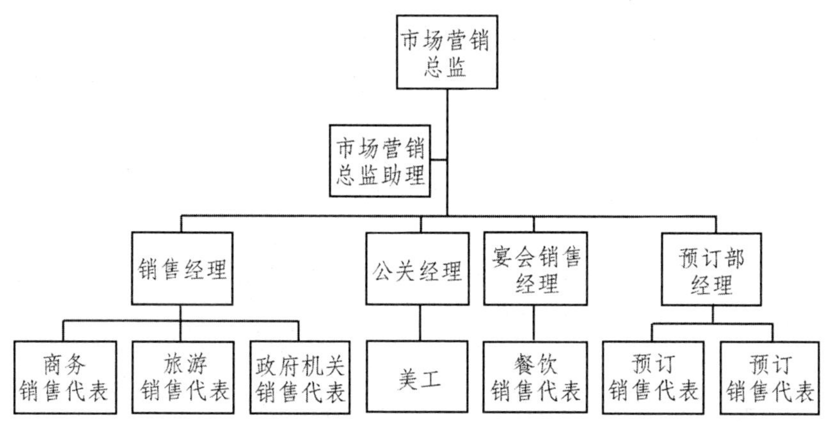

图1　酒店营销部组织结构图

三、营销部主要岗位职责及工作任务

在实际工作中，各酒店会根据自身的经营特点、规模大小等因素设置不同的营销部岗位。

（一）市场销售总监

1. 层级关系

直接上级：执行总经理。

直接下级：销售经理、广告公关经理、餐饮和宴会部经理、预订部经理。

2. 岗位职责

在总经理的领导下，全面负责酒店市场销售部的工作，制订酒店销售和公关战略，制订酒店的营业目标及实施计划，监督并指导计划的执行，做好市场拓展工作，树立酒店形象并负责对外宣传工作，与相关部门沟通协调，确保各项经营指标的完成。

3. 工作任务

(1) 积极进行市场调研，掌握市场发展趋势，做出市场预测，确定酒店目标市场，提出酒店经营的战略目标。

(2) 根据目标市场的需求，设计出酒店最佳产品组合，选择合适的销售渠道，制订合理的价格策略。

(3) 提出酒店客房的整体预算建议，并在总经理批准后制定实施细则，保证各项指标的完成。

(4) 制订酒店年度市场销售计划、酒店宣传推销及广告计划，定期检查和督导这些计划的实施。

(5) 负责市场开发，指导并组织销售人员挖掘和维护新老客户，扩大客源。

(6) 策划酒店广告及宣传资料，做好对外宣传工作，组织多种营业推广和促销活动，不断提高酒店声誉。

(7) 负责与政府部门、上级主管部门、新闻单位、中外旅行社、主要客户单位及同行等的沟通与联系，并与他们建立稳定良好的协作关系。

(8) 做好与其他相关部门的沟通与协作，确保酒店销售计划的落实和实现。

(9) 根据市场状况和客人需求，提出酒店服务设施和服务项目改进的建议。

(10) 定期对下属进行绩效评估，按照奖惩制度实施奖惩，组织、督导部门培训，对销售人员进行技术指导，不断提高员工素质。

(二) 市场营销总监助理

1. 层级关系

直接上级：市场营销总监

2. 岗位职责

在市场销售总监领导下，负责本部门有关文件的打印、签收、发送、复印、存档工作；负责本部门各种文件、资料的搜集整理和归档工作；负责本部门办公设施及财产的维护、管理与补仓等工作。

3. 工作任务

(1) 根据市场销售总监的要求处理本部门的各项文书。

(2) 协助市场销售总监召集部门会议，协助组织有关活动。

（3）与各部门文员沟通，协调处理好上级、下级、同级的文件和信息传递工作。

（4）根据总监要求起草文件，经总监修改、确认签名后，打印发出。

（5）做好档案分类、保管工作，各类文件非经市场销售总监同意不得外借、复印传出，对机密文件要认真登记。

（6）负责部门办公用品、礼品、福利品、书籍资料的领取、登记、分发和保管工作。

（三）销售经理

1. 层级关系

直接上级：市场营销总监。

直接下级：销售代表。

2. 岗位职责

在市场销售总监领导下，负责酒店销售工作，制订销售计划和销售策略，有效开拓市场，与各部门协调销售接待工作，保证销售任务顺利完成。

3. 工作任务

（1）在市场销售总监领导下，主持销售部各项工作的计划、组织和控制工作，传达、执行酒店会议决议和上级下达的经营管理指令。

（2）制订销售部部门工作目标和销售策略，并对销售决策提出建议。

（3）指导销售人员研究销售情况，进行市场开发。

（4）组织员工收集市场信息，进行市场调研，归纳整理市场信息，认真做好市场研究，定期向市场销售总监提出市场研究报告。

（5）制订销售拜访计划，审阅销售日报、销售周报，检查销售拜访效果，并带领下属完成销售拜访计划。

（6）负责制定、完善销售部的各项规章制度，不断改进工作方法和服务程序，努力提高销售水平。

（7）检查落实重要客人的接待工作，经常拜访客户，听取意见和建议，处理客人投诉。

（8）与酒店其他相关部门协调沟通，密切合作。

（9）督导员工建立和健全客户档案及其他本部各类工作档案。

（四）商务销售代表

1. 层级关系

直接上级：销售经理。

2. 岗位职责

在销售经理的领导下，做好商务市场的销售工作，并落实商务市场的销售计划，完成部门下达的销售定额指标。

3. 工作任务

（1）贯彻执行酒店的销售计划，完成销售经理下达的定额指标。

（2）汇总所负责商务市场的有关信息，编制每周、每月的走访报告和近期的重点接待任务、客源信息、客户情况、出现的问题及新客户的情况等信息报告，制订出具体的工作计划。

（3）与交通、运输、制药等其他商务性质的单位人员联系，掌握商务市场的动态，提出合理化建议。

（4）根据酒店的经营情况，并经销售经理的同意，向客户提供信息，做好宣传推销，及时了解客户的要求、意见和最新计划。

（5）接受预订，及时向销售经理汇报重点、大型的业务活动，确保客人抵达之前做好一切准备工作。

（6）建立客户档案，为商务市场分析及商务市场的预测提供参考依据。

（五）旅游销售代表

1. 层级关系

直接上级：销售经理。

2. 岗位职责

在销售经理的领导下，做好旅游市场的销售工作，并落实旅游市场的销售计划，完成部门下达的销售定额指标。

3. 工作任务

（1）贯彻执行酒店的销售计划，完成销售经理下达的定额指标。

（2）汇总所负责旅游市场的有关信息，编制每周、每月的走访报告和近期的重点接待任务、客源信息、客户情况、出现的问题及新客户的情况等信息报告，制订出具体的工作计划。

（3）与旅行社的人员联系，掌握国内外旅游市场的动态，提出合理化建议。

(4) 根据酒店的经营情况，并经过销售经理的同意，向客户提供信息，做好宣传推销，并及时了解客户的要求、意见和最新计划。

(5) 接受预订，及时向销售经理汇报重点、大型的业务活动，确保客人抵达之前做好一切准备工作。

(6) 建立客户档案，为旅游市场分析及旅游市场的预测提供参考依据。

(六) 政府销售代表

1. 层级关系

直接上级：销售经理。

2. 岗位职责

在销售经理的领导下，做好政府市场的销售工作，并落实政府市场的销售计划，完成部门下达的销售定额指标。

3. 工作任务

(1) 贯彻执行酒店的销售计划，完成销售经理下达的定额指标。

(2) 汇总所负责政府市场的有关信息，编制每周、每月的走访报告和近期的重点接待任务、客源信息、客户情况、出现的问题及新客户的情况等信息报告，制订出具体的工作计划。

(3) 与政府单位的工作人员联系，掌握政府政策动向，提出合理化建议。

(4) 根据酒店的经营情况，并经过销售经理的同意，向客户提供信息，做好宣传推销，并及时了解客户的要求、意见和最新计划。

(5) 接受预订，及时向销售经理汇报重点、大型的业务活动，确保客人抵达之前做好一切准备工作。

(6) 建立客户档案，为政府市场分析及政府市场的预测提供参考依据。

(七) 公关经理

1. 层级关系

直接上级：市场营销总监。

直接下级：美工。

2. 岗位职责

在市场营销总监的领导下，负责组织并落实酒店广告宣传品的设计、制作和实施。

3. 工作任务

(1) 根据酒店要求，组织美工人员进行各种广告宣传的策划、设计和制作。

(2) 审核制品质量，维护酒店的格调和气氛。

(3) 制订美工工作规范制度，并组织有效执行。

(4) 收集、掌握有关信息，建立信息资料库。

(5) 负责酒店一切纪念活动、重要活动、庆祝活动的摄影工作。收集整理相关文字资料，并对所有照片、底片资料进行分类归档。

(6) 制订和落实美工培训计划，提高美工水平，并定期对其进行考评。

(7) 负责美工设备、用品的管理，并提出申购计划。

(八) 美工

1. 层级关系

直接上级：公关经理。

2. 岗位职责

具体负责酒店各类广告宣传品的设计和制作。

3. 工作任务

(1) 负责酒店各种广告、告示牌、装潢、标志、工艺美术宣传品的设计、加工和制作。

(2) 负责对外服务宣传和推广方面的摄影录像。

(3) 协助宣传部门、新闻单位和特邀广告制作单位拍摄酒店宣传资料。

(4) 负责节日、纪念活动、庆祝活动、酒会或会议场地的布置美化工作。

(5) 负责酒店服务指南、酒店简介、广告画面、菜谱、请柬、明信片、酒店画册、纪念品、圣诞卡、信封信纸的设计和制作，并监督印刷质量。

(6) 负责各种美工、宣传用品和器材的保管、维护。

(7) 收集各类有关广告宣传信息、资料。

（九）宴会销售经理

1. 层级关系

直接上级：市场营销总监。

直接下级：销售代表。

2. 岗位职责

对内负责与相关部门的沟通协调，对外代表酒店接洽会议、宴会及相关业务，并负责与老客户保持良好的关系，同时拓展、开发新客户，并通过业务活动了解市场信息，协助上级制定策略，力求达到酒店年度计划和预算收入目标。

3. 工作任务

（1）与酒店的客户群体保持联系，满足其合理需求。

（2）熟悉酒店宴会厅、餐厅、服务设施、设备，以便对顾客作全面的介绍。

（3）促销酒店现有的宴会产品、设施、场地及各项服务。

（4）将客户资料整理存档，并保持完整性及准确性。

（5）服从部门主管指派，到酒店外拜访客户、接洽业务或勘察酒店外的大会场地。

（6）负责接洽并协助各餐厅的订席事宜。

（7）负责带领来访宾客参观，介绍酒店宴会厅设施。

（8）参加部门定期举行的业务沟通会议，提交每天的业务简报以及所有指定出席的会议。

（9）将客户意见及同行评语予以记录，并报告上级以求改进。

（10）随时以积极主动的态度招呼客人，注意个人仪容，保持端庄形象。

（11）每周上交工作重点报告，包括确定待跟踪的生意，每月上交业绩报告。

（十）预订部经理

1. 层级关系

直接上级：市场营销总监。

2. 岗位职责

认真贯彻酒店制定的服务标准，确保预订部日常工作的正常运作。根据酒店的经营情况，及时有效地向销售部总监提供房价管理发展策略、收益管理工作以及销售策略发展建议。

3. 工作任务

（1）带领并监督预订部准确高效地完成每天的预订工作并努力突破计划。

（2）贯彻酒店制定的服务标准，制订和完成预订部年度工作计划。

（3）负责房价管理和具体操作，负责房间统筹分配和管理，并负责第三方订房系统的管理和具体操作。

（4）负责超额预订的控制和团队占房的管理与监督，客流量较大时监督预订等候名单的控制和具体操作的监督。

（5）有效处理客人对预订工作的投诉。

（6）负责销售合同的保管和整理。

（7）为预订部主管和员工提供必要的工作技能培训计划，并积极参与授训。

（8）切实有效地完成市场营销总监分配的工作任务和已制订的工作计划，提供房价管理发展策略、收益管理工作、销售发展策略。

（十一）预订部销售代表

1. 层级关系

直接上级：预订部经理。

2. 岗位职责

认真贯彻酒店制定的服务标准，协助预订部经理确保预订部日常工作的正常运作。根据预订部人员在日常工作中的情况，及时有效地向预订部经理提供预订部的具体管理建议。

3. 工作任务

（1）运用销售技巧和房间销售升级推广来销售酒店的产品和服务。

（2）发展和维持相关的销售电话拜访。

（3）以电话和邮件方式跟进和记录所有预订信息。

（4）以跟踪、记录并处理预订成功但客人没有到店的情况。

（5）记录特殊团队和会议的账单情况。

（6）对于所有信用卡预订批准要求要随时与前厅部主管和财务主管沟通。

（7）对酒店特殊价格，要求和相关人员随时进行补充及交流。

（8）协助预订部经理准确高效地完成每天的预订工作，并实时监督预订员的具体工作，在客流量较大时积极帮助预订员完成预订工作。

（9）贯彻酒店制定的服务标准，切实有效地协助预订部经理完成预订部年度工作计划，并提出适当的建议。

（10）负责超额预订的控制和团队占房的具体操作，客流量较大时监督预订等候名单的控制以及具体操作。

（11）独立处理简单的预订方面的投诉。

（12）积极参加工作技能培训，向预订部经理提出有效的培训建议，并具有独立培训能力。

小任务

组　建　团　队	
任务描述	1. 成立6—7人学习小组，选择要模拟的酒店。 2. 团队成员任职于此模拟酒店营销部各岗位，并安排岗位并画出组织结构图。 3. 营销部成员制定本团队口号、团队公约。 4. 将上述内容分享在课程论坛中。
网络课程网址	广州番禺职业技术学院网站首页——网络教学中心——院系中心——人文社科学院——《酒店市场开发与公关宣传》 http://121.33.253.215/solver/classView.do?classKey=20006906&menuNavKey=20006906

情境 1　调研酒店市场环境

单元 1　调研酒店经营环境

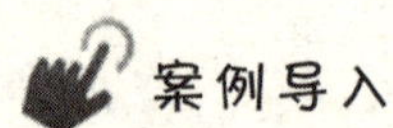

案例导入

随着 2013 年以来政府严控财政开支及政府机关消费措施的出台，酒店创业也受到一定影响。如何适当调整经营策略，是酒店必须面对的课题。

当然，从战略高度来讲，酒店对于经济环境的不断变化始终应保持常态化的预判，宁可做好最坏的打算并力求不断更新。在营销渠道上要加大力度拓展更多的市场，相应地，在服务方面也要不断挖掘和创新，努力提高客人的回头率。目前，酒店在各大点评网站上的评价信息都很不错，尤其在 Tripadvisor 上的排名长期名列前茅，在诸如携程、艺龙等在线预订网站的得分也分在前列，这些都是关键。

这种“内忧外患”的情形也会从另一面推动各大酒店拼命完善自身的经营能力和营销手段，正如逆水行舟，不进则退。客观上讲，中国服务业的整体水平跟日本、韩国等亚洲发达国家还有明显的差距，也许 2013 年开始的政策调整对全体酒店而言也是一个机会，对于酒店经营者来说，乐观积极的态度是必不可少的，不管未来是坦途还是险境，君若安好，便是晴天。

从案例中可以看出，政策、突发事件对酒店的经营产生了影响，酒店不得不调整自己的经营措施以应对环境的变化。那么，究竟酒店营销环境都包括哪些要素？如何来分析环境因素以及酒店该如何应对呢？这些都是本任务中将要讨论与完成的问题。

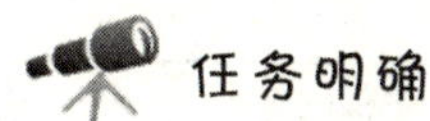

任务明确

任　务　单	
任务描述	以小组为单位，以 SWOT 分析为框架，完成所模拟酒店的营销环境分析，撰写分析报告。
成　　果	某酒店 SWOT 分析报告。
具体工作过程	开始：承上一任务，团队选择本次任务的任务实施负责人。 过程：根据本情境的任务要求，收集模拟酒店的环境相关二手资料，进行汇总研讨，并撰写 SWOT 分析报告。任务实施负责人要填写项目实施进程自查表。 评价：各小组就所完成任务的计划与实施过程作总结，准备 PPT 并进行汇报与评价。
具体工作任务	1. 确定本项目负责人，开会商议工作计划。 2. 本项目负责人为全组成员讲解 SWOT 分析的方法与注意事项。 3. 依据计划分工收集相关资料。 4. 汇总并讨论所收集到资料，形成分析报告。 6. 项目负责人进行班级汇报，并答辩。 7. 项目负责人，总结得失，填写项目实施进程自查表。
需填写的表单	1. 填写引导文答案概要（见预习指导）。 2. 工作（项目）实施进程自查表。 3. 工作（项目）评价单。
建　　议	虽然网络上可以收集到大部分相关资料，但仍建议小组前往所选定的酒店进行实地感知。

预习指导

1. 登陆课程学习网站，观看视频《安利为谁而变》，思考安利进军中国市场的策略与举措有哪些变化，为什么会发生这些变化？

视频位置：课程学习网站──→视频资源──→课程学习同步参考系列──→情境一──→安利为谁而变

2. 根据如下引导文，阅读教材“知识讲解”内容，并尝试在空白处回答相应的问题。

预习引导文	读者自学后回答
1. 什么是营销环境？具体包含哪些元素？	
2. 如何理解营销环境的特点？（请任选一个方面谈谈你的理解）	
3. SWOT 分析法的内涵是什么？	
4. SWOT 分析的目的是什么？	

一、市场营销环境的含义及特点

（一）市场营销环境的含义

市场营销环境是企业营销职能外部的不可控制的因素和力量，这些因素和力量是与企业营销活动有关的影响企业生存和发展的外部条件。

市场营销环境包括微观环境和宏观环境。微观环境指与企业紧密相连，直接影响企业营销能力的各种参与者。宏观环境指影响微观环境的一系列巨大的社会力量。营销环境按其对企业营销活动影响时间的长短，可分为企业的长期环境与短期环境，前者持续时间较长或相当长，后者对企业市场营销的影响则比较短暂。营销环境的内容比较广泛，可以根据不同标志加以分类。

（二）市场营销环境的特征

客观性。环境作为营销部门外在的不以营销者意志为转移的因素，对企业营销活动的影响具有强制性和不可控性。

差异性。不同的国家或地区之间，宏观环境存在着广泛的差异，不同的企业，微观环境也千差万别。

多变性。构成营销环境的诸因素都受众多因素的影响，每一环境因素都随着社会经济的发展而不断变化。

相关性。营销环境诸因素间，相互影响，相互制约，某一因素的变化会带动其他因素的相互变化，形成新的营销环境。

（三）市场营销活动与市场营销环境

市场营销环境通过其内容的不断扩大及其自身各因素的不断变化，对企业营销活动产生影响。市场营销环境的内容随着市场经济的发展而不断变化。其次，市场环境因素经常处于不断变化之中。

营销环境是企业营销活动的制约因素，营销活动依赖于这些环境才得以正常进行。营销管理者必须注意营销决策，不得超越环境的限制；企业营销活动所需的各种资源，需要从环境许可的条件下取得，企业生产与经营的各种产品，也需要获得消费者或用户的认可与接纳。

虽然企业营销活动必须与其所处的外部和内部环境相适应，但营销活动绝非只能被动地接受环境的影响，营销管理者应采取积极、主动的态度能动地去适应营销环境。在一定条件下，也可运用自身的资源，积极影响和改变环境因素，创造更有利于企业营销活动的空间。

二、微观市场营销环境

企业的微观营销环境包括企业本身、市场营销渠道企业、顾客、竞争者和社会公众。营销活动能否成功，除营销部门本身的因素外，还要受这些因素的直接影响。

（一）企业内部

企业为开展营销活动，必须设立某种形式的营销部门，而且营销部门不是孤立存在的，它还面对着其他职能部门以及高层管理部门。企业营销部门与财务、采购、制造、研究与开发等部门之间既有多方面的合作，也存在争取资源方面的矛盾。这些部门的业务状况如何，它们与营销部门的合作以及它们之间是否协调发展，对营销决策的制定与实施影响极大。

（二）市场营销渠道企业

供应商。供应商是向企业及其竞争者提供生产经营所需资源的企业或个人，包括提供原材料、设备、能源、劳务及其他用品等。

营销中间商。营销中间商主要指协助企业促销、销售和经销其产品给最终购买者的机构，包括中间商、物流公司、营销服务机构和财务中介机构。

（三）顾客

顾客就是企业的目标市场，是企业服务的对象，也是营销活动的出发点和归宿。企业的一切营销活动都应以满足顾客的需要为中心。因此，顾客是企业最重要的环境因素。

（四）竞争者

企业要成功，必须在满足消费者需要和欲望方面比竞争对手做得更好。企业的营销系统总是被一群竞争者包围和影响着，必须识别和战胜竞争对手，才能在顾客心目中强有力地确定其所提供产品的地位，以获取战略优势。

从顾客作出购买决策的过程分析，企业在市场上所面对的竞争者，大体上可分为以下四种类型：

愿望竞争者：指提供不同产品以满足不同需求的竞争者。

属类竞争者：指提供不同产品以满足同一种需求的竞争者。

产品形式竞争者：指满足同一需要的产品的各种形式间的竞争。

品牌竞争者：指满足同一需要的同种形式产品不同品牌之间的竞争。

（五）公众

公众指对企业实现营销目标的能力有实际或潜在利害关系和影响力的团体或个人。

企业所面临的公众主要有以下几种：

（1）融资公众：指影响企业融资能力的金融机构。

（2）媒介公众：主要是报纸、杂志、广播电台和电视台等大众传播媒体。

（3）政府公众：指负责管理企业营销业务的有关政府机构。

（4）社团公众：包括保护消费者权益的组织、环保组织及其他群众团体等。

（5）社区公众：指企业所在地邻近的居民和社区组织。

（6）一般公众：指上述各种关系公众之外的社会公众。

（7）内部公众：企业的员工，包括高层管理人员和一般职工。

三、宏观市场营销环境

宏观营销环境指对企业营销活动造成市场机会和环境威胁的主要社会力量，包括人口、经济、自然、技术、文化等因素。企业及其微观环境的参与者，无不处于宏观环境之中。

（1）人口环境。市场是由有购买欲望同时又有支付能力的人构成的，人口的多少直接影响市场的潜在容量。

（2）经济环境。经济环境一般指影响企业市场营销方式与规模的经济因素，如消费者收入与支出状况、经济发展状况等。

（3）自然环境。自然环境主要指营销者所需要或受营销活动所影响的自然资源。营销活动要受自然环境的影响，也对自然环境的变化负有责任。

（4）政治法律环境。政治环境指企业市场营销的外部政治形势。法律环境指国家或地方政府颁布的各项法规、法令和条例等。

（5）科学技术环境。科技的发展对经济发展有巨大的影响，不仅直接影响企业内部的生产和经营，还同时与其他环境因素互相依赖、互相作用，给企业营销活动带来有利或不利的影响。

（6）社会文化环境。社会文化主要指一个国家、地区的民族特征、价值观念、生活方式、风俗习惯、宗教信仰、伦理道德、教育水平、语言文字等的总和。

小思考

任选某一环境因素，分析现状及其对酒店营销的影响。

四、SWOT 分析

SWOT 分析是将对企业内外部条件各方面内容进行综合和概括，进而分析组织的优劣势、面临的机会和威胁的一种方法。

SWOT 分析的目的：通过对企业之内部优势（Strengths）、劣势（Weaknesses）及对外部之机会（Opportunities）与威胁（Threats）四个构面等做详细深入之分析，以了解企业所处的外部环境与内部环境体制，准确寻找企业发展的机会点，作为准确订定企业目标和对策的依据，并避免高估或低估目标值。

（一）SWOT 分析的内容

S、W 以平衡积分卡四大构面来分类；O、T 以经济、社会文化、政治/法律、技术、竞争来分类。

1. 内部环境——优势（S）与劣势（W）

◆财务面：财力，投资效益。

◆顾客面：顾客满意情况，公司形象和声誉。

◆内部流程面：营运流程。

◆员工学习与成长面：员工能力，信息系统能力，激励、授权和协作。

2. 外部环境——机会（O）与威胁（T）

◆经济：汇率、进出口变动、全球变化、市场状况（成长、衰退、流行、趋势，为什么要进入此商圈、当地生活水平、当地收入所得、当地消费情况等）。

◆社会文化：企业的形象、消费形态。

◆政治/法律：政治事件、国家有关的政策和法规。

◆技术：新科技、专业化。

◆竞争：分析讨论竞争因素。

（二）描绘 S/W/O/T 步骤

可以先在纸上画一个十字，将纸分为四个区域，然后将与公司有关的优势、劣势、机会与威胁写下来，如图 1—1—1 所示。

（三）SWOT 分析的写作方式

1. 不要存在大范围的叙述、任何一条叙述都不应有相关，应是独立时间。

2. 企业诊断的问题要全部体现到 SWOT 内，除非现已解决。

3. 描述 S/W/O/T 时，只描述问题，而不做抽象的概括，更不是问题的解决方法。

4. 不能想象或自己个人感觉，应该是事实数据。

5. 选择比较对象时（如竞争对手），一定要是可比较的。

6. S 和 W、O 和 T 不能相互矛盾。

7. S/W/O/T 的要点要一致，不能有包含关系，如 S2 是 S1 的一种具体表现。

S 优势
1. 擅长什么？
2. 组织有什么新技术？
3. 能做什么别人做不到的？
4. 和别人有什么不同？
5. 顾客为什么来？
6. 最近因何成功？

W 劣势
1. 什么做不来？
2. 缺乏什么技术？
3. 别人有什么比我们好？
4. 不能够满足何种客户？
5. 最近因何失败？

O 机会
1. 市场中有什么适合我们的机会？
2. 可以学什么技术？
3. 可以提供什么新的技术/服务？
4. 可以吸引什么新的客户？
5. 怎样可以与众不同？
6. 组织在 5—10 年内的发展？

T 威胁
1. 市场最近有什么变化？
2. 竞争者最近在做什么？
3. 是否赶不上客户需求的变化？
4. 政治经济环境的改变是否会伤害组织？
5. 是否有什么事可能威胁到组织的生存？

图 1—1—1　SWOT 分析图

（四）SWOT 分析的标准格式——范例

××公司 2014 年 SWOT	外部因素			
	机会 O		威胁 T	
	经　济	A. ＃＃＃ B. ＃＃＃…	经　济	A. ＃＃＃…
	社会文化	C. ＃＃＃…	社会文化	B. ＃＃＃… C. ＃＃＃…
	政治/法律	D. ＃＃＃… E. ＃＃＃…	政治/法律	D. ＃＃＃…
	技　术	F. ＃＃＃…	技　术	E. ＃＃＃…
	竞　争	G. ＃＃＃…	竞　争	G. ＃＃＃…

续表

	优势 S		OS 策略	TS 策略
	财务构面	1. ＃＃＃ 2. ＃＃＃…	如：A、B—1、2、3＃＃＃…	如：A、D—4、5＃＃＃…
	顾客构面	3. ＃＃＃ 4. ＃＃＃…		
	流程构面	5. ＃＃＃		
	员工构面	6. ＃＃＃ 7. ＃＃＃…		
	劣势 O		OW 策略	TW 策略
	财务构面	1. ＃＃＃ 2. ＃＃＃…	如：B、C—4、5＃＃＃…	如：C、D—1、2＃＃＃…
	顾客构面	3. ＃＃＃ 4. ＃＃＃ 5. ＃＃＃…		
	流程构面	6. ＃＃＃ 7. ＃＃＃…		
	员工构面	8. ＃＃＃…		

图 1—1—2　SWOT 分析标准格式

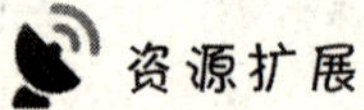

资源扩展

《中华人民共和国旅游法》倒逼下的酒店业如何另辟蹊径

酝酿 30 多年的《中华人民共和国旅游法》终于在 2013 年 10 月 1 日起正式实施。中国作为全球旅游大国，这部旅游法算得上是一部迟到的法律。在此前，旅游团强制购物，导游个人赚回扣，景区随意涨价等潜规则在中国旅游市场屡见不鲜，怨声颇多。这部对当前旅游市场“潜规则”刀刀见血的法规，带来了净化市场、规范经营的预期，许多旅行社、在线旅游商、景区和酒店等相关从业者算计着如何在洗牌中生存下来。

经济型酒店、星级酒店或陷冰火两重天

旅游法的出台，影响最大的必然是旅行社，价格上涨或成为旅游产品不可避免的趋势之一，旅行社将涨价归结为旅游产品真实价格回归的体现。而对旅行社的这一说法，部分消费者则大呼“Hold 不住”，转而选择自由行、自助游。消费者的这一转变，最开心的当属经济型酒店了，有业内人士预计，旅游法实施初期，旅游产品合同价格的增加及自由出行比例的增加，将为经济型酒店带来更多客流。对此，布丁酒店市场部兼国际事务部高级总监章蔚表示，布丁酒店的散客、会员数占到整体客源的 70%，在自由行游客比例增加后，如何引导消费者重复消费，确立对品牌的信赖，是经济型酒店行业发展的一个课题。

锦江之星旅馆有限公司市场部副总监乔东岭也认为，不同于星级酒店的旅游社团体接待业务，经济型酒店多以商务差旅和自助游的散客为主。旅游法规范了旅游业的发展，能够极大地促进游客出行，这对经济型酒店行业而言绝对是利好消息。

而另一边，旅游法的颁布，对星级酒店，特别是承接了较多旅行社团体业务的星级酒店而言就没那么幸运了。旅游产品价格的大幅上涨势必会影响对价格敏感度高的消费者的出游意愿。

旅游法的颁行，不仅影响着内地各大星级酒店，对香港酒店业亦引起了轩然大波，业界透露，“十一”黄金周香港星级酒店入住率大受影响，酒店房价罕见地减价，尤以团客最爱的三星酒店为甚。针对如此情况，不论是香港还是内地的星级酒店，似乎只能选择不断降价来吸引客源。“10 月 1 至 3 日订房率较好，价格也在 10%上下浮动；4—6 日就惨了，要减价 3 成，愈偏远愈惨淡！”香港酒店业协会总干事吕尚怀这样形容接待内地团酒店订房情况。

吕尚怀还表示，旅游法不但令消费者却步，旅行社亦抱观望态度不敢订房，导致预订率只及 2012 年一半。加上新法要求旅行社出团前，必须清楚列明住宿酒店名称，不能再像以往般敷衍了事，更令旅行社止步，但他认为是好事，“起码不会再出现 2012 年内地团睡巴士的丑态”。

旅游法将统一酒店等级评定，规范行业发展

旅游法对酒店行业影响最大的条款应该是第五十条：“旅游经营者取得相关质量标准等级的，其设施和服务不得低于相应标准；未取得质量标准等级的，不得使用相关质量等级的称谓和标识。”

华美酒店顾问机构首席执行官赵焕焱表示，旅游法对酒店行业最直接的影响就是确保了服务的标准和质量。目前国内酒店自称“超五星级”“白金五星级”“六星级”“七星级”的现象普遍存在，而一些所谓“精品酒店”也缺乏业内公认的衡量标准。另一方面，“饭店”“酒店”“旅馆”“宾馆”等的不同称谓，也使得国内酒店行业缺乏统一的管理，因此，旅游法的这条规定将在很大程度上对规范酒店业的标准等级评定起到积极作用。

针对鱼龙混杂、低价恶性竞争等问题，赵焕焱建议，酒店的等级评定应该注意市场化、公众化、公益化，评级主应该从官方、半官方转向行业协会。而在这个过渡时期出台并实施旅游法，有利于高星酒店行业标准的统一、行业发展的规范，进而通过审批干预或者听证会等形式，对市场表现不佳的酒店设限。

资料来源：迈点网（2013-9-30，作者：孟令涛）

http://info.meadin.com/dj/9222_1.shtml

科技影响酒店

今后，决定一家酒店受欢迎指数的，除了其历史、装饰、服务等因素，不可避免地还有：它有多高的科技含量？

高速网络服务已不算什么了。一些走科技路线的酒店们引入的科技元素还包括：用 RFID 实现智能识别、配备苹果设备控制房间细节、智能影音设备、引入机器人进行服务、高海拔酒店自动控氧等。我们来看一下几家在国内外科技应用比较突出的酒店。

1. 佛罗里达迈阿密海滩马林酒店（Marlin Hotel）

这家精品酒店只有 16 个房间，但却提供两套功能齐备内设苹果笔记本的录音棚。每个房间配备连接到一台 Apple TV 的 60 英寸 HDTV。客人可以使用房内配备的 iPad 控制电灯、电视、声音和温度等。实际上，你入住期间所使用的 iPad 在你入住之前就已经根据你的 apple 账户自动设定好你喜爱的电影、音乐和游戏，可谓十足的个性化服务。同时，宾馆还提供 10 MBps 的无线上网，四处都有 Tannoy 环绕声系统和重低音扬声器。

嗅评：霸道的影音体验十分出众，房间的个性化控制是亮点。

科技智能星级：★★★★☆

2. 纽约 YOTEL 酒店（YOTEL NEW YORK）

这家酒店的客房都挂满了紫色情绪照明灯，还配有几乎无声的加热和冷却系统、一面装有平面液晶电视的电子墙、许多笔记本电脑和其他设备的电源插座、高速无线网络、一个通过电视机扬声器播放 iPod 和 MP3 音乐的连接设备和一张通过按按钮可以扩展到全尺寸的电动床。

它还是世界上唯一一个使用机器人礼宾服务的酒店。一个长 15 英尺的机械臂矗立在酒店大厅的玻璃窗后，其在客人办理入住手续前或办完入住手续后会拿起客人的行李并将它安全地存储在抽屉墙其中的一个抽屉里。

嗅评：加入的高科技元素让房间更加人性化，机械臂也足够酷。

科技智能星级：★★★★

3. HUB BY PREMIER INN

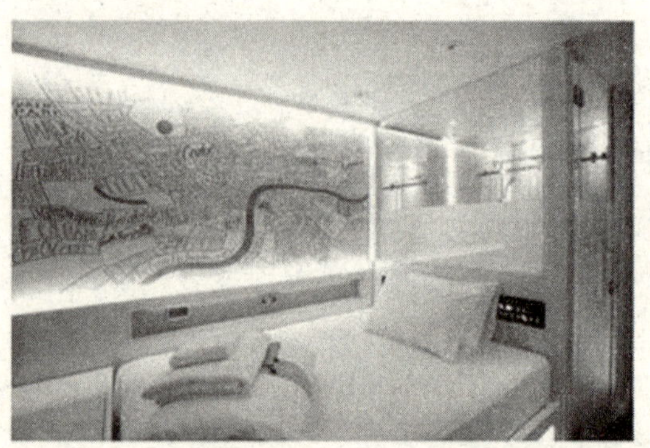

这是英国最大的酒店连锁集团 Whitbread 计划于 2014 年开设的一家智能商务酒店。这将成为英国首家允许客人通过手机应用来控制体验的酒店，客人能够通过该应用来网上选房订房、check in（办理入住），甚至调节室温和灯光亮度等。在客房内，客人也能通过手机选定需要的电视或电台频道，然后将之串流到房间的平板电视进行观赏。目前，这样的智能商务酒店在伦敦已经有了 5 个试点房间。

嗅评：商务型酒店与完全智能化的结合是最大的亮点，对于时间就是金钱的商务人士，这样的搭配再好不过了。

科技智能星级：★★★★☆

4. 京基 100 深圳瑞吉酒店

这个号称“中国内地最高的酒店”每个房间都配备了 iPad。房间的窗帘开闭、房间灯光、电视和温度等都能通过 iPad 一手操控。

嗅评：通过 iPad 进行房间控制做得很好，但仅有这样的功能略显单薄。酒店主要还是以豪华和“瑞吉传奇管家”作为主要卖点。

科技智能星级：★★★

5. 杭州黄龙饭店

这家酒店与 IBM 合作配置了智能化客房系统。仅凭一张特殊的智能卡，VIP 顾客一进入酒店即可被系统自动识别，无须办理任何手续即可完成入住过程。客房会自动按照客人的习惯进行设置，如自动调节温度等，使其能够马上在自己熟悉的舒适空间里工作和休息。

除了客房系统，房间内还有许多高科技元素。房间电视在有人敲门时会自动切换到门前实景，还可以查询个人的消费情况和飞机班次。房间里还配备了苹果电子产品连接埠和豪华音响等等。

嗅评：入住及客房的智能化系统是主要卖点，但能否使所有普通房客受益呢？敲门时电视显示这样的细节很有心。

科技智能星级：★★★☆

上文列举了国内外五家高科技酒店。从中不难看出，国内的“高科技酒店”与国外成功酒店仍有较大差距。国内酒店在引入高科技元素时往往偏重功能，而忽略了对整个系统的构建。当各个环节的高科技构成一个系统时，才能最大限度地为酒店的整体品质和服务质量加分。

资源来源：虎嗅网（2013-07-13，作者：生活方式）
http://www.huxiu.com/article/17185/1.html

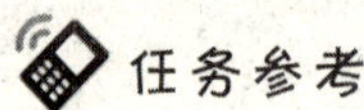

南京绿地洲际酒店 SWOT 战略分析

一、酒店概况

南京绿地洲际酒店位于南京市鼓楼区中央路 1 号，中国内地第二高楼 450 米高紫峰大厦内，地处交通主干道中山北路和中央路交汇处的鼓楼广场，地铁站近在咫尺。南京绿地洲际酒店拥有 445 间全景式客房、4 间餐厅、两个 1000 平方米的无柱式宴会厅和 7 个面积不同的会议室。其中，客房面积最小为 40 平方米，位于 78 层的云端餐厅是目前江苏省高度最高的餐厅。

二、SWOT 分析

（一）优势（S）

1. 经济环境

南京绿地洲际酒店由南京国资集团与上海绿地集团共同投资建造，经济实力雄厚，在饭店建设和设备完善上有较大的发展空间和能力。

2. 人力资源

（1）管理水平：南京绿地洲际酒店引进了洲际酒店管理集团进行管理，具备科学的管理系统和较高的管理水平以及大批优秀的酒店管理人才。

（2）奖励制度：南京绿地洲际酒店采用有效奖励计划和个人奖励计划，对付出额外劳动力的员工给予额外奖励，同时以渐进式提成、员工个人表现奖金和知识工资的形式激励员工不断追求新的目标。

3. 服务水平

（1）硬件设施：南京绿地洲际酒店是商务便利型宾馆，除住宿和餐饮服务外还有酒廊、池畔酒吧、室内外游泳池、健身房以及小会议室、秘书服务、视听设备等全套娱乐设施和商务中心。

（2）酒店服务：南京绿地洲际酒店以优质服务闻名中国，配有贴心的叫早、备餐等客房及礼宾服务，服务人员服务技能较好，服务水平较高。

4. 营销策略

（1）服务特色：根据江浙区域消费者口味提供菜系，在保证质量的前提下提供尽量丰富的菜品；每间客房内都装有宽度至少 2 米的落地窗，玻璃窗附近配置的一个大型浴缸以便客人在夜晚观赏流光溢彩的南京城。

（2）品牌经营：以连锁经营模式产生品牌效应，举办各类活动回馈消费者以打响品牌。

（二）弱点（W）

1. 消费人群

南京绿地洲际酒店以商务型宾馆为定位，简约的奢华风格是众多商务人士的出行住宿选择，然而仅仅是精美华丽的酒店外观还不足以吸引大量游客，因此消费人群面相对较狭窄。

2. 酒店设计

南京绿地洲际酒店在外观及室内设计上虽然呈现了简约奢华的风格，然而没有凸显南京的“六朝古都、十朝都会”城市文化品位，与大部分高星级酒店类似，没有脱颖而出。

（三）机会（O）

1. 地理位置

南京绿地洲际酒店位于南京市鼓楼区紫峰大厦，为南京市地标性建筑，交通便利，地段繁华，夜景优美。

2. 公共关系

南京绿地洲际酒店善于创造良好的公共关系，以优质的服务取得客人的青睐。目前为南京市口碑最好的高星级酒店之一。

3. 消费市场

近年来，南京市大力发展旅游业，作为旅游业支柱产业之一的饭店业也蒸蒸日上。同时，中国经济飞速发展，商务人士的流动量也越来越大，潜在的消费市场广阔。

（四）威胁（T）

1. 竞争对手

（1）同级酒店：随着经济的发展，居民消费水平的提高，南京市高星级酒店日趋增加，各大酒店纷纷以各其特色博得不同消费者的青睐，市场不变而实力相当的竞争者增加。

（2）特色相异：现代生活工作节奏的加快使越来越多的消费者趋向于选择赏心悦目的度假酒店，或者别具城市文化风情的青年旅馆，这对于商务宾馆定位的南京绿地洲际酒店的消费人群形成了限制。

三、SWOT战略

（一）优势—机会（SO）

南京绿地洲际酒店可以依靠富余的经济实力、完善的设施设备、先进的管理技术、优秀的管理人才、科学的营销策略，在地理位置极佳、消费人群广大、知名度美誉度兼高的有利条件下，不断完善硬件设施，提高服务水平，以更优质的形象不断发展。

（二）弱点—机会（WO）

南京绿地洲际酒店可以利用位于南京玄武湖畔商业集聚、地段繁华的优势，突出其夜间华灯的美，可与其他五星级酒店拉开差距，而商务宾馆定位使得游客量较小这一问题，也可因地处商务中心的便捷位置而缓解。

（三）优势—威胁（ST）

南京绿地洲际酒店在与同类高星级酒店竞争的同时，可以汲取竞争对手的优点，取长补短，转劣为优；同时依靠其实力与口碑，不断改进，不断创新，仍然可以立于领先之地。

（四）弱点—威胁（WT）

南京绿地洲际酒店应当在原有的华丽外观的基础上，打造更多独特形象，且为客人所欣赏；同时保持优质特色服务，使独特的洲际酒店形象深入人心；建立良好的公众关系、实践社会市场营销，打造成独特的商务高星级酒店。

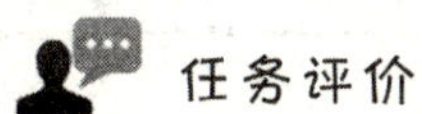

任务评价

单元 1　任务评价方案

<table>
<tr><th rowspan="2">评价项目</th><th rowspan="2">序号</th><th rowspan="2">考核项目及分值比例</th><th rowspan="2">评价标准</th><th colspan="3">考核方式及单项权重</th></tr>
<tr><th>学生自评</th><th>组员互评</th><th>教师评价</th></tr>
<tr><td rowspan="6">通用评价指标（50%）</td><td>1</td><td>工作计划性（10 分）</td><td>工作计划与具体实施情况偏差较小，并在必要时能合理调整计划，保证顺利完成任务。</td><td>10%</td><td>10%</td><td>80%</td></tr>
<tr><td>2</td><td>实施过程（20 分）</td><td>正确理解任务并按时、保质完成任务。分析方法正确，准确填写管理表单。</td><td>10%</td><td>10%</td><td>80%</td></tr>
<tr><td>3</td><td>成果汇报与语言表达（5 分）</td><td>汇报内容完整、表述清晰、语言流利，回答问题正确、熟练。</td><td>10%</td><td>10%</td><td>80%</td></tr>
<tr><td>4</td><td>答辩情况（5 分）</td><td>团队成员熟悉内容，能很好地完成各评委的提问。</td><td>—</td><td>50%</td><td>50%</td></tr>
<tr><td>5</td><td>工作态度（5 分）</td><td>纪律性好，主动积极，认真负责，勤学好问。</td><td>10%</td><td>20%</td><td>70%</td></tr>
<tr><td>6</td><td>团队合作和协作（5 分）</td><td>与小组成员和谐合作，主动承担分工，合理处理人际关系并能协助他人完成工作任务。</td><td>50%</td><td>25%</td><td>25%</td></tr>
<tr><td rowspan="5">任务评价指标（50%）</td><td rowspan="5">7</td><td colspan="2">酒店经营环境 SWOT 分析（50 分）</td><td>10%</td><td>10%</td><td>80%</td></tr>
<tr><td>酒店基本情况介绍（5 分）</td><td>要点准确，关键资料不遗漏。</td><td>10%</td><td>10%</td><td>80%</td></tr>
<tr><td>优势劣势分析（10 分）</td><td>分析具体、得当。</td><td>10%</td><td>10%</td><td>80%</td></tr>
<tr><td>机会威胁分析（10 分）</td><td>在外部环境中寻找，对外部各项环境的把握准确，分析具体、得当。</td><td>10%</td><td>10%</td><td>80%</td></tr>
<tr><td>对策分析（25 分）</td><td>与前面的分析之间具有逻辑性，对策具体、有针性，能体现出利用机会、避免威胁、扬长避短。</td><td>10%</td><td>10%</td><td>80%</td></tr>
</table>

续表

总　分	
团队排名	
是否进步	

任务实施自查

单元1　任务实施进程自查表

任务负责人		时　间	
计　划			
组　织			
领　导			
控　制			
得　失			
改进措施			
管理感悟			

单元 2　调研酒店顾客购买行为

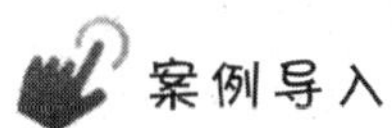

案例导入

你相信吗？有些商务人士可以不带运通卡，但是如果不带上玩具熊，他们是不会离开家的。这是马里奥特公司（Marriott）下属的 Courtyard 分部在对其顾客进行调查时发现的一个令人吃惊的事实。正如马里奥特公司国内公关部经理吉尔里·坎贝尔（Geary Campbell）所说的，在 Courtyard，市场调研“对我们了解顾客的需求和需要是十分重要的。如果我们不进行调研，我们就不可能搞清楚实际情况”。

坎贝尔还说，调查也可作为一种营销工具，“它让媒体和消费者了解我们的顾客在做些什么，还可以使 Courtyard 这个品牌得到更多的认同”。

弗吉尼亚州麦克莱恩市的希夫里特公司曾经对商务旅行的 300 名的 Courtyard 顾客进行了 6 次调查。调查采用电话调查方式，问题共有 30 个，主要包括：旅行者在旅行期间是怎样和他们的家人及办公室进行联系的；为了使旅行生活能有在家的感觉，旅行者会怎样做或随身携带些什么。坎贝尔说：“我们还想搞清楚旅行者的一些习惯，诸如他们旅行时的习惯。”有些调查结果是马里奥特公司事先预计到的。例如，调查发现 58％的商务旅行者带有膝上电脑。有些发现出乎预料，如这些带有膝上电脑的人说，他们带电脑是为了玩游戏；同时有 7％的商务旅行者说，他们旅行时带着玩具熊或其他玩具。

基于以上数据，Courtyard 对营销方式做了调整。例如，由于很多商务旅行者都带有膝上电脑并可以上网，于是，马里奥特在网上为商务旅行者们提供了很多信息，其中包括标出旅店位置的地图及 Courtyard 进行的促销活动。调查还表明，很多商务旅行者希望能安静地休息，因此，Courtyard 的大堂也取消了可能会打扰顾客的音乐和电视声音。坎贝尔说，一些调查结果证实，商务旅行者希望的“并不只是前台人员微笑的面孔”，他们还希望能提前购买早餐和快速办理登记和结账手续。

通过市场调研，Courtyard 识别出了商务旅行者的需要和需求，并且开办了能够使顾客成为回头客的服务。

由于商务旅行非常繁忙，所以Courtyard尽可能做到使旅行者住得方便和统一。正如坎贝尔所说："无论他们住在华盛顿特区的Courtyard，还是住在西雅图，他们都会有同样的经历，他们知道可以得到什么样的服务。"

马里奥特曾就其提供全方位服务的旅馆对顾客进行了调查，了解他们对中等价位旅馆的要求。在此项调查两年之后，也就是1983年，马里奥特推出了Courtyard品牌。坎贝尔说，Courtyard的主要顾客是商务旅行者。

通过市场调研，马里奥特不但设计出了像Courtyard这样的新酒店品牌，而且还因其产品满足了不断变化的市场需求从而建立起了品牌权益。

从案例中可以看出，酒店可以通过调研顾客购买行为得到许多有用的信息，从而帮助他们进行决策。那么，究竟什么是顾客购买行为？什么是市场调研？市场调研对营销决策的形成有多重要？如何来实现酒店顾客购买行为的调查并得出结论呢？这些都是本任务中将要讨论与完成的问题。

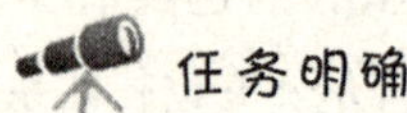

任务明确

单元2　任务单

任务描述	以小组为单位，设计所模拟酒店的顾客购买行为调查问卷，实施调查，撰写调研报告。
成　　果	1. 调查问卷 2. 调研报告
具体工作过程	开始：承上一任务，团队选择本次任务的任务实施负责人。 过程：根据本情境的任务要求：针对本酒店顾客的购买行为设计调查问卷，并实施调查，收集一手资料并撰写调研报告。任务实施负责人要填写项目实施进程自查表。 评价：各小组就所完成任务的计划与实施过程作总结，准备PPT并进行汇报与评价。
具体工作任务	1. 确定本项目负责人。开会商议工作计划。 2. 设计本酒店顾客购买行为调查问卷。 3. 在网络上发布问卷。 4. 实施调查。 5. 收集并分析数据。 6. 根据调查结果撰写调研报告。 7. 填写项目实施进程自查表。

续表

需填写的表单	1. 填写引导文答案概要（见预习指导）。 2. 工作（项目）实施进程自查表。 3. 工作（项目）评价单。
建　　议	1. 可以在网上发布调查并统计。 2. 要根据所学设计问卷（即问卷要有一定的逻辑性）。

预习指导

1. 登陆课程学习网站，观看视频《如何进行有效的市场调研 1》，思考市场调查都有哪些误区，应如何避免？

视频位置：课程学习网站──→视频资源──→课程学习同步参考系列──→情境一──→如何进行有效调研 1

2. 根据如下引导文，阅读教材“知识讲解”内容，并尝试在空白处回答相应的问题。

预习引导文	读者自学后回答
1. 资料收集的方法有哪些？	
2. 消费者购买行为问卷设计的思路是怎样的？	
3. 一份完整的调查问卷有哪些要素？	
4. 调研报告应包含哪些内容？	

一、酒店市场的内涵及类型

市场这个词，有许多含义，可以指买卖双方进行商品交换的场所，可以指某一特定产品的供求关系。在酒店市场营销里，酒店市场是指在一定的时间和空间条件下，对酒店所提供的产品具有现实或潜在需求的消费者（顾客），即酒店需求市场或酒店客源市场。市场包含三个主要因素，即有某种需要的人、为满足这种需要的购买能力和购买动机。

用公式表示：市场＝人口＋购买力＋购买动机

酒店市场由散客市场和组织市场构成。根据酒店散客的入住动机，一般而言，可以分为如下几个类型。

（一）旅游度假型消费者

以观光、休闲、度假为目的的游客，是酒店最重要的顾客群体。该顾客群体的基本需求为：住宿、洗澡休息、电视、基本餐饮、电话、上网、订票等商务服务、停车。

观光游客其他需求为：夜间娱乐、小超市购物、旅游纪念品购物等；休闲度假游客其他需求为：白天休闲、夜间娱乐、特色餐饮等。

（二）公务差旅型消费者

出差游客的首要要求是基本的私人居留空间，因此，交通方便性、经济性是主要决定因素。但是，公商务旅行者往往需要交往与接待，因而形成了不同的需求：身份档次、客房接待功能、公共接待空间、商务休闲等。

（三）团队会议型消费者

会议型消费者的基本要求不仅包括舒适的开会环境，而且还包括有足够的通信设备等一系列现代化办公设施以及与开会相配套的餐饮设施和休闲娱乐设施。

（四）个人及家庭事务型消费者

个人及家庭事务型消费者是指由私人民间发起组织的活动，包括婚庆婚宴、寿庆寿宴、满月酒、生日宴会、同学聚会、红白喜事等。这些活动以私人消费为前提，以宴会模式为主，要求比较苛刻，消费水平参差不齐，但都对服务要求比较高，要求餐饮娱乐结合、多种消费方式结合。

而酒店的组织顾客市场则是由旅游批发经营商、旅游代理商、航空公司、饭店销售代理机构、独立的饭店预订介绍组织、企事业单位等构成。

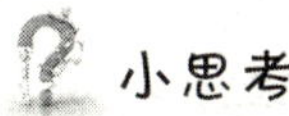

小思考

酒店散客市场与组织市场在购买行为方面的异同点有哪些?

二、酒店市场购买行为分析的总体思路

酒店消费者产生最终购买行为总是遵循"需求——→动机——→行为"的规律。对购买者的分析，特别是对消费者的分析，主要从需求、动机、行为以及影响因素（即诱因）四个方面进行分析。

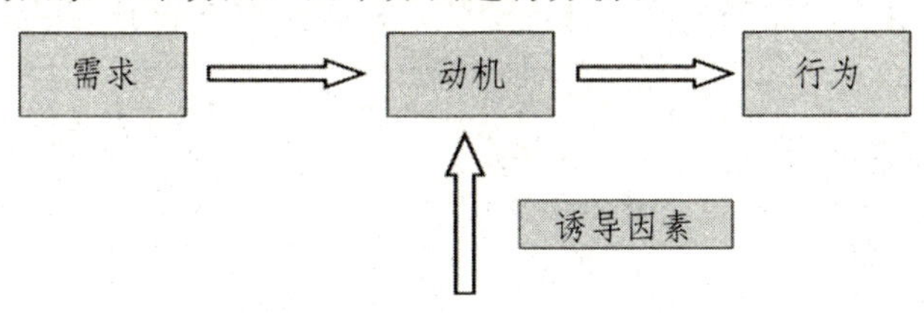

图 1—2—1　购买行为分析图

三、酒店市场购买行为分析

消费者购买行为，有多种多样的划分方法。根据品牌差异是否明显和购买者的精力是否非常投入两个因素，可以将酒店消费者的购买行为划分为四种类型：复杂型、多变型、和谐型以及习惯型。

在研究消费者购买行为的理论中最具有代表性的是"刺激——反应"模式，如图 1—2—2 所示。消费者在受到外界刺激后，根据自己的特性处理这些信息，经过一定的决策过程后作出了购买决定。

行　为

	购买者外界的刺激			购买者的黑箱			购买者的反应
	企业营销组合的刺激	不可控因素刺激		购买者的特性	购买者决策过程		
需求动机 →	产品 价格 地点 促销	经济 技术 政治 文化	→	文化 社会 个人 心理	确认需要 信息收集 方案评价 购买决策 购买后行为	→	产品选择 品牌选择 经销商选择 时间选择 数量选择

图 1—2—2　消费者购买行为模式图

（一）酒店顾客的购买特性因素

1. 文化因素

从对消费者的购买行为而言，虽然在选择一个具体品牌时，文化可能不是一个决定性因素，但是，它对该产品能否在社会上被接受起着重要的作用。其中，最主要的有社会文化、亚文化和社会阶层三个方面。

（1）社会文化

社会文化是影响人类欲望与行为最基本的因素。它是由一个社会群体里影响人们行为的知识、信念、艺术、道德、风俗和习惯所构成的复合体。

表 1－2－1　美国文化的核心价值观及其对消费者行为的影响

核心价值观	具体表现	对消费者行为的影响
个人奋斗	自我存在（例如自力更生、自尊）	激发接受“表现自我个性”的独特产品
讲求实效	赞许解决问题的举动（例如省时和努力）	激发购买功能好和省时的产品
物质享受	好生活	鼓励接受方便和显示豪华的产品
自由	选择自由	鼓励对有差异性的产品感兴趣
求新	产品要更新	鼓励标新立异
冒险精神	轻视平庸和懦弱，一鸣惊人	号召购买效果难以马上显示的新产品
个人主义	关心自我，自我尊敬，自我表现	激发接受“表现自我个性”的独特产品

（2）亚文化

根据人口特征、地理位置、伦理背景等，可以将一种文化分成几种亚文化。在亚文化内部，人们的态度、价值观和购买决策方面比大范围的文化内部更加相似。一种文化内，亚文化的差异可能导致购买什么、怎样购买、何时购买、在什么地方购买等方面产生明显的差异。根据人口统计指标，亚文化的类型如表 1－2－3 所示。

表1-2-3 亚文化举例

人口统计指标	亚文化举例
年　龄	少年儿童、青年、中年、老年
宗教信仰	佛教、基督教、伊斯兰教
民　族	汉族、满族、回族、维吾尔族等
收入水平	富裕阶层、小康阶层、温饱阶层等
性　别	男性、女性
家庭类型	离异无子女家庭、双亲有子女家庭
职　业	工人、农民、教师、会计
地理位置	东南沿海、西北地区、中原一带等
社　区	农村、小城市、大城市、郊区

(3) 社会阶层

社会阶层是由具有相同或类似社会地位的社会成员组成的相对持久的群体。

一个人属于哪一个阶层取决于他的职业类别、收入多少、教育程度、社会声望、居住条件等诸多因素。

首先，由于人们所属的社会阶层不同，他们对商品和品牌的偏好也不同。其次，社会阶层的不同会影响人们对购物场所的选择。第三，社会阶层还会影响人们对媒体的选择。

2. 社会因素

酒店顾客的购买行为不但受到广泛的文化因素的影响，同时也受到社会因素的影响。

(1) 相关群体

所谓相关群体，就是与顾客密切相关的群体，它包括主要相关群体——那些与顾客密切的经常发生影响作用的群体，如家庭、朋友、邻居、同事等；次要相关群体——对成员影响并不很经常但一般都较为正式的群体，如个人所参加的各种社会团体；崇拜性相关群体——指那些个人并不直接参加，但影响也很显著的群体，如社会名流、影视明星、体育明星等。

相关群体的重要性表现如下：首先，群体成员在接触和互动过程中，通过心理和行为的相互影响和学习，会产生一些共同的信念、态度和规范，对消费者的行为产生潜移默化的影响；其次，群体规范和压力会促使消费者自觉或不自觉地与群体的期望保持一致；第三，很多产品的购买和消费是与群体的存在和发展密不可分的。

（2）家庭

家庭是指以婚姻、血缘或收养关系为纽带而组成的一种社会生活组织形式或社会单位。家庭是社会的基本单位，对顾客的行为显然有着重要的影响。一般人在整个人生历程中所受的家庭影响，基本上都来自两方面：一是来自自己的父母，二是来自自己组成的家庭。

任何一个家庭都是存在家庭生命周期的。所谓家庭的生命周期，是指一个家庭由组建开始直到解体、消亡的全部过程。通常家庭生命周期可以划分为单身阶段，新婚阶段，满巢期Ⅰ，满巢期Ⅱ，满巢期Ⅲ，空巢期Ⅰ，空巢期Ⅱ，分解阶段。处在不同的阶段，每个家庭的决策重心及决策特点都有显著的区别。

在家庭购买决策中，通常可以分为四种情况：丈夫决策型、妻子决策型、孩子决策型和民主决策型。

（3）身份和地位

一个人在各种群体中的各种身份角色，都会影响其购买行为：每一种身份角色又都附着一种社会地位。社会身份角色与社会地位不同会有不同的消费需求和购买行为。

3. 个人因素

酒店顾客的购买行为还受到许多个人特性的影响，其中比较明显的有性别、年龄、职业、收入、生活方式、个性、自我意识等。

（1）性别

表 1－2－4　　　男女购买特征比较

男性顾客的购买特征	女性顾客的购买特征
购买行为具有较强的目的性	购买商品时目标模糊
购买时比较理智	购买时容易受环境因素的影响
购买动机的形成比较迅速	注重商品的具体利益和使用价值
购买时表现出更多的自信，不易受外界的影响	购买行为有较强的情感色彩

（2）年龄

不同年龄阶段个体的购买行为特征：

青年消费者消费行为的特点：追求新颖、时尚，追求个性、表现自我，购买能力强，购买范围广。

中年消费者购买行为的特点：理智型购买多于冲动型购买，注重商品的实用性与便利性。

老年消费者的购买行为特点：对消费品的种类有特殊的需求，有稳定的消费习惯和品牌忠诚，一部分老人具有补偿性的消费行为。

（3）职业

不同的消费者群体，从事不同的职业，就拥有不同的社会地位资源，如权利、工作条件、发展前景等。不同职业的社会地位的高低决定了职业声望的高低，由此使消费者形成了不同的购买模式和特点。

（4）收入

消费者必须在一定的资源条件下才能完成其消费行为。经济收入是影响消费者购买的一个关键因素。衡量消费者收入水平的指标有三个，即个人收入、个人可支配收入和个人可任意支配收入。收入的变化会引起消费者在购买时所追求利益的变换。不同收入水平的消费者，他们需求的重点可能会大相径庭。

表1－2－5　　　　收入水平与消费需求的关系

人均月收入（美元）	消费者需求重点
200—500	物质产品本身
500—1000	价　格
1000—2000	品　质
2000—3000	便利性
3000—4000	快捷和舒适
5000以上	流行性

（4）生活方式

生活方式是在人的活动、兴趣和意见方面所表现出的生活模式。方式概念概括了营销者感兴趣的一系列的基本问题：消费者如何生活，对他们来说什么最重要，如何分配时间和金钱，针对不同的产品或服务商的花费如何等。

了解生活方式的重要性是可以根据对消费者生活方式的了解，可以预测消费者的行为，有助于选择目标消费者，进行恰当的市场定位。

（5）个性

个性是表现在人身上经常的、稳定的心理特征的总和。消费者的个性特点主要反映在一些稳定的心理活动和行为方面，比如消费习惯、消费态度、情感特点等。消费者的个性特点会在商品信息的搜集、购买准备、商品购买过程以及使用和消费商品时反映出来。

表 1-2-6　　顾客个性类型与服务策略

顾客类型	行为表现	服务策略
辩论型	对服务人员的介绍持有异议；从中找错；购买决定谨慎、缓慢。	出示商品，使顾客确信商品是好的；介绍商品知识。
带气型	易生气，心情不好；稍遇到惹人恼怒的事，就会一触即发，勃然大怒。	避免争论，根据顾客要求，出示各种花色品种。
果断型	知道自己要的是什么样的商品，自信，对其他商品不感兴趣。	服务人员说话简洁，不与顾客争论，自然销售，恰当时机提出建议。
犹豫型	敏感，顾虑多，对自己的判断没有把握，担心考虑不周出错。	对顾客友好、尊重，实事求是介绍商品特点，帮助顾客作出决策。
疑虑型	不相信服务人员的话，不愿受人支配，谨慎考虑后作决策。	出示商品，让顾客察看、触摸，并以制造商的商标做后盾。
实际型	对有实际根据的信息感兴趣，对服务人员的介绍差错敏感，注意看商标。	突出介绍商标，并根据商品的真实情况，提供详细信息。

（6）自我意象

自我意象是指个体对自己个性特征的感知，就是自己对自己的看法，包括认识自己的身体状况、心理状况以及社会地位等各方面。

在营销策略的制定中，经常用到的自我意象的概念主要有：真实的自我、理想的自我和延伸的自我。真实的自我是消费者自己眼中的自己。理想的自我是消费者从自己的立场出发对将来的自我的希望，也是个人想要达到的完善的形象和追求的目标。延伸的自我是消费者根据自己的拥有情况来界定的自我。

自我的感知对购买行为的影响如下：真实的自我——我是一个什么样的人，我就购买什么样的产品或服务；理想的自我——我想成为一个什么样的人，我就购买什么样的产品或服务；延伸的自我——我购买什么样的产品或服务，就代表我是一个什么样的人。

4. 心理因素

诸如需求、动机、知觉、学习、态度等心理因素对消费者购买行为也会有一定的影响作用。

（二）酒店顾客购买行为的参与者

对于许多日用消费品而言，购买决策者往往只有一个，但对于酒店产品的购买来说，很多情况下，参与购买决策的人不止一个。比如全家人一起去度假，预订哪个酒店可能是一家人商量的结果，而一家人在商量的过程中扮演的角色很可能是不同的——小宝提出要入住酒店度假（倡议者），妈妈根据上次旅行的经验要求入住与景区近的酒店（决策者），最终爸爸听从妈妈的意见实施了具体的预订行为（购买者）。更何况，如前文所述，酒店的购买者很大一个组成部分是组织市场，这个市场在挑选酒店的时候必定需要经过内部某些相关部门及相关人员的讨论与最终决定。根据各种角色在决策过程中所起的作用不同，可将购买决策参与者划分为以下几种：

倡议者，最初提出购买酒店某种产品的人。

影响者，直接或间接影响最终购买决定的人。

决策者，最终决定购买与否，购买什么，何时、何处购买的人。

购买者，执行购买决定的人。

使用者，具体使用酒店产品的人。

（三）酒店顾客购买决策过程阶段

一般来说，最为复杂的、最理性化的顾客购买过程可以粗略地划分为五个阶段，如图所示。

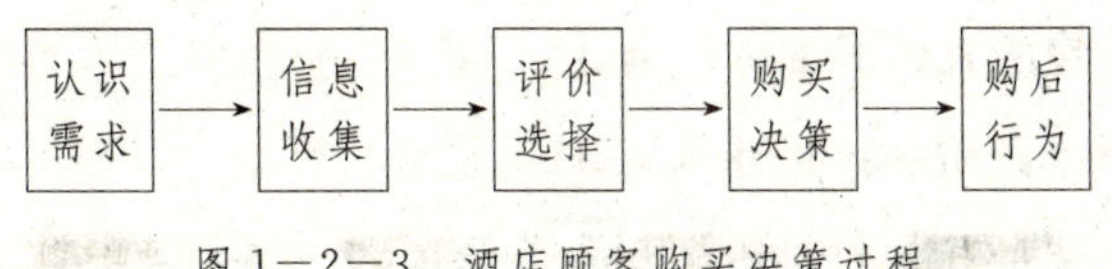

图1—2—3　酒店顾客购买决策过程

1. 激发需求（问题认知）

问题认知是指消费者意识到理想状态与实际状态存在的差距，从而须要采取进一步行动。

引起问题认知的情境：消费者的必需品消费完时，家庭环境的变化（如家庭生命周期的不同阶段），经济状况的变化，参照群体的变化会使消费者产生各种不同的需要，市场营销者的努力，以引起消费者对现状的不满等。

2. 收集信息

一般来说，顾客明确了通过什么行动能满足自己的需求，解决产生的问题后，从理性的角度出发，为了使自己的购买行为更加经济实惠往往要进行一系列积极寻找和搜集信息的活动。消费者获得信息的来源有内部——经验来源（即消费者过去的经验和知识）和外部——商业来源——是指经销者可以控制的，如广告、包装、销售人员等；公共来源——指顾客从报纸、杂志、电视、网络等大众传媒获得的有关企业及其产品宣传报道信息，或者从其他顾客或相关第三方组织处的有关评论中获得的信息；个人来源——主要指来自顾客的相关群体处获得与购买决策相关的信息与体会。

3. 评估选择

根据所得到的信息，顾客要根据评价标准进行产品及品牌的比较与选择。顾客希望拥有的产品的特点就是对产品的评价标准，顾客将会根据所需程度评价标准权重。评价过程就是把引起注意的备选品牌商品同确立的标准进行比较，而后根据补偿型规则进行选择。所谓补偿型规则就是指消费者将选中在有关评价标准的判断上总体表现最好的品牌。它是综合考虑了产品的各个属性，如果给各个商品的每个属性打分的话，补偿型规则是以总分最好的品牌作为购买的选择。

补偿型决策规则的计算公式如下：

$$R_b = \sum_{i=1}^{n} W_i B_{ib}$$

R_b——品牌的总体排名

W_i——赋予评价标准的重要性或权重

B_{ib}——品牌 b 在评价标准 i 上的得分

n——相关评价标准的数目

表 1-2-7　　经济型酒店评价标准的权重分配示例

——单项满分为 10

评价标准	权重	品牌 A	品牌 B	品牌 C
价　格	30	10	8	8
位　置	20	5	6	7
品　牌	20	7	9	9
停　车	10	10	9	5
早餐情况	20	2	10	5
总　分	100	6.8	8.3	7.1

4. 决定购买

根据上述评估选择做出购买决定并实施购买行为，这是购买决策过程的中心环节。顾客对酒店产品信息进行比较和评价后形成购买意图，然而从购买意图到实施购买行为之间，还受到突发事件和他人态度的影响。

5. 购后行为

顾客购买商品后并不意味着整个购买过程的结束，因为消费者对于所购买的商品是否满意，直接影响消费者今后的购买行为以及其周围人的购买。一般而言，顾客购买后会有一个比较的过程，如图 1-2-4 所示。而当顾客感觉到满意或不满意之后，或多或少会采取一些行动，如图 1-2-5 所示。

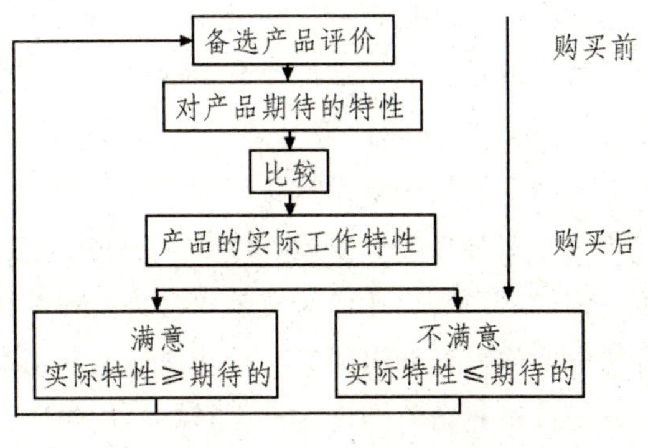

图 1-2-4　购买后的比较过程

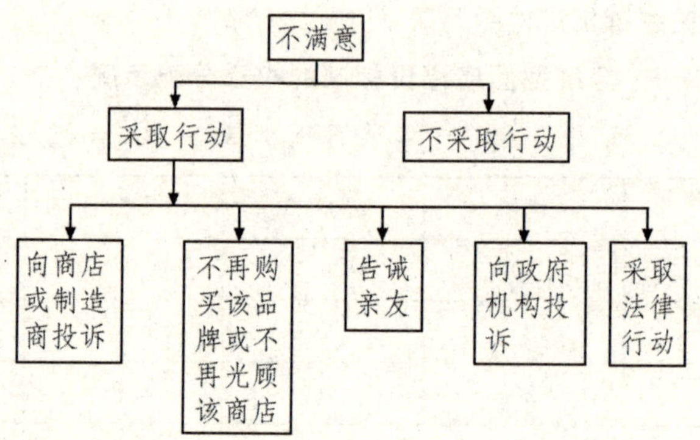

图 1—2—5　消费者不满意的行为表现

小思考

作为酒店营销人员，了解了顾客购买决策过程有什么意义？

四、酒店营销调研

酒店营销人员为了能识别营销环境中存在的各种机会与威胁，为了以更合适的标准划分细分市场从而选择适合自己的目标市场，为了了解酒店的上帝——宾客的所思所想所感，为了评价各种营销方案、促销策略的实施效果，他们必须获得全面而可靠的信息，以便用于酒店各种营销决策之中，正所谓"没有调查就没有发言权"。而这些信息就通过营销调研而取得。

（一）营销调研的内涵与功能

酒店营销调研，即酒店市场营销调查与研究的简称，通俗地说，酒店市场营销调查就是搜集酒店市场营销方面的信息，酒店市场营销研究就是整理与分析调查所得到的信息。酒店运用科学的方法与手段，系统地、有目的地收集、分析和研究与市场营销有用的信息，提出分析的结论和建议，作为分析市场和制定营销决策的重要依据。

酒店市场调研具有三种功能：描述、诊断和预测。它的描述功能是指收集并陈述事实。例如，酒店行业的历史销售趋势是什么样的？宾客对酒店产品及其广告的态度如何？调研的第二种功能是诊断功能，指解释信息或活动。例如，改变价格对销售会产生什么影响？换句话说，为了更好地服务顾客和潜在顾客，应该如何对产品进行调整？最后一种功能是预测功能。例如，酒店如何更好地利用持续变化的市场中出现的机会？

（二）酒店营销调研的内容

酒店市场调查的内容是非常丰富的，它大到可以包括宏观的国际国内政治、经济环境，小到可以是某一组客户群的某些特殊消费习惯。比较常见的调查内容一般包括如下若干项。

1. 酒店的经营环境（见情境1—1）

2. 酒店消费者

（1）客源结构：例如各类客源比例与酒店营业收入状况的关系。

（2）消费需求：例如顾客消费动机、消费习惯等对酒店服务内容与价格的影响。

（3）其他：例如顾客满意度、忠诚度与酒店服务质量检查结果之间的关系。

3. 竞争者

（1）竞争者的数量：例如某一地区内，酒店需求增长与酒店数量增长的关系。

（2）竞争者的特点：例如酒店之间的不同竞争手段与其市场占有率之间的关系。

4. 酒店市场营销行为

（1）服务：例如服务种类的构成、服务项目的构成与每一项服务要素的组合。

（2）价格：例如高、中、低三个价位服务的构成比例、价格与需求之间的关系。

（3）地理位置：例如酒店周围的道路交通状况、社区发展规划对酒店的影响。

（4）人员：例如酒店营销人员的数量、基本素质、业务水平等与酒店顾客质量的关系。

（5）促销：例如酒店的广告投入与实际产出之间的比例关系。

（6）硬件：例如酒店的外观，内部的装饰、装修对顾客消费欲望的影响。

（7）服务过程：例如酒店的服务程序对顾客消费行为的影响。

（三）酒店市场营销调研的程序

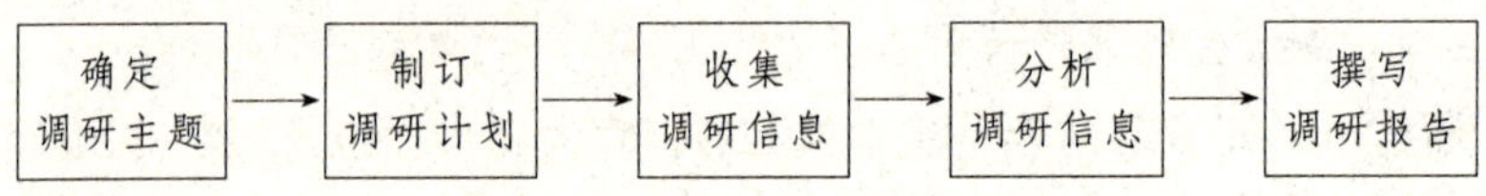

图 1—2—6　调研程序

第一，确定调研的目的。首先，我们确定所要解决的问题是什么，这里需要注意的是调查范围要有一定的限制，调查目的不能含糊笼统；其次，确定调查是否可以达到解决这个问题的目的，即调查所需的各种条件是否具备，如人力、财力、时间等。

第二，制定调研计划。制订的计划中应该包括调查目的、调查对象、调查内容、调查方法、调查时间、调查费用。具体请见表 1—2—8。

表 1—2—8　　调研计划框架

项　目	含　义	任　　务
What	调研什么	明确调研主题
Why	调研目的（原因）	明确调研目的、意义与目标
Which	调研对象	随机抽样、非随机抽样
Who	调研主体	委托外部机构调研、自己独立调研、内外协作调研
When	调研时间	调研日程，信息时限
Where	调研范围	明确调研总体与总体单位
How to do	调研方法	询问法、观察法、实验法，原始资料，二手资料
How much	调研预算	人、财、物消耗预算

第三，收集调研信息。在实地调查过程中，调查人员的职业素质与岗前培训非常重要，否则调查结果的准确性将受到影响。

第四，分析调研信息。这个步骤一般是通过筛选分类、统计计算、鉴定分析等方式，达到去粗取精、去伪存真的目的。

第五，撰写调研报告。根据对调查数据的整理分析结果，写出调查报告。这里有一点需要强调，即使调查结果与调查初衷相距甚远，调查报告的结论也必须如实地反映调查结果。

（四）调研信息的来源与方法

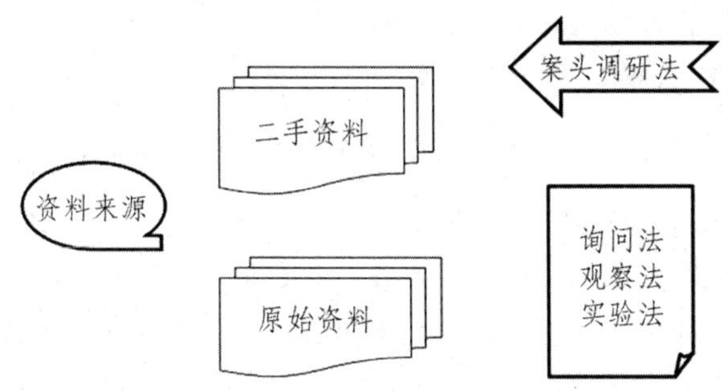

图 1—2—7　资料来源与方法

调研计划要求既收集第二手资料，又收集第一手资料。第二手资料就是在某处已经存在并已经为某种目的而收集起来的信息，而第一手资料是为当前的某种特定目的而收集的原始资料。

研究人员通常从收集第二手资料开始他们的调查工作，并据以判断他们的问题是否已局部或全部解决，是否需要再去收集昂贵的第一手资料。第二手资料为调研提供了一个起点，且具有成本较低与得之迅速的优点。当研究人员所需要的资料不存在或现有资料可能过时、不准确、不完全或不可靠时，研究人员就必须收集第一手资料。

1. 酒店二手资料的收集

对于酒店调研来说，有两种形式的二手资料：内部二手资料和外部二手资料。内部二手资料来自酒店内部，外部第二手资料则来自酒店以外的机构或个人的调研结果。

（1）酒店内部第二手资料

在花费时间和金钱去检索外部二手资料或搜集原始资料之前，酒店调研人员应该审视存在于酒店内部的各种信息。

酒店内部资料来源有：第一，酒店预算，酒店在每一个财务年度之初，通常都要做出财务预算。这些建立在销售预测基础上的预算，概括地列出了本年各月的收入和支出水平；预算可以作为检查酒店运行状况的重要的第二手资料。第二，酒店销售记录。销售记录常常被用作酒店经营成功与否的指标。通过分析各部门、各产品、各服务项目、各销售人员以及每天、每周的销售数字；通过分析酒店顾客的地区分布情况，营销人员就可以对酒店运行情况做出评价，但是，过分依赖销售资料也可能使人误入歧途，因为销售额的增长并不总意味着利润的增加。销售资料应该与费用和利润数字结合使用。另外，损益表是反映酒店利润状况的有用工具，将损益表进行逐项分解便可以发现酒店营销规划中的优势与劣势。第三，顾客记录，酒店在接待顾客时一般都以档案形式保留各种与顾客需求等有关的资料，这些资料包括：酒店总台登记，包括顾客的姓名、地址、到离酒店的时间、停留天数、证件号码、团队人数等。顾客预订要求，即顾客在预订时所争取的方式、方法以及具体的需要，这是研究顾客需求特征的重要渠道。顾客记录卡，即以卡片形式摘录顾客在总台登记或预订时留下的丰富资料。顾客的主要档案材料，即顾客的一些基本情况，如姓名、年龄、住址、职业、偏好、购买次数等，都可以从顾客档案中获得。第四，以往的调研报告，过去的营销调研报告往往会有很多值得参考的资料和信息，可以有选择地加以使用。

（2）酒店外部二手资料

这种资料可以从政府和非政府两个渠道获得。

各级政府机构都负责搜集和发布一些统计信息，有时也出版发行一些政策性的文件或小册子。在使用政府所提供的资料时，尤其是使用一些普查资料，要特别注意资料所属的日期，因为在许多情况下政府所公布的数据都存在时间滞后的问题。我国各级政府统计部门、旅游局系统以及各个行业主管部都会不定期向社会发布一些资料和统计数据。

非政府部门的外部二手资料有三个主要来源：第一，定期出版物。第二，书籍、专题研究报告以及其他不定期出版物。第三，商业性研究机构的报告和研究成果。定期出版物载有酒店营销学领域中的各方面文章，通过订阅或到图书馆查阅便可得到有关信息。这些出版物通常都是由专家或行业协会编写出版的。书籍、专题报告和其他非定期出版物也由类似的机构编写出版，对研究的问题更有深度，但只有与酒店营销研究领域相关的资料才能为酒店所用。商业性研究机构以收取手续费的形式将其研究成果转让。这些研究机构可以分为三类：一类是综合管理服务研究公司，他们定期收集消费者和贸易信息，开展收费出售信息的业务；酒店的营销管理人员可以从这些公司取得所需要的信息。第二类是接受顾客委托的营销调研公司；这些公司接受委托，进行特定的项目调研；他们参与调研设计，而调查所形成的报告则属于委托单位的财产。第三类是特定的专业营销调研公司，专门为其他的营销公司或酒店的营销研究部门提供特定的专业服务。

2. 酒店一手资料的收集

当营销人员对第二手资料的价值不满意时，就必须着手进行第一手资料的搜集。作出正确的决策需要正确的资料信息。正如调研人员必须认真评估所获得的二手信息的质量那样，他们也必须审慎地收集第一手资料，以确保他们能向饭店营销的决策者提供相关、准确、及时和全面的信息。

常见的收集一手资料的方法有询问法、观察法和实验法。

（1）询问法

询问法是指调查者将拟订的问题通过询问的办法向调研对象获得回馈资料信息的方法。询问法主要由问卷调查法、访问法、小组讨论法、电话询问法、会议询问法等方法组成。询问法是广泛使用的收集第一手资料的方法。如酒店调研人员可以直接询问有关饭店消费行为或消费观念方面的问题，如“你为什么在喜来登酒店下榻?”使用询问法时，要注意如下几方面：应询者回答问题的真实性很难确定；应询者不愿花时间认真回答问题；由于时间、知识和表达能力的限制，应询者不知如何回答问题；由于隐私和戒备心理，应询者不愿回答问题等。但这些问题可以通过周密的设计调查方法得以化解。

（2）观察法

观察法是指调研人员在收集资料时，在调查现场不直接向被调查者提出问题，而是通过调研人员或是相关机器来观察相关人员、行为和情境来收集原始资料，以此来研究被调查对象的心理与行为。如酒店可以派调研人员参加旅行社的组团，来发现竞争对手的客房和餐厅报价；了解旅行社各类顾客组团对饭店的服务需求模式；观察旅行社与酒店的合作状态等。这种方法最适合于探测性调研。

（3）实验法

实验法最适合于收集因果关系方面的信息。实验法涉及选择实验项目的对照组，给他们不同的待遇，控制不相关因素，检查控制组与非控制组反应的差别。例如，某一酒店联号在两个类似的城市可以试验不同价格对本联号两个酒店客房销售额的影响。如果在两个城市除价格以外其他营销组合都一样，则该酒店联号在两个城市酒店客房销售额的差异就与定价有关。因此，运用实验法，调研人员可以解释因果关系。观察法和调查法都可以用于收集在试验中反映的信息。

表 1-2-9　　　　　各种调研方法的比较

<table>
<tr><th colspan="2">项目</th><th>方法</th><th>具体方法</th><th>优点</th><th>缺点</th></tr>
<tr><td rowspan="8">资料来源</td><td rowspan="2">二手资料</td><td rowspan="2">案头调研</td><td>内部资料查询</td><td rowspan="2">费用成本低、快捷方便</td><td rowspan="2">缺乏针对性，可靠性、准确性、客观性需进一步验证</td></tr>
<tr><td>外部资料收集</td></tr>
<tr><td rowspan="6">原始资料</td><td rowspan="4">询问法</td><td>问卷调研</td><td rowspan="6">信息资料准确可靠，针对性、有效性强</td><td rowspan="6">费用成本高、周期长</td></tr>
<tr><td>访谈调研</td></tr>
<tr><td>电话调研</td></tr>
<tr><td>会议调研</td></tr>
<tr><td>观察法</td><td>人工观察、机器观察</td></tr>
<tr><td>实验法</td><td>无控制实验、有控制实验</td></tr>
</table>

（五）问卷设计技术

问卷，也叫调查表，它是一种以书面形式了解被调查对象的反应和看法，并以此得到资料和信息的载体。问卷设计是依据调研与预测的目的，开列所需了解的项目，并以一定的格式，将其有序地排列组合成调查表的活动过程。

问卷设计的根本目的是设计出符合调研与预测需要的问卷，能够获取足够、适用和准确的信息资料，以保证访问调查工作能够准确、及时、圆满地完成。

1. 问卷设计流程

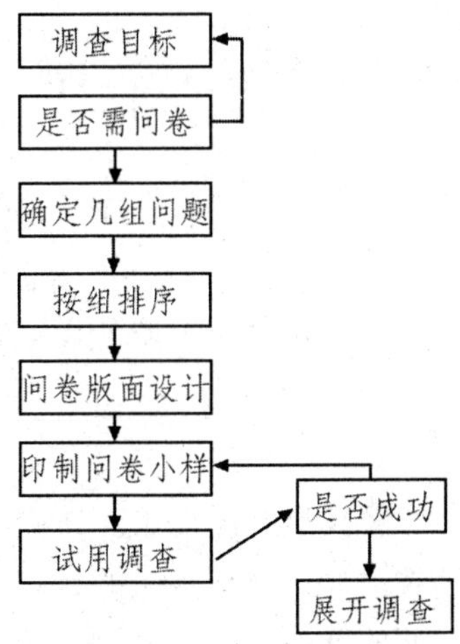

图 1—2—8　问卷设计流程图

2. 问卷的结构

(1) 卷首语。

如图 1—2—9 所示，是开始询问前的前导介绍词，主要包括介绍调查员自己，介绍调研咨询公司或企业，说明调查访问目的，请求被调查对象的合作和合作的重要性以及感谢对方合作等。如果有礼品送给被调查者也可以在卷首语中说明。

亲爱的×××

　　您好！

　　我们这次在×××进行的关于×××的调查，主要目的在于……

　　本次调查可以不署名，希望您在填写时不要有任何顾虑，按照题目的要求酌情独立填写。

　　向您的合作表示衷心的感谢！

××××××调查组

年　月

图 1—2—9　卷首语示例

(2) 指导语。

指导语是用来指导被调查者如何填写问卷的，分为卷首部分的指导语和正文部分的指导语两种。指导语应该明确答题的具体要求和注意事项，应该简明易懂。对于复杂、困难的内容，还可以举个例子说明。

卷首语部分的指导语举例：

①如果所列问题答案项不适合您的情况，请在问题下的空白处填写您的具体情况；

②本问卷每页右边的数码及短横线是供计算机用的，您不必填写。

正文部分的指导语举例：

请从下列四个答案选项中，选出一个最符合您情况的答案，并将答案标号填在题前的括号里。

(3) 正文。

正文主要由问题、答案及编码共同组成。

关于问题：在设计调查表时，调研人员必须精心地挑选要问的问题、问题的形式、问题的用词和问题的次序。问题的形式也会对回答者造成影响。营销调研人员把问题区分为封闭式和开放式两种。封闭式问题包括所有可能的回答，被调查人从中选择一个答案。封闭式问题规定了回答方式，使阐释和制表变得比较容易。开放式问题允许被调查人用自己的话来回答问题，常常能提供更多的信息。开放式问题在探测研究阶段特别有用，这个阶段调查人期望的是洞察人们的内心是怎样想的，而不是去衡量以某种方式在想的有多少人。

表 1－2－10　　封闭式问题

名称	说　明	例　子
单项选择	一个问题提出两个答案供选择	在安排这次旅行中，您打算使用美国航空公司的电话服务吗？是□　否□
多项选择	一个问题提出三个或更多的答案供选择	在本次飞行中，您和谁一起旅行？ 没有□　只有孩子□ 配偶□　同事/朋友/亲属□ 配偶和孩子□　旅行团□
李克特量表	被调查人可以在同意和不同意的量度之间选择	小的航空公司一般比大公司服务得好。 坚决不同意　不同意 1____　2____ 不同意也不反对　同意 3____　4____ 坚决同意 5____

续表

名称	说　明	例　子
语意差别	在两个意义相反的词之间列上一些标度，由被调查人选择代表他或她意愿方向和程度的某一点	美洲航空公司： 大＿＿＿＿＿＿＿＿小 有经验＿＿＿＿＿＿＿＿无经验 现代化＿＿＿＿＿＿＿＿老式
重要性量表	对某些属性按重要性进行分类	航空食品服务对我： 极重要　很重要　有点重要　不太重要　根本不重要 1□　2□　3□　4□　5□
排序量表	对某些属性从“质劣”到“极好”进行分等	美国航空公司的食品服务： 极好　很好　好　尚可　质劣 1□　2□　3□　4□　5□
购买意图量表	测量购买人意图的量表	如果长途飞行时提供电话服务，我将： 肯定会用　可能会用　不知道　可能不用　肯定不用 1□　2□　3□　4□　5□
名称	说　明	例　子
自由格式	被调查者可以用几乎不受任何限制的方法回答问题	你对美国航空公司中有什么意见？

表1－2－11　　开放式问题

名称	说　明	例　子
词汇联想法	列出一些词汇，每次一个，由被调查者提出他头脑中涌现的每一个词。	当你听到下列文字时，你脑海中涌现一个词是什么？ 航空公司＿＿＿＿＿＿＿＿ 美国＿＿＿＿＿＿＿＿ 旅行＿＿＿＿＿＿＿＿
语句完成法	提出一些不完整的语句，每次一个，由被调查者完成该语句。	当我选择一个航空公司时，在我的决定中最重要的考虑点是 ＿＿＿＿＿＿＿＿
故事完成法	提出一个未完成的故事，由被调查人来完成它。	“我在几天前乘了美航班机。我注意到该飞机的内外都展现了明亮的颜色，这使我产生下列联想和感慨……”现在请完成这一故事：

续表

名称	说　明	例　子
图画完成法	给出一幅有两个人的图画，一个人正在发表一个意见，要求被调查者发表另一个意见，并写入图中的空框中	嗯，味道不错！ 请在空框内填上回答的话
主题联想测试	给出一幅图画，要求被调查者构想出一个图中正在发生或可能发生的故事	

问卷问题设计注意事项：

(1) 除了少数几个要求提供背景或统计信息的题目外，其余题目要与研究的问题、假设直接相关。

(2) 题目中避免使用模糊的、技术性的术语及行话。

(3) 在一个题目中只准包含一个问题。

(4) 避免使用导向性问题。

(5) 避免会对被调查者带来社会或职业压力的问题。

(6) 避免问个人的或微妙的问题，如确定的个人收入及卷入违法活动的程度等。

(7) 所提的问题是被调查者根据自己的背景能够回答的问题。

(8) 题目尽量简短，宁可用两个或更多一些的题目，而不要用一个详细复杂的题目。

(9) 题目的选择答案应该是可以穷尽的，选项应该具有排他性。

(10) 尽可能避免使用否定性题目和双重否定的题目。

关于答案： 在设计答案时，要注意各项答案之间应该有互斥性，互斥性决定了这些答案必须按同一个标准分类并且各项答案还应该具有穷尽性。

关于编码： 调查作业完成后，需要由计算机对资料进行统计分析，因此对问卷本身和问卷的基本资料以及收集到的资料都要预先做好计算机编号，方便计算机作业。

(六) 营销调研报告的撰写

把诸多资料组织成一份清晰简洁的市场调研报告，是营销决策过程中的一个重要环节。如果调研结果沟通不利，决策者就不能有效地采取行动。

1. 调查报告要达到的目标

现在，数据的收集和分析工作已经完成，该是酒店调研人员整合与调研项目有关的信息，并向上级提交的时候了。市场调研报告发挥的就是这种整合作用。它应该满足下列目标：

（1）解释进行调研的原因。简要陈述一下调研的动机将有助于委托方了解信息的背景。这在决策者审阅的是一份早些时候完成的报告、对调研理由或许已不太熟悉时，显得特别必要。

（2）陈述具体的调研目标。每一个市场调研项目都应该详细列出调研目标，以指导调研的设计、执行和对调研结果的分析。

（3）指明所采用的调研方法。酒店营销相关决策者需要了解调研者采用的调研方法，以便决定决策时，应在多大程度上依靠调研结果。诸如数据是怎样收集的、运用的是哪一种抽样方式、使用的是何种数据分析方法这样的问题，以及关于调研方法的其他细节问题都应该做出清楚的说明。

（4）展示调研结果。应该把基本的调研结果清晰地列示出来。这一环节为调研者从那些结果中引出结论和建议提供了基础。

（5）提出结论和建议。为使报告具有可执行性，必须在报告中清楚地表述来自调研结果的结论和建议。在准备报告过程中使调研结果与调研的结论和建议之间有一个明晰的联系很重要。信息使用者需要知道，报告中提出的结论和建议是以调研结果为根据的，并不只是调研者自身的观点。

2. 调查报告的结构与内容

酒店调查报告并没有完全固定的格式，由于市场营销调研或预测项目的类型和性质、委托方的要求、调研人员本身的个性、经验等因素的不同，都会导致市场营销调研报告的差异。当今市场调研报告最常见的组织格式可概括如下：

（1）目录表：列出报告的主要部分。

（2）调研背景和目标：每项大约占 1 页，这些信息通常来自项目计划书上的要求及与委托方的讨论。

（3）经理摘要：这是一个 2—4 页长的对调研结果、结论和建议的概括。

（4）调研方法：用 2—5 页来介绍调研是怎样进行的。这一简短概述可由附件中更详细、更技术化的材料来支持。

（5）调研结果：这是大多数报告的最大部分，它具体说明了调研的结果。它是调研人员根据所获得的信息资料进行理性分析研究后提出的见解。这部分内容要求切实可行、可实施操作、实用有效。

（6）附件：在大多数附件中都可以发现以下几项：

调查问卷的复印件。这使得调研委托方能确切地了解某些问题是如何向被调查者询问的，从而正确地理解关键调研结果。

统计数据。对调查问卷中每一问题的统计数据表也包括在此附件中。这使得调研报告使用者能够看到在调研结果中没能详细指出的特定问题。

其他支持性材料。附件也可用以详细介绍调研中使用的方法和技术。

当然，我们早就知道，用图表展示信息比用文字显得更有效、更具说服力。然而，我们一直缺乏快速而有效地创建图表的工具。今天的市场调研报告变得越来越离不开图表。现在，调研委托方在他们的方案要求中一般都指明他们希望报告以图表为基础。过去一份有 50 多页文字说明的调研报告，现在可以用 10 页文字说明加上 20—30 页图表来阐述。这使得忙碌的高层经理们能快速领会关键调研结果，并提早考虑调研结论和建议。彩色的普遍运用进一步增强了沟通效果，而且使报告显得更有趣。如表 1—2—10以及表 1—2—11 所示，此类分析方法已普遍应用于各调研报告中。

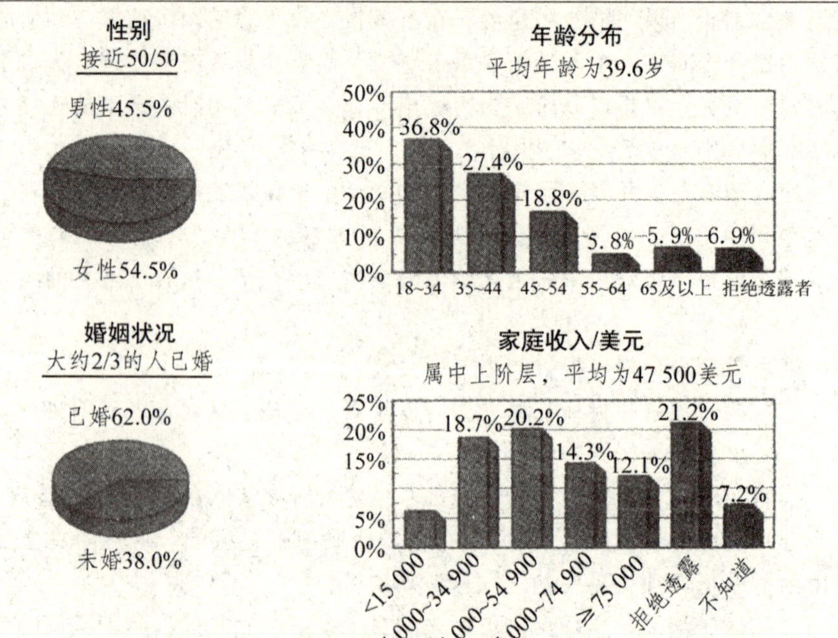

图 1—2—10　饼状与柱形混合图

不同收入者对不同月会费的健身俱乐部的选择

令人惊讶的是最高和最低收入者在价格谱中的选择曲线几乎相同

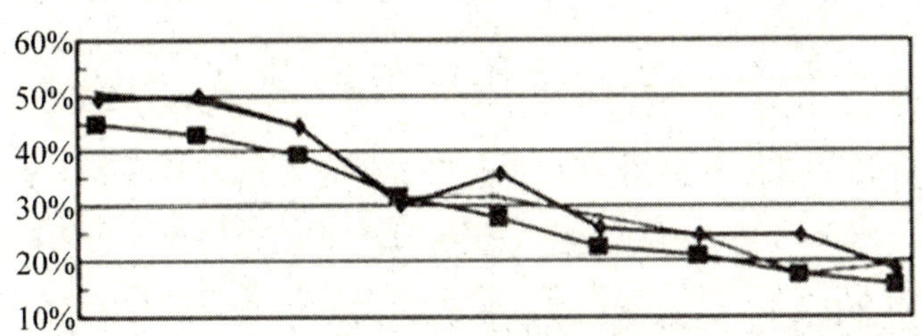

收入	$0/$5	$0/$10	$0/$15	$25/$5	$25/$10	$25/$15	$50/$5	$50/$10	$50/$15
总体 —■—	45.0%	43.0%	39.3%	31.7%	27.8%	22.5%	21.0%	17.6%	15.8%
＜$20 000 —◆—	49.3%	50.0%	44.5%	30.1%	35.8%	25.9%	24.7%	24.7%	18.5%
≥$40 000 ——	50.8%	49.1%	44.5%	31.5%	31.6%	28.1%	24.6%	17.5%	19.3%

图 1－2－11　带有列表的线形图

3. 调查报告的基本要求

要形成一份好的市场营销调研与预测报告，除了以上精心组织安排报告的结构和格式外，还必须遵循以下几个要求。

（1）客户导向。市场营销调研与预测报告是给客户阅读和使用，而不是写给自己看的，更不是文学作品，所以，必须高度重视市场营销调研与预测报告特定的阅读者和使用者。为此，要充分注意阅读者和使用者的特征及其需要。

（2）客观准确。符合客观实际不弄虚作假，这是因为重视阅读者和使用者的需求并不意味着为迎合他们的好恶而歪曲事实。

（3）重点突出。在保证全面系统地反映客观事物的前提下，突出重点，尤其要突出调研与预测的目的，提高报告的针对性、实用性，从而提高其价值。报告内容要简明扼要，精心组织妥善安排报告的结构和内容，给人以完整、系统的印象。

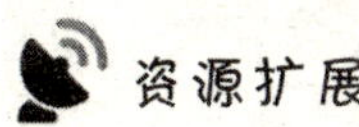
资源扩展

什么是网络问卷调查

网络问卷调查即调查公司通过网络邀请会员参与回答问卷以获取市场

信息的一种调查方式，属于在线调查的一种。参与此种调查通常需要几分钟到几十分钟时间。

为什么会有网络问卷调查

随着科技的进步，网络的发展也日新月异，加入网络的人更是无以计数，并且网络已经成为我们现代人生活中的一部分。在网络当中，有来自全世界不同地区、不同文化背景、不同信仰、不同年龄、不同爱好、不同学历等众多不同的人，这些人往往是社会消费的主导者与决策者，足以影响整个时代潮流，那么网络上的“您”便成了一个极优的、可利用的消费咨询资源，所以网上调查公司就花费一定报酬来聘请网民来发表意见。网络问卷调查则是网上调查一种最直接有效的方式。

1. 如何注册

参与此种调查需要注册调查网站，注册过程完全免费，注册后一般需要通过邮箱验证，有的还需通过身份验证、手机验证等，这样做的目的是确保调查对象身份真实性和唯一性。

2. 属性调查

通过验证后完成属性调查，才能顺利收到调查公司的问卷邀请，属性调查包括基本信息（年龄、性别、职业等）、收入情况、家庭情况、信用卡、游戏机、手机、汽车状况等，填写资料越详细所获得问卷调查的邀请才可能更多。

3. 如何参与

注册成为调查公司会员后怎么知道自己是否有调查问卷可以做了呢？当有适合你的问卷调查可以做时，调查公司会通过邮件发送邀请函给你，邀请函信息一般包括参与调查所需时间以及成功完成问卷后可获得奖励金额等，而有的调查公司则需要会员登录后查看是否有符合条件的调查才可以做。

4. 怎样获得支付

当你完成一定数量问卷调查达到支付起额后可申请支付，支付方式一般有各银行在线支付、支付宝等。

参考网络调查平台：

1. 知己知彼网——http://www.zhijizhibi.com/

2. 易调网——http://www.yidiao.net/

3. 第一调查网——http://www.1diaocha.com/

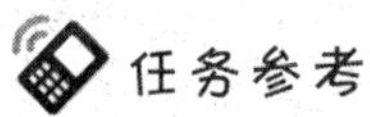

广东省麦当劳餐厅的研究调查

一、调研概述

（一）调查背景

改革开放后，许多外资企业开始把目标投放到大陆市场，麦当劳便是其中之一。自 1955 年 4 月 15 日，雷·克洛克在美国伊利诺州开设了第一家麦当劳餐厅起如今已在世界 110 多个国家和地区开设了 3 万多家餐厅，并成为世界上最大的食品集团，每天为超过 4000 万顾客服务。麦当劳公司进驻中国内地市场的时间并不是很长，从 1990 年在深圳开设第一家麦当劳餐厅至今只有短短的 25 年时间，但其分店已经遍布中国各地。特别是在广东这部分沿海地区接受外国文化特别快的地方，麦当劳独特的快餐文化便很快成了忙碌都市人的最爱。随着由麦当劳、肯德基引入洋式快餐风的强势登陆，各式各样的仿洋式甚至中式的快餐店不断涌现，但其中能经得起市场考验，并一直为人们所熟知且热爱的品牌却屈指可数，而麦当劳就是其中的佼佼者。究竟为何麦当劳进驻中国这么多年，依然宾客盈门，并且越做越好，就此疑问，我们分别在广东省一些大小城市进行调查。

（二）调查目的

作为酒店管理的学生，学习企业的经营之道，并且从中发现企业当前存在的问题并提出解决方法是我们将理论化为实践的最好方式。麦当劳作为世界 500 强的第 5 名，其进军世界的成功经营管理模式值得我们深入探讨分析。此次的社会实践调查不仅给予我们了解书本外的经济环境的机会，还让我们能够在实践中提高动手和沟通、观察的能力。

（三）调查范围和调查对象

1. 调查对象、调查单位

（1）调查对象——广东省广州及中山两地麦当劳具体情况及当地对麦当劳消费人群为主要对象。

（2）调查单位——广东省广州及中山两地麦当劳。

2. 调查内容小结

经过讨论，由于麦当劳餐厅属于服务业，本次我们将从企业本身及消费者两方面进行调查研究。在企业方面，我们将了解、调查其经营准则、理念、产品结构、服务水平等，而在消费者方面，我们将着重了解其对麦当劳的消费态度及消费水平。

3. 针对消费者调查的调查表采用实地调查问卷格式，其问卷由我们按照调查目的的要求设计调查表具体形式见附录一：《对麦当劳的社会调查问卷》。

（四）研究方法

1. 针对消费者的调查，我们采取问卷调查的方式。

2. 针对经营者，我们采取实地考察的方式，外加在企业实习的工作经历。

3. 利用互联网及麦当劳的一些内部资料等进行研究。

（五）工作进度

表 1-2-12　　项目进度计划时间表

时间计划 工作项目	第一阶段			第二阶段					第三阶段			
	×月×日	×月×日	×月×日	×月×日	×月×日	×月×日	×月×日	×月×日	×月×日	×月×日	×月×日	×月×日
1. 定课题出计划书	✓											
2. 查找资料		✓	✓									
3. 实地考察		✓	✓	✓	✓	✓	✓	✓				
3. 设计问卷			✓									
4. 问卷调查				✓	✓	✓	✓					
5. 问卷统计							✓	✓				
6. 讨论定稿									✓	✓		
7. 写稿、修改										✓	✓	
8. 总结												✓

（六）调查费用预算

调查问卷复印、打印费××元、车费××元

二、正文

（一）引言

自改革开放以来，各种各样的外资企业都看中了中国内地这块广阔的市场，纷纷在内陆“筑巢”投资。麦当劳是外资企业中在中国发展得最成功的公司之一。麦当劳能如此成功在经营方面必然有过人之处。其无论是理念还是实际运作上都有十分系统完整的一个体系。以下是我们对麦当劳各方面研究得出的成果。

（二）对麦当劳成功经营的全面分析

“麦当劳不仅仅是一家餐厅”这句话精确地涵盖了麦当劳集团的经营理念。在全球麦当劳的整体制度体系中，麦当劳餐厅的营运是很重要的一环，因为麦当劳的经营理念和欢乐、美味是通过餐厅的人员传递给顾客的……

（三）对麦当劳经营不足的分析（略）

（四）与竞争对手的对比分析（略）

三、问卷数据分析及问题总结

麦当劳是当前在中国经营得最为出色并且广为人知的美式快餐店。

在实地调查的过程中，我们对47位麦当劳消费者（男性22人，女性25人，其中18岁以下的有15人，18至35岁的有20人，35至51岁的有8人，51岁以上的有4人）进行问卷调查后，通过数据统计分析得出以下几点结论：

1. 麦当劳在广州、中山两座城市，广东省乃至整个中国和世界都广为人知。在调查中100％知道麦当劳，“M”字招牌也无人不晓，在进驻中国只有17年的麦当劳，人们对此的认知与熟悉程度远远大于必胜客，甚至由此股快餐文化催生了中国快餐代表——真功夫。

2. 麦当劳广为消费者所喜爱，70.59％的调查对象表示喜欢吃麦当劳餐厅的食物。在其为何喜欢吃麦当劳的原因上，食物的美味可口占了41.19％。食物的质量是餐厅品牌的保证，麦当劳虽是美式快餐的代表，但却被中国消费者广泛接受并喜爱，个中原因是除了其在注重食物的品质外，还注意与中国文化相结合，开发了多种富有中国特色的产品。在经济飞速发展的中国，都市人的生活节奏加速，29.41%的消费者喜欢其快捷方便的销售形式。餐厅属于服务业，就餐环境和服务态度的好坏对餐厅的经营有很大的影响，17.65%的调查对象对麦当劳此两项服务表示满意，也因此喜欢去麦当劳就餐。除以上三项以外，麦当劳在其美式快餐宗旨不变的基础上，其食物和文化方面均实现了本土化，在吸引了众多消费者的基础上同时创造出世界独一无二的麦当劳中国文化。

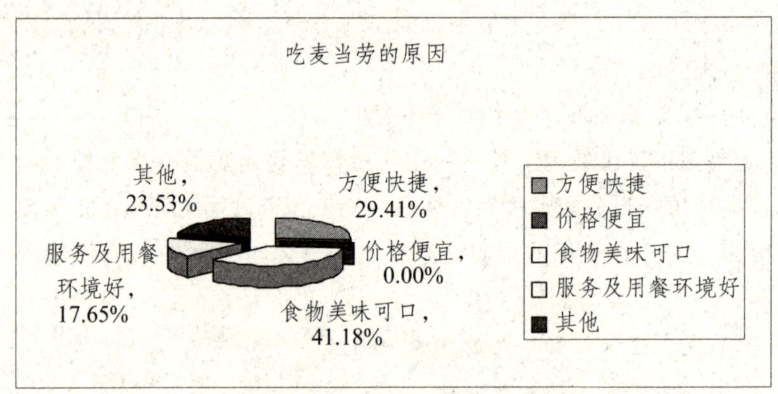

图 1—2—12 吃麦当劳的原因

然而，38.89%的调查对象因为食物容易上火或不合胃口，38.89%因其价格不合理而不喜欢去麦当劳，并且47.06%的对象愿意在麦当劳消费10到20元，可见在众多消费者众多的权衡中，麦当劳食物的价格不合理是使消费者望而却步的主要原因。

3. 麦当劳餐厅的消费年龄主要集中在18岁以下的小孩、学生和18至35岁的在校大学生以及年轻的工薪阶层。而36至50岁的父母辈及较为年长的51岁中老年人则较少到麦当劳就餐。这与麦当劳主攻的市场有很大的关系。从以前的以小孩与家庭为主的消费对象，转为更具有消费潜力及能力更愿意享受新鲜食物和生活的年轻一辈。中老年人去麦当劳的原因也大都因为下一辈的影响，为了得到其赠品和满足孩子的愿望。

4. 在消费者的消费情况方面，由于16.33%在知道有推出新产品时会去麦当劳消费，20.41%在有优惠券和学生卡的条件下都乐意去消费，而其余的 10.2％因为赶时间图方便，16.33％是喜欢吃，6.12％的消费者路过有麦当劳的时候就会进去消费，另外 14.29％和 16.33％的调查对象分别是为了得到特定的赠送品和满足小孩的愿望。可见，在消费动机上，价格优惠都会吸引更多消费者，这也是麦当劳为何经常推出优惠套餐等的重要原因。但从另一方面可看出，94.12％的消费者认为麦当劳所售食品并非物有所值，并且 58.82％的调查对象认为其价格偏高，所以也就反映了麦当劳若要从根本上提高经营额就要在保持其产品良好质量并受到消费者喜爱的基础上降低其产品的价格。

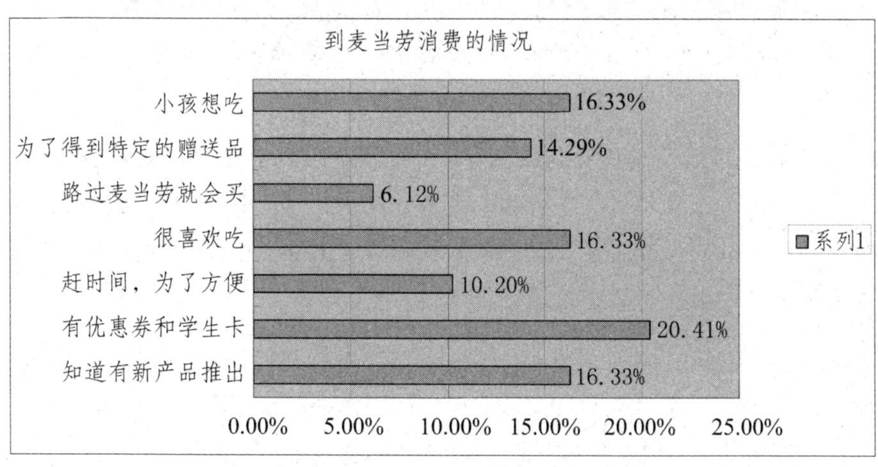

图 1—2—13　到麦当劳消费的情况

5. 在麦当劳新产品推出的宣传和消费者接受程度方面，有 27.45％的调查对象是从电视的广告中得知，21.57％是从派发的传单获知，而其余的是通过马路边的宣传和从朋友口中得知，并且 76.47％的调查对象会尝试新产品。

虽然 58.8％的调查对象觉得麦当劳推陈出新的速度一般，但 88.24％的消费者还是会继续选择一直喜欢吃的产品。并且，在实地调查中，36.36％对象表示觉得新产品没什么特别之处，甚至还有 27.21％的表示新产品难吃，名不副实。我们在一些麦当劳的员工那里了解到，即使他们试吃过后表示对新产品不满意，公司仍会继续推出。这样，从某种程度上说就影响了麦当劳的销售状况。不仅自己员工对公司的信心下降，而且推出的新产品的口碑不好，吸引不了新的消费者，老顾客也偏向于消费自己一向喜欢吃的产品，长久以来会使得麦当劳产品单一化，并且消费者心中的消费可能性选择也减少。

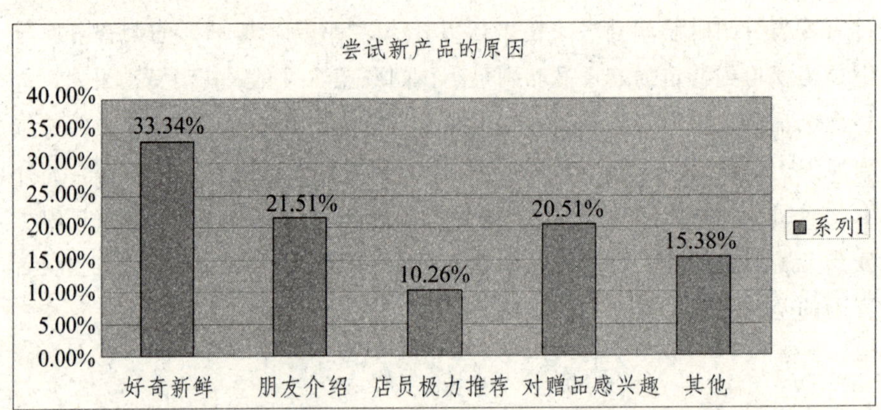

图 1—2—14　尝试新产品的原因

6. 在众多的快餐饮食连锁店中，58.82％的消费者表示喜欢麦当劳，其比率远远大于肯德基、必胜客，还有真功夫。尽管调查对象对麦当劳有各方面的意见，但其企业文化已深入到消费者心中，也就因为如此，才使麦当劳在广大消费者心中占据很重地位。

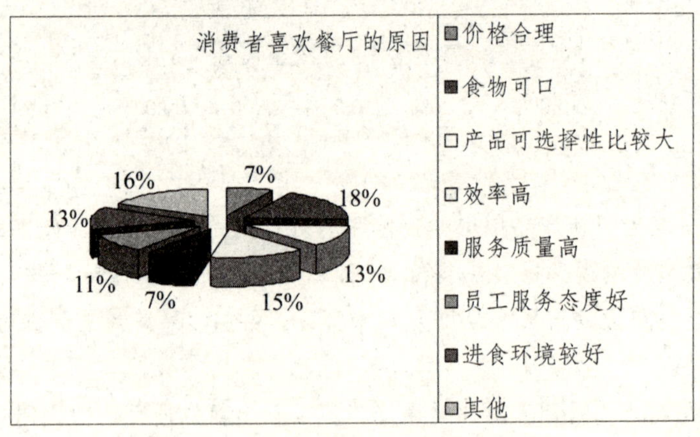

图 1—2—15　消费者喜欢餐厅的原因

从上表可见，消费者在选择餐厅时首要考虑的就是食物的可口程度。另外，大约 15％的调查对象会注重餐厅的效率问题，看来，就现今社会而言，效率不仅是第一、第二产业所要注重的问题，庞大的服务业需要注重效率。单就餐厅而言，36.84％的调查对象选择餐厅最看重的就是价格，28.95％看中的是产品的质量和场所的环境。而麦当劳在产品和场所方面，都有比较好的口碑，也就因此获得了消费者的青睐。

四、附件

针对麦当劳企业的调查问卷

您好，我们是大学生，现在正就麦当劳企业进行调查研究，我们需要您的宝贵意见，希望您能在百忙之中完成以下这份小小的问卷。谢谢您！

以下题目题号前有“*”的为不定项选择题，其余为单选题

1. 请问你是在哪个年龄段：

□18 岁以下　□18—35 岁　□36—50 岁　□51 岁以上

2. 你是否知道有间名为麦当劳的快餐店：

□是　□否

3. 你是否喜欢吃麦当劳餐厅的食物：

□是　□否

*4. 你想吃麦当劳的原因是：

□方便快捷　□价格便宜　□食品美味可口

□服务及用餐环境好　□其他

*5. 你不想吃麦当劳的原因是：

□食物容易上火或不合口味　□价格不合理

□服务态度及用餐环境不好　□其他

6. 你通常到麦当劳用餐的次数是：

□每天一次　□至少每星期一次　□至少每月一次

□至少每年一次　□几年都不去一次

7. 你愿意在麦当劳消费的价钱是：

□10 元以下　□10—20 元　□20—30 元　□30 元以上

*8. 你通常在什么情况下吃麦当劳：

□知道有新推出的产品　□有优惠券或学生卡　□赶时间，为了方便

□很喜欢吃　□路过有麦当劳就会买　□为了得到特定的赠送品

□小孩想吃

*9. 你是如何得知麦当劳的新产品的：

□看电视　□看到马路边的宣传

□从派发的传单看到　□从朋友口中得知　□其他

10. 得知麦当劳有新产品推出你是否会尝试：

□是　□否

*11. 你通常会尝试的原因是：

□好奇新鲜　□朋友介绍

□消费时店员极力推荐　□对附带的赠品感兴趣　□其他

12. 你觉得麦当劳推陈出新的速度如何：

□太慢　□较慢　□一般　□较快　□太快

13. 你通常更愿意尝试新产品还是继续选择一直喜欢吃的产品：

□新产品　□一直喜欢吃得产品

*14. 你对麦当劳的促销手法有何感觉：

□比较新鲜，令人产生好奇心　□陈旧，令人烦闷

□可以理解的商业化　□没什么感觉　□其他

*15. 你对麦当劳促销的食品通常有何感觉：

□美味可口　□没什么特别　□难吃，名不副实　□其他

16. 你觉得麦当劳所售食品的价格如何：

□偏低　□合理　□偏高　□太高

17. 你觉得麦当劳所售食品是否物有所值：

□是　□否

18. 你觉得麦当劳是否是间有效率的餐饮企业：

□是　□否

19. 你觉得麦当劳的员工服务态度如何：

□很差　□比较差　□一般　□比较好　□很好

*20. 你认为麦当劳员工令你不满意的方面是：

□衣着不整洁　□工作效率低　□态度不友善　□没有笑容

*21. 你认为麦当劳员工最令你满意的是哪方面：

□比较高的工作效率　□微笑　□耐心的指引　□热情的服务

22. 你觉得麦当劳进食的总体环境是否令人满意：

□是　□否

*23. 其中有不满意的原因是：

□过于拥挤　□地面桌椅等不够整洁　□噪音过大　□其他

24. 以下餐厅你会比较喜欢：

□麦当劳　□肯德基　□必胜客

*25. 你比较喜欢以上餐厅的原因是：

□价格合理　□食物可口　□产品可选择性较大　□效率高

□服务质量比较高　□员工服务态度好　□进食环境较好　□其他

26. 你选择餐厅最看重的是：

□价格　□人员　□产品　□场所

任务评价

单元 2　任务评价方案

评价项目	序号	考核项目及分值比例	评价标准	考核方式及单项权重		
				学生自评	组员互评	教师评价
通用评价指标（50%）	1	工作计划性（10 分）	工作计划与具体实施情况偏差较小，并在必要时能合理调整计划保证顺利完成任务。	10%	10%	80%
	2	实施过程（20 分）	正确理解任务并按时、保质完成任务。分析方法正确，准确填写管理表单。	10%	10%	80%
	3	成果汇报与语言表达（5 分）	汇报内容完整、表述清晰、语言流利，回答问题正确、熟练。	10%	10%	80%
	4	答辩情况（5 分）	团队成员熟悉内容，能很好地完成各评委的提问。		50%	50%
	5	工作态度（5 分）	纪律性好，主动积极，认真负责，勤学好问。	10%	20%	70%
	6	团队合作和协作（5 分）	与小组成员和谐合作，主动承担分工，合理处理人际关系并能协助他人完成工作任务。	50%	25%	25%

续表

<table>
<tr><th rowspan="2">评价项目</th><th rowspan="2">序号</th><th rowspan="2">考核项目及分值比例</th><th rowspan="2">评价标准</th><th colspan="3">考核方式及单项权重</th></tr>
<tr><th>学生自评</th><th>组员互评</th><th>教师评价</th></tr>
<tr><td rowspan="6">任务评价指标（50%）</td><td rowspan="6">7</td><td colspan="2">调研消费者购买行为（50分）</td><td>10%</td><td>10%</td><td>80%</td></tr>
<tr><td>调研计划书（5分）</td><td>目的明确合理，各项内容符合项目要求，各项内容具体详尽，选用抽样方法得当，计划安排合理。</td><td>10%</td><td>10%</td><td>80%</td></tr>
<tr><td>调研问卷（15分）</td><td>问题有意义、顺序合理、各题目间有逻辑性；答案设置合理；问卷形式完整、美观。</td><td>10%</td><td>10%</td><td>80%</td></tr>
<tr><td>调研报告（25分）</td><td>数据整理详尽，准确，图文并茂；分析说明合理，达到目标；结论达到调研目标，有说服力；建议具可行性；报告完整。</td><td>10%</td><td>10%</td><td>80%</td></tr>
<tr><td>创意性（5分）</td><td>有其他亮点</td><td>10%</td><td>10%</td><td>80%</td></tr>
<tr><td colspan="5"></td></tr>
<tr><td colspan="4">总　分</td><td colspan="3"></td></tr>
<tr><td colspan="4">团队排名</td><td colspan="3"></td></tr>
<tr><td colspan="4">是否进步</td><td colspan="3"></td></tr>
</table>

任务实施自查

单元2　任务实施进程自查表

<table>
<tr><td>任务负责人</td><td></td><td>时　间</td><td></td></tr>
<tr><td>计　划</td><td colspan="3"></td></tr>
<tr><td>组　织</td><td colspan="3"></td></tr>
<tr><td>领　导</td><td colspan="3"></td></tr>
<tr><td>控　制</td><td colspan="3"></td></tr>
<tr><td>得　失</td><td colspan="3"></td></tr>
<tr><td>改进措施</td><td colspan="3"></td></tr>
<tr><td>管理感悟</td><td colspan="3"></td></tr>
</table>

情境 2　找准酒店市场定位

案例导入

马斯洛需求层次理论把人的需求由高到低分成了五个层次，而根据消费需求的差异性，酒店市场同样存在一个金字塔形的层次划分。尽管处在不同层次的酒店，其客户群体、消费水平、体量、投资额以及管理方式都不相同，但却各有各的特点，每层也都有各自的代表。对于酒店行业的人而言，在金字塔中找到自己的正确位置，可以更好地进行经营管理。而对于消费者而言，在金字塔中选择适合自己入住的酒店，则可以合理地规划自己的出行住宿安排，获得最适宜的消费体验。

胶囊公寓

除了单体宾馆，最经济实惠的就要数胶囊公寓了，它最大的卖点就是经济，即使在寸土寸金的一线城市也可以做到房租控制在 38—68 元不等，节约资源、安全卫生等优点也与低碳环保的理念不谋而合。胶囊公寓的出现本是权宜之策，却因其新潮与个性颇受年轻人的青睐，重庆首个太空舱式胶囊公寓甚至出现爆棚的现象。

平价酒店

平价酒店相对于经济型酒店来说更加便宜，客房价格在 100 元左右，它是在经济型酒店价格逐渐走高的情况下兴起的。当经济型酒店变得不再“经济”时，平价酒店让消费者进一步看清了自己的需求，住宿人群多为学生和工薪族。平价酒店是继中档酒店之后又一市场细分的产物，形成了差异化竞争。

经济型酒店

经济型酒店的发展是最成熟的，品牌数量多，目前依然在声势浩大的扩张之中。为了提升发展空间，冲出经济型酒店的重围，不少经济型酒店正在走“差异化”路线。

中档酒店

中档酒店已经成为众经济型酒店集团抢占市场份额的首选。不少经济型酒店都选择进军利润相对较高的中端酒店市场以谋求新盈利点，但由于经营经济型酒店起家，因此难免给人以“平价”感，于是部分业者就将公司重新部署，以淡化经济型概念，突出多品牌定位。同经济型酒店一样，中档酒店也出现了特色化经营的现象，市场划分也更加明显。

星级酒店

星级酒店受经济形势的影响比较明显，近年来纷纷改走亲民化路线。当然，仅仅挖掘大众市场还不足以吸引平民消费者，一些星级酒店还通过“卖大包”、团购等促销揽客。星级酒店纷纷放下“身段”走大众化路线，也验证了“高处不胜寒”的道理。

除了以上最主要的几种，酒店还有许多其他形态，如主题酒店、公寓式酒店等。就如同马斯洛需求层次理论一样，除了生理需求、安全需求、归属与爱的需求、尊重需求和自我实现需求五类，还有认知和理解的欲望、审美需要在人身上的客观存在等，但这些需要并不在基本需要层次的范围。

——案例来源：国际在线(2013-12-18)http://gb.cri.cn/

从案例可以看出，酒店有许多类型，它们将满足不同的人群的需要。并且，现代的酒店，定位区别越来越细化。像上述案例中酒店“金字塔”的出现，说明了酒店未来的发展趋势——市场细分化。从市场规律来看，行业发展到一定阶段，细分化是必然的趋势之一。每个消费者的需求不同，在目前消费者的基本需求被满足后，细分化的酒店形式更能凸显自己的特色，从而也将能更深层次地满足客人需求，而细分之后有了明确清晰定位的酒店将会迎来酒店业内的又一片蓝海。那么如何细分，如何确定自己的特点，这些都是本任务中将要讨论与完成的问题。

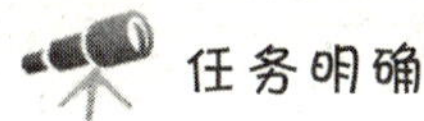

任务明确

情境2　任务单

任务描述	以小组为单位，以STP理论为指导，任选某一知名酒店集团，调研其下各子品牌，撰写“××酒店集团各子品牌目标市场与定位策略”分析报告。
成　　果	某酒店集团各子品牌目标市场与定位策略分析报告。
具体工作过程	开始：承上一任务，团队选择本次任务的任务实施负责人。 过程：根据本情境的任务要求，调查所选定的酒店集团相关资料，进行汇总研讨，并撰写分析报告。任务实施负责人要填写项目实施进程自查表。 评价：各小组就所完成任务的计划与实施过程作总结，准备PPT并进行汇报与评价。
具体工作任务	1. 确定本项目负责人。开会商议工作计划。 2. 本项目负责人为全组成员介绍此酒店集团的简介以及其旗下品牌在调查地区的分布情况。 3. 依据计划分工收集相关二手资料。 4. 进行部分相关酒店的走访，获取一手资料，并在实境中认知与感受相关酒店品牌特色。 5. 汇总并讨论所收集到资料，用相关理论知识来解释其目标市场选择的依据与方法，并评价其定位策略。 6. 撰写分析报告。 7. 项目负责人进行班级汇报与答辩（汇报要点：集团介绍；品牌地理分布；实地调研情况；各子品牌目标市场与策略简介；细分方法归纳与策略评价等）。 8. 项目负责人总结得失，填写项目实施进程自查表。
需填写的表单	1. 填写引导文答案概要（见预习指导）。 2. 工作（项目）实施进程自查表。 3. 工作（项目）评价单。
建　　议	1. 选择知名酒店集团。 2. 此酒店集团在你所在的城市有相关酒店。 3. 虽然网络上可以收集到大部分相关资料，但仍强烈建议小组前往所选定的酒店进行实地感知。

预习指导

1. 登录课程学习网站，观看视频《里斯的危言》和《花开花落》，思考视频中探讨的案例SNAPPLE在被收购前后销量一落千丈的原因？

视频位置：课程学习网站⟶视频资源⟶课程学习同步参考系列⟶情境二⟶里斯的危言，花开花落

2. 列举你所知道的洗发水品牌，并说明他们的特色与所瞄准的顾客群各是怎样的？

3. 根据如下引导文，阅读教材“知识讲解”内容，并尝试在空白处回答相应的问题。

预习引导文	读者自学后回答
1. 假设有如下两对正计划去旅游的夫妻：其中一对年龄在30岁左右，夫妻双方都是高收入的职业人士，先生是一家大型医药公司的销售总监，太太是一位电脑软件工程师，他们目前还没有小孩；另外一对是年过花甲的老夫妻，先生是一名退了休的印刷工人，太太是一位专职家庭主妇，两人收入中等偏下。你认为他们对旅游产品的期待相同吗？分别是什么样的？	
2. 由上题，你认为什么是市场细分？	
3. 你觉得企业为什么要进行目标市场选择？	
4. 选择生活中常见的某类产品，在你印象中此类产品各品牌有什么差异吗？并写下来。	
5. 请总结什么是市场定位？	
6. 假设你要开一间咖啡馆，你希望这间咖啡馆的顾客是哪类人？他们有什么特点？在他们心目中你的咖啡馆有什么特色？	

一、酒店市场细分

市场细分不是对产品进行分类，而是对消费者的需要和欲望进行分类。市场学家把市场分为“同质市场”和“异质市场”。所谓同质市场，就是指消费者对商品的需求，对企业的经营策略的反映有一定的一致性。像汽油、食盐等产品市场，其市场需求基本上都是没有明显差异的。然而，现代市场绝大部分的需求都是有很明显的差异，即所谓的异质市场。酒店市场就是异质市场的典型代表。

将一个错综复杂的酒店异质市场划分成若干个具有相同需求的亚市场，从而确定酒店目标市场的活动过程，可使酒店有效地分配和使用有限的资源，进行各种营销，这种行为叫酒店的市场细分。

酒店市场由许多不同的使用者和购买者组成，但是购买者之间总是有或多或少的差别，他们有不同的需求、不同的购买和消费行为、不同的价值观等。因为购买者有各自不同的需要和欲望，因此每个购买者实际上形成一个单独的市场营销方案。例如，某一家度假酒店专门接待经济型的大细分市场，在这个市场中有三个不同年龄组的顾客群体（14—25 岁、26—45 岁、46 岁以上），这三类客人具有三种不同的家庭形式：独身、带孩子的夫妇、中老年夫妇。酒店为这个基本市场设计了价格经济的食宿产品，适应这三类市场的需求。但是他们在其他需求上有不同之处。年轻的独身客人喜欢自由自在，需要活动性大的娱乐活动，他们喜欢现代流行音乐，跳迪斯科舞。带小孩的夫妇希望酒店有儿童娱乐设施以及有人照料他们的孩子。年纪较大的客人喜欢安静的环境，喜欢参观名胜古迹。酒店不仅要满足总体市场的基本需求，并且还要满足不同细分市场特殊的要求。

（一）酒店市场细分的作用

1. 有利于发现市场机会，取得竞争优势

例如，一个实力不是很强大的酒店，没有能力进军高级的大市场，就可以选择大的酒店不愿涉足的“经营空穴”，采用“见缝插针”“拾遗补缺”的市场策略，一样可以达到盈利的目的。只有形成了酒店自身的竞争优势，才能在激烈的市场竞争中脱颖而出。

2. 有利于提高酒店的应变能力

现代市场瞬息万变，酒店要想在巨大的市场竞争压力下减小自身的风险，就必须对市场有一个充分的了解，如此才能洞察一丝微小的变化可能会给酒店带来风险，以便及时采取措施来避免风险，力求减小其对酒店的损失。

3. 有利于酒店制定最佳的营销策略，合理利用自身资源

由于进行市场细分，企业了解到该市场的容量和期望收益，明确进入该市场的途径、风险和压力，便有助于酒店制定有效的营销组合策略，及时调整产品、价格等力求最大限度地满足市场需求。

4. 有利于酒店提高经济效益

酒店作为一个企业，由于进行了市场细分，集中人力、物力、财力，投入到某个目标市场中去，最终获得了理想的经济效益。因此，通过进行市场细分充分了解和把握市场是酒店获利的必由之路。

（二）酒店市场细分的原则

酒店市场作为一个典型的异质市场，进行市场细分是必然的。但是，细分的“细”是有一定限度的。如果分得过于琐碎，便同样失去了细分的意义。因此，要使细分有价值，就必须坚持以下几个原则：

第一，可衡量性原则。酒店选择一个好的细分市场固然很有前途，但是究竟该不该进入该市场，作为一个企业来说，最科学的方法就是用一些指标来衡量，以便做出最佳选择。例如，某酒店要划分一类办理公务的散客，这类客人的住宿人数、平均住宿期、产生的销售额、平均房租都要统计出来，他们对酒店产品和服务态度的看法以及要求能够被调查和研究出来，这样的市场细分才有意义。

第二，可进入性原则。一个酒店自身的能力是有限的。企业能否进入这个市场就必须要对自身的资金、人力资源等方面的能力做出正确的评估，考虑是否可以进入这个市场。如一个酒店客房的接待能力有限，它就不能进入大型商务会议这个市场。

第三，稳定性原则。作为酒店这样的一个行业要进行投资，其投资期一般在 1—3 年，所以酒店选择的市场是相当稳定的，否则会给酒店带来巨大的经济损失。

第四，有效性原则。酒店细分后只有在容量上达到一定规模方能保证

酒店的获利目标得以实现。如一家酒店决定进入婚宴市场，但进行人口结构分析后发现该地区的人口结构严重老龄化，遂改弦易辙。

第五，竞争优势原则。酒店进行市场细分的目的在于最后进入某个细分市场，所以，酒店要充分意识到自己在该市场是否有竞争优势。这就是进入该市场获利的条件。

（三）酒店市场细分的方法

要进行有效的市场细分，必须找到适当的科学的细分方法。酒店营销人员采用不同的标准进行细分，根据使用者和购买者所具有的许多特点，来满足他们对酒店产品的不同需求和欲望。总体来说，主要有四种细分方法可以用于酒店市场：人口统计细分法、地理因素细分法、心理因素细分法、行为因素细分法。

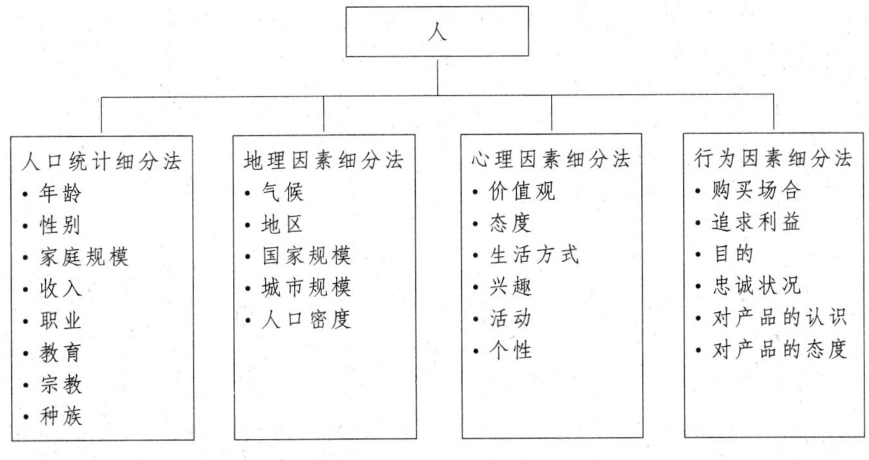

图 2—1　细分标准

1. 人口统计细分法

它是指消费者市场按照年龄、性别、家庭规模、收入、职业、教育、宗教等因素分成不同的组。人口统计因素在细分消费者市场中用得较多。

(1) 年龄。酒店营销人员知道不同年龄的消费者对住宿的舒适、房价、安全等都有着不同的要求，年龄往往是影响购买行为的主要因素。酒店营销人员试着通过相似的购买习惯把消费者的年龄分为以下几项：

☆6 岁以下（入托者）

☆6—11（孩童）

☆12—19（青少年）

☆20—34（青年人）

☆35—49（中年人）

☆50—64（成年人）

☆65 岁以上（老年人）

正因为人们的年龄不同，他们的需求选择也不同。例如，一个身负背包的年轻人在夏天徒步旅行时，住宿更热衷于选择经济型而不是奢华型酒店；另一方面，一个成年人到欧洲旅游，住宿寻求的是舒适、便捷而不是低成本的酒店。

（2）收入。人们在旅游上花多少钱一般取决于他们挣多少钱，一对年轻夫妇的月收入一般用于购买生活必需品，比如房租、日用消费品、生活费等开支，而不可能花上好几百去住豪华的大酒店。一般来说，家庭收入越高，去旅游消费的可能性越高。国内发达地区人均收入大约分为以下几个层次：

☆￥10000 以下

☆￥10000—￥29999

☆￥30000—￥44999

☆￥45000—￥54999

☆￥55000—￥74999

☆￥75000—￥99999

☆￥100000 以上

国内生产总值（GDP—Gross Domestic Product）是指在一定时期内（一个季度或一年），一个国家或地区的经济中所生产出的全部最终产品和劳务的价值，常被公认为衡量国家经济状况的最佳指标。它不但可反映一个国家的经济表现，更可以反映一国的国力与财富。随着国家经济水平的提高，人们在旅游上的投入比率也在相应的提高，旅游客源输出国往往是具有较高的人均 GDP。

（3）职业。职业同时也是酒店市场细分的可变因素。典型的职业分类主要包括专业人员、经理、经营者、牧师、销售人员、退休人员、学生、家庭主妇等。通常，为了营销目标，更小的职业细分产生，比如医生、律师、大学教授是较大的专业人员这一职业细分中的又三个小分类。

（4）性别。男性和女性在购买酒店产品和服务时有着不同的特点。女性喜欢宽敞、美观、整洁、干净的客房和具有日式浴缸的卫生间，而不喜欢充满蒸汽的卫生间。她们要求有梳妆设备，如大镜子，特别喜欢配有镜前照明灯光，摆放化妆品的场所和讲究的洗浴用品等卫生用品；她们用的衣橱要足够高，以便悬挂衣裙，并有足够数量的衣架；浴室内还应有晾衣绳。单独在外的妇女下榻酒店时非常注意个人的人身和财产安全，他们通常不愿意让外人或不熟悉的人知道自己下榻的房间号，也较多地选择在酒店内餐厅就餐。

以前，由于女性市场较小，酒店在设计和营运时大多考虑男性客人的需求，而忽视了女性客人的需求。但是目前，随着女性市场迅速增长，外出休闲观光和商务的女性客人越来越多，酒店营销人员也越来越关注这个细分市场，一些度假胜地甚至开办专为女性服务的酒店。

2. 地理因素细分法

地理因素细分法是指将市场划分为不同的地理区域市场，如不同的国家市场、地区市场甚至居民点市场。一家公司可以在一个或几个地理区域里经营，但需要注意在不同区域的需要特点。如经济型酒店的几种类型：

经济型商务酒店在选址方面一般倾向于选择繁华的商业、娱乐、金融中心地段，或者在商务集中的经济开发区以及在交通便利的枢纽地区。硬件设施简单而高质量，服务水平稳定且有保证，品牌形象鲜明。这个类型的酒店季节波动性比较小，市场相对集中，消费时间稳定。目前的经济型酒店，如锦江之星、如家快捷、宜必思、莫泰 168、莫泰 268 等都是针对这个市场，而且取得了比较大的成功。

旅游经济型酒店选址倾向在市场需求比较稳定或者有多种替代客源的地区，从而保证不同季节的客房出租率维持在一定的水平。例如，著名旅游胜地丽江的客源季节性波动不大，酒店可以保持相对稳定的市场需求，正是基于这种地区市场需求的稳定预期，著名经济型酒店品牌速 8 在丽江开设分店。

汽车旅馆一般建造在大中型城市的交通主干道两边，汽车站、火车站、机场、码头等交通枢纽附近，以及城市边缘的交通便利之处。汽车旅馆的最大特色是有较大规模的停车场，方便自驾车的家庭游客和中小商务客人、消费水平一般的团队旅游者和自助旅游者。目前中国真正意义上的汽车旅馆还没有发展起来，这与中国的高速公路建设现状有很大关系，目前还没有发展出覆盖全国的公路网络，驾车长途旅行的方式也没有成熟，这个市场的发展还有待时日。

青年旅舍属于经济型酒店的低端产品，即廉价经济型酒店。青年旅舍（Youth Hostel）是一个重要的廉价经济型酒店产品，是国际青年旅舍联盟（IYHF）专门针对低收入的青年和无收入的学生设立的一种特殊业态的酒店。他们提供如学校宿舍般的住宿设施，一个房间有2—10张床，价格从几十到上百元不等。青年旅舍主要分布在旅游风景区和城市中，为背包旅游者提供价格便宜的栖身场所。

3. 心理因素细分法

心理因素包括价值观、态度、生活方式、兴趣、活动、个性等。心理因素不同，购买动机和方式也有所不同。消费者的心理是多种多样的，在购买酒店产品时，有的追求新颖、有的追求奇特、有的对质量要求极高，有的则只求物美价廉，林林总总，千变万化。

由于消费者心理需求具有无限性、多样性、时代性、可诱导性等特性，因此显现在酒店面前的消费者心理变化往往比较复杂。酒店在根据消费者心理因素划分酒店市场时，必须进行深入细致的调查研究，切实掌握消费者不同的心理特征及其变化趋势。尽管心理因素是比较难以量化和把握的，但有时用它来对酒店市场进行定性划分却是极为有效的。因此，心理因素细分法仍不失为酒店市场细分的主要方法之一。

4. 行为因素细分法

行为因素细分法是指依据消费者购买场合、追求利益、购买目的、忠诚状况、对产品的认识状况、对产品的态度等因素将消费者划分为不同的组。许多营销者认为行为因素是进行市场细分的最好起点。

酒店营销人员应意识到这样一个事实，那就是，一个旅游者购买酒店产品的主要目的不是为了得到产品本身，而是为了获得酒店产品所带给客人的利益。酒店客人要求酒店提供的利益是多样化的。有的客人希望酒店服务人员热情友好，有的希望酒店处于优越的地理位置，还有的则要求酒店提供良好的气氛。总之，客人所追求的利益是多样的，不同的客人要求得到的利益是不同的，酒店营销人员可以按照客人追求的利益将旅游消费者划分成不同的类型。

营销人员还可以根据消费者对酒店产品的忠诚度来进行市场细分。一些消费者是完全忠诚的，他们在任何时候都购买同一品牌商品；一些消费者有一定的忠诚感，他们对一两种品牌商品保持忠诚，但有时受利益的驱使，他们也放弃这种忠诚；一些消费者完全不忠诚，他们每次购买时喜欢购买一些正在降价的商品。拿酒店市场而言，许多酒店发现欧美公司的长住客是酒店的忠诚消费者，因此就把这些欧美公司的长住客作为酒店的主要目标市场。而韩国公司的长住客往往是一些不太忠诚的消费者，他们对价格很敏感，喜欢住价格相对低廉的酒店，因此酒店就可以通过降价等促销方式来吸引他们居住。

另外，酒店按照消费者的购买目的，也就是住宿动机划分市场也非常普遍，按照住宿动机划分的细分市场主要有：公务客人、会议客人、团体观光客人、散客游览者和探亲访友者等。这些不同的客人，住宿目的不同，需求也不同，如会议客人，要求舒适的住宿条件，会议期间有娱乐活动；游览客人，一般希望酒店有一种轻松的气氛，晚间能够提供娱乐性的服务和设施，对价格比较敏感。按住宿动机细分市场，有利于酒店提供有针对性的服务。

二、酒店目标市场

（一）选择模式

目标市场是酒店准备进入和服务的市场。酒店进行市场细分的目的就是选择目标市场。经过市场细分后，酒店会发现有一个或几个细分市场是值得进入的。此时，酒店需要进行选择，确定进入哪些细分市场。一般来说，酒店选择目标市场的模式有以下五种：

（1）单一市场集中。这是一种典型的集中化模式。无论从产品角度还是市场角度看，酒店的目标市场都高度集中在一个市场层面上，酒店只提供一类产品，服务于一个宾客群。许多小酒店由于资源有限，往往采用这种模式。单一市场集中模式使酒店经营对象单一，可以集中力量在一个细分市场上获得较高的市场占有率。如果细分市场选择适当的话，也可获得较高的投资收益率。但是，采用这种模式，由于目标市场范围较窄，因而经营风险较高。

（2）产品专门化。酒店提供一类产品，向各类宾客销售。采用这种模式，酒店的市场面扩大，有利于摆脱对个别市场的依赖，降低风险。同时，生产相对集中，有利于发挥生产潜能，有利于在某一类产品方面树立较好的声誉。

(3) 市场专门化。酒店面对同一宾客群生产和销售他们所需的各种产品。采用这种方式，有助于发展和利用与宾客之间的关系，降低交易成本，并在这一类宾客中树立良好形象。这类顾客一旦其购买力呈下降趋势，酒店的收益也会受到较大的影响。

(4) 选择性专门化。酒店在对市场细分的基础上，经过仔细选择，结合本酒店的长处，有选择地销售几种产品，有目的地进入某几个市场面，满足这些市场面的不同要求。实际上这是一种多元化经营的模式，可以较好地分散酒店的经营风险。但是酒店采用这种模式也要非常谨慎，必须以几个细分市场拥有相当的吸引力为前提。

(5) 全面进入。酒店为所有细分化以后的各个细分市场上生产各种不同的产品，分别满足各类宾客的不同要求，以期覆盖整个市场。很明显，只有实力非常雄厚的酒店才有可能采取这种策略。

(二) 酒店目标市场的营销策略

1. 无差异性市场营销策略

无差异营销策略是指企业将产品的整个市场视为一个目标市场，用单一的营销策略开拓市场，即用一种产品和一套营销方案吸引尽可能多的购买者。无差异营销策略只考虑消费者或用户在需求上的共同点，而不关心他们在需求上的差异性。无差异营销的理论基础是成本的经济性。生产单一产品，可以减少生产与储运成本；无差异的广告宣传和其他促销活动可以节省促销费用；不搞市场细分，可以减少企业在市场调研、产品开发、制定各种营销组合方案等方面的营销投入。这种策略对于需求广泛、市场同质性高且能大量生产、大量销售的产品比较合适。

酒店将整体市场作为自己的目标市场，仅推出一种产品，用一种营销组合策略去满足市场上的所有要求。这是比较原始的营销策略，一般在同质市场上比较广泛地使用，或是新产品的介绍期，还有就是卖方市场。这种方法可用图 2－2 表示如下：

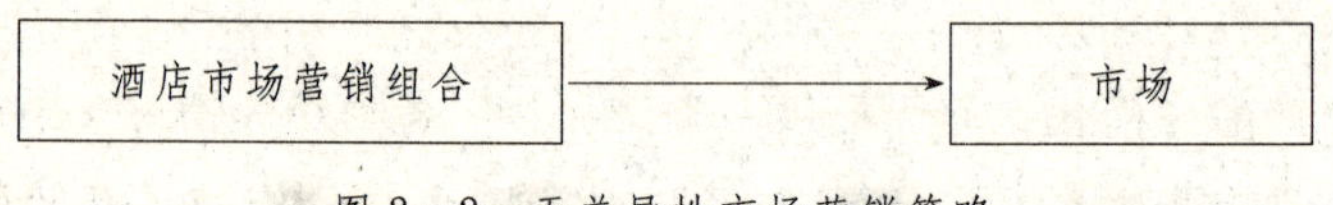

图 2－2 无差异性市场营销策略

这种策略的优点在于它可以减少酒店的经营成本和营销费用，不足之处是此策略忽视了市场需求的差异，可能会导致部分宾客的不满意，所以它也越来越不适应复杂的市场了。

2. 差异性营销策略

差异性营销策略是指酒店从不同的细分市场的需求差异性出发，针对各个不同的细分市场的特点，分别推出不同的酒店产品，采用不同的营销组合方案，以满足不同顾客的需求。这种方法可用图 2—3 表示：

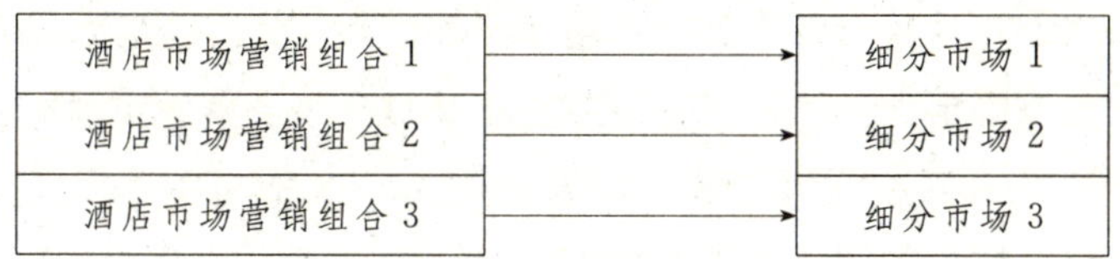

图 2—3　差异性市场营销策略

差异性营销策略的优点是：小批量、多品种，生产机动灵活、针对性强，使消费者需求更好地得到满足，由此促进产品销售。另外，由于企业是在多个细分市场上经营，一定程度上可以减少经营风险；一旦企业在几个细分市场上获得成功，有助于提升企业的形象及提高市场占有率。目前，越来越多的酒店开始使用这种营销策略。但是，这种策略由于目标市场过多，因而对酒店生产和促销等的费用也会增加，增加了管理工作的难度。所以，比较适宜采用这种策略的大体有以下几种：(1) 规模大、资源雄厚的酒店或酒店集团；(2) 竞争激烈的市场；(3) 产品成熟阶段。

3. 集中性营销策略

集中性营销策略指酒店在市场细分的基础上，从整体中选择一个或少数几个细分市场作目标市场，采用一种营销组合策略来集中满足这些目标市场顾客的需求。集中性营销策略则是集中力量进入一个或少数几个细分市场，实行专业化生产和销售。这种方法可用图 2—4 表示：

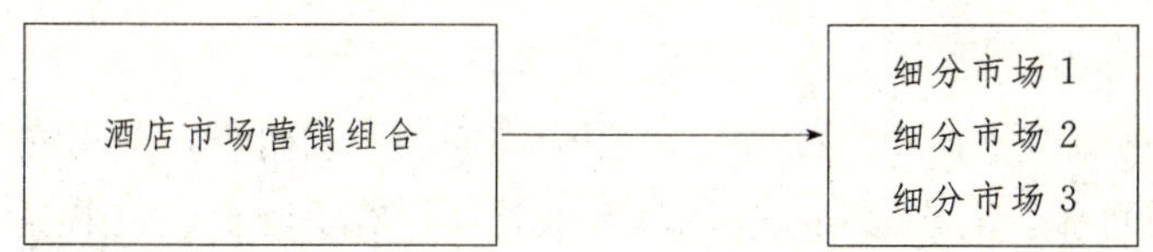

图 2—4　集中性市场营销策略

这种策略有利于酒店经营项目的专业化，比较适用于中小型酒店或竞争比较激烈的市场。但不利的是酒店经营的风险大，一旦该市场有少许的变化都会给酒店带来很大的损失，回旋的余地小。

小思考

各小组拟调查的酒店集团选择的是哪种策略？为什么？

（三）酒店选择目标市场营销策略的依据

由于无差异性营销策略、差异性营销策略和集中性营销策略各有利弊，各有其适应性，酒店在选择目标市场营销策略时就不能随心所欲，必须考虑酒店本身的特点及产品和市场状况等因素，在对主客观条件全面衡量后才能加以确定。具体来说，酒店在选择目标市场营销策略时，通常应考虑以下几个因素：酒店资源，市场同质性，产品同质性，产品生命周期，竞争对手数目和竞争对手营销策略。

1. 酒店资源

酒店资源包括酒店的人力、物力、财力及酒店形象等。如果酒店规模较大，实力雄厚，有能力占领更大的市场，可采用差异性营销策略或无差异性营销策略。如果酒店资源有限，实力不强，无力兼顾整体市场或几个细分市场，可采用集中性营销策略。

2. 市场同质性

市场同质性是指市场上消费者需求和偏好所具有的类似性。如果消费者的需求和偏好十分相近，购买数量和方式也大体相同，说明市场同质性较高，可采用无差异性营销策略。如果市场需求的差别较大，就宜采用差异性营销策略或集中性营销策略。

3. 产品同质性

产品同质性是指本酒店产品与其他酒店产品的类似性。如果本酒店产品同其他酒店产品相似，说明产品同质性高，适宜采用无差异性营销策略，反之适宜采用差异性营销策略或集中性营销策略。

4. 产品生命周期

一般而言，酒店产品所处市场生命周期的不同阶段，采用的营销策略也有规律可循。若产品处于导入期或成长期，竞争者少，宜采用无差异性营销策略，以便探测市场的需求。产品进入成熟期，适于采取差异性营销策略，以开拓市场。产品进入衰退期，应采取集中性营销策略，集中力量攻占最有利的细分市场，以延长产品的市场寿命。

5. 竞争者数目

当竞争者数目少时，一般采用无差异性营销策略；当竞争者数目多、竞争激烈时，宜采用差异性或集中性营销策略。

6. 竞争者的营销策略

酒店在选择目标市场的营销策略时，必须考虑到竞争对手所采取的营销策略。一般来说，酒店应采取与竞争对手相反的营销策略，以避免与竞争者直接抗衡。当然，究竟采用什么样的营销策略，在实践中要根据不同时期双方的具体情况做出抉择。如遇到强有力的竞争者实施无差异性营销策略时，因可能有较次要的市场被冷落，酒店可乘虚而入，应采用差异性营销策略予以占领；如果实力较强的竞争对手已经采用了差异性营销策略，本酒店难以与之抗衡，则应进行更有效的市场细分，实行集中性营销策略；如果竞争对手的力量较弱，而自己的力量较强，则可完全根据自己的情况确定营销策略。

三、酒店定位

定位是以产品为出发点，但定位的对象不是产品，而是针对潜在顾客的思想。也就是说，定位是为产品在潜在顾客的大脑中确定一个合适的位置。酒店的定位是面向市场的定位，即通过市场调查、分析、判断相应的市场机会而做出定位，并通过一定的传播渠道使得市场接受、认可此种定位，没有与市场的互动沟通而单方面进行定位的工作是没有任何实际效应的。

酒店定位有利于建立酒店和产品的市场特色，为酒店制定市场营销组合策略奠定基础。

（一）酒店产品定位的方法

1. 根据属性和利益定位

酒店产品本身的属性以及由此获得的利益能够使顾客体会到它的定位。如酒店的“豪华气派”“卫生舒适”等，这种定位方法，酒店往往强调产品的一种属性，而这种属性常是竞争对手所没有顾及到的。

2. 根据质量和价格定位

价格与质量两者变化可以创造出产品的不同定位。在通常情况下，质量取决于产品的原材料或生产工艺及技术，而价格往往反映其定位，例如人们常说的“优质优价”“劣质低价”正是反映了这样的一种产品定位思路。

3. 根据产品用途定位

发扬同一个产品项目的各个用途并分析各种用途所适用的市场，是这种定位方法的基本出发点。同样是一个大厅，它可以作为大型宴会、自助餐的场地，也可以被当成会议大厅接待各种会议，同时，还可以成为各种展示、展览的场所。对于这样的一个酒店产品，酒店可以根据其不同的用途，在挑选出来的目标市场中，分别树立起不同的产品个性和形象。

4. 根据使用者定位

这是酒店常用的一种产品定位方式，即酒店将某些产品指引给适当的使用者或某个目标市场，以便根据这些使用者或目标市场的特点创建起这些产品恰当的形象。许多酒店针对当地居民“方便、经济、口味丰富”的用餐要求，开设集各地风味为一体的大排档餐厅，便是根据使用者对产品的需求而进行的定位。

5. 根据产品档次定位

这种定位方式是将某一产品定位为其相类似的另一种类型产品的档次，以便使两者产生对比。例如一些酒店将自己客房产品的档次设定为与某一家公众认可的好酒店的客房档次相类似，以求使顾客更易于接受他们的产品。这种做法的另一个方面是为某一产品寻找一个参照物，在同等档次的条件下通过比较，以便突出该产品的某种特性。如一些酒店推出的公寓客房，突出在与标准间同等档次的前提下具备的厨房设施，更加适合家庭旅游者使用，从而达到吸引家庭旅游者购买的目的。

6. 根据竞争定位

酒店产品可定位于与竞争直接有关的不同属性或利益。例如酒店开设无烟餐厅，无烟意味着餐厅空气更加清新。这实际上等于间接地暗示顾客在普通餐厅中用餐，其他人吸烟会影响到自己的身体健康。

7. 混合因素定位

酒店产品定位并不是绝对地突出产品的某一个属性或特征，顾客购买产品时不单只为获得产品的某一项利益，因此，酒店产品的定位可以使用上述多种方法的结合来创立其产品的地位。这样做有利于发掘产品多方面的竞争优势，满足更为广泛的顾客需求。

小思考

以生活中的实例来说明上述 7 种定位方法的应用。

（二）酒店定位的策略

1. 避实击虚，补缺定位

当酒店对竞争者的市场地位、顾客的实际需求和本酒店产品的属性等进行了充分的评估分析，发现目标市场上竞争对手实力雄厚，无法与之正面抗衡时，酒店应将目光转向竞争对手尚未顾及或忽视的市场空隙，组织自己的产品去满足那些市场上尚未得到满足或未被完全满足的需求，从而与竞争对手形成鼎足之势。这样的定位方式风险较小且易于成功。

美国 20 世纪 60 年代的经济型酒店如汽车旅馆（Budget Motels）成功的产品市场定位，对我国目前的酒店行业竞争具有十分现实的指导意义。这种旅馆对大众旅行提供了满足基本需求又可以省钱的选择。它没有会议室、宴会厅以及项目繁多的娱乐休闲设施，只提供卫生、舒适、价格低廉的客房，这对于过路、只求有良好休息环境的客人来说是极具吸引力的。我国许多中小型酒店在面临大酒店和酒店集团的竞争压力时，往往采取追加投资，对产品更新改造，求上档次，求项目全，并以此作为竞争的本钱。这样做将对本已有限的资源造成更大的压力甚至浪费。实际上，我国的国内旅游正在兴起，国内旅游者将在今后一段时间内成为一个巨大市场，他们要求酒店提供与他们的经济能力相适应的产品，这样需求是一些四、五星级酒店所忽略的，而这正好是中、小型酒店的市场空隙，在这样的市场中将大有可为。

为避免恶性竞争的出现，即使是大酒店也应该有意识地去寻找新的市场空位，而不是只注重传统的“有利可图”的市场。

2. 强行攻击，挑战定位

资源雄厚、实力强大的酒店常采取这样的产品定位策略。当发现目标市场竞争对手众多，但市场需求潜力仍然很大，此时酒店采取强行挤占的策略，选择与竞争对手重叠的市场位置，争取同样的潜在目标顾客，与竞争对手在产品、价格、促销、渠道等各个方面和环节展开直接面对面的拼争，与竞争对手共坐一席。

采取这种强硬的产品定位策略，酒店对竞争者和竞争的结果必须有充分、准确的估计和分析。酒店必须十分了解自己是否具备比竞争对手更为丰富的资源、更强的经营能力，是否能比竞争对手做得更为出色，竞争中的获利能否平衡为赢得竞争所付出的代价等。如果缺乏足够的认识，贸然逞强，将可能把酒店引入歧途，那是十分危险的。

由于酒店行业的进入壁垒较低而退出壁垒较高，这就造成了市场景气时竞争对手纷纷进入，而一旦市场形势发生逆转，酒店在无法退出竞争的情况下必然倾全力搏杀以求生存，此时在竞争中往往“迫于形势”以硬对硬，以强制强。

3. 借势用势，比附定位

比附定位，即通过与竞争品牌的比较来确定自身市场地位的一种定位策略。其实质是一种借势定位或反应式定位。借竞争者之势，衬托自身的品牌形象。在比附定位中，参照对象的选择是一个重要问题。一般来说，只有与知名度、美誉度高的品牌作比较，才能借势抬高自己的身价。

比附定位常见的形式有：

(1) 甘居第二。就是明确承认同类产品中另有最负盛名的品牌，自己只不过是第二而已。这种策略会使人们对公司产生一种谦虚诚恳的印象，相信公司所说是真实可靠的，同时迎合了人们同情弱者的心理，这样消费者对这个品牌的印象会更深刻。美国阿维斯出租汽车公司定位为“我们是老二，我们要进一步努力”之后，品牌知名度反而得到很大提升，赢得了更多的忠诚客户。

(2) 攀龙附凤。具体来说，就是首先承认同类产品中已卓有成就的品牌，本品牌虽自愧弗如，但在某一地区或在某一方面还可以与这些最受消费者欢迎和信赖的品牌并驾齐驱，平分秋色。内蒙古宁城老窖打出的广告语“宁城老窖——塞外茅台”，就属于这一策略。

(3) 进入高级俱乐部。公司如果不能攀附第二名，也可以利用模糊数学的手法，借助群体的声望，把自己归入高级俱乐部式的品牌群体中，强调自己是这一群体的一员，从而提高自己的形象和地位。美国克莱斯勒汽车公司宣布自己是美国三大汽车公司之一，使消费者感到克莱斯勒和第一、第二一样都是知名轿车，同样收到了良好的宣传效果。

(三) 酒店定位的步骤

1. 识别可能的竞争优势

顾客一般都选择那些能给他们带来最大价值的产品和服务。因此，赢得和保持顾客的关键是比竞争者更好地理解顾客的需要和购买过程，以及向他们提供更多的价值。通过提供比竞争者较低的价格，或者是提供更多的价值以使较高的价格显得合理。企业可以把自己的市场定位为：向目标市场提供优越的价值，从而企业可赢得竞争优势。

产品差异：企业可以使自己的产品区别于其他产品。

服务差异：除了靠实际产品区别外，企业还可以使其与产品有关的服务不同于其他企业。

人员差异：企业可通过雇用和训练比竞争对手好的人员取得很强的竞争优势。

形象差异：即使竞争对手的产品看起来很相似，购买者也会根据企业或品牌形象观察出不同来。因此，企业可以通过树立形象使自己不同于竞争对手。

2. 选择合适的竞争优势

假定企业已很幸运地发现了若干个潜在的竞争优势。现在，企业必须选择其中几个竞争优势，据以建立起市场定位战略。企业必须决定促销多少种类以及哪几种具有优势。许多营销商认为企业针对目标市场只需大力促销一种利益，其他的经销商则认为企业的定位应多于 7 个不同的因素。总的来说，企业需要避免三种主要的市场定位错误。第一种是定位过低，即根本没有真正为企业定好位。第二种错误是过高定位，即传递给购买者的公司形象太窄。最后，企业必须避免混乱定位，即给购买者一个混乱的企业形象。

3. 传播和送达选定的市场定位

一旦选择好市场定位，企业就必须采取切实有效的步骤把理想的市场定位传达给目标消费者。企业所有的市场营销组合必须支持这一市场定位策略。

市场定位策略的有效性条件并非所有的商品差异化都是有意义的或者是有价值的。每一种差异都可能增加公司成本，当然也可能增加顾客利益，所以公司必须谨慎选择能使其与竞争者相区别的途径。有效的差异化应满足下列原则：

（1）重要性：该差异能给目标购买者带来高价值的利益。

(2) 专有性：竞争对手无法提供这一差异，或者企业不能以一种更加与众不同的方法来提供该差异。

(3) 优越性：该差异优越于其他可使顾客获得同样利益的办法。

(4) 感知性：该差异实实在在，可为购买者感知。

(5) 不易模仿性：竞争对手不能够轻易地复制出此差异。

(6) 可支付性：购买者有能力支付这一差异。

(7) 可盈利性：企业能从此差异中获利。

4. 再定位

随着市场竞争白热化，产品同质化现象日趋严重，要让消费者在众多相差无几的同类产品中记住并选购你的品牌，就必须在消费者心目中创造出一种心理差异的优势。而市场竞争环境、消费环境以及政策等诸多因素都在不断变化，始终如一的定位虽然能够保证企业资源的延续性，但如果不能适应市场需求，则须对品牌进行再定位。

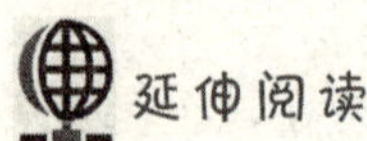

“愚蠢”才是创新者的“壁垒”

——“今夜酒店特价”APP老总谈定位

龟兔赛跑怎么赢？

1. 愚蠢型

乌龟要活下去，首先要让自己看起来无害，让自己的跑道看起来无趣。保护创新者的门槛不在于创新者跑得早跑得快，而在于这个赛场在巨头看来，严重愚蠢，巨头们不屑于掺和。

这样的案例很多，Google创始的时候市面上有无数搜索引擎但是没有盈利模式。非典时期，马化腾想把QQ卖给搜狐，张朝阳不敢接。大众点评吭哧吭哧谈餐馆连续N年不盈利……装呆卖萌摸石头过河过完河拆桥的也很多，比如Palm早期致力于将产品描述成“碰巧能连接电脑的小工具”而不是“手持电脑”以避开微软注意力，比如360安全卫士仅仅是以一款流氓软件查杀工具开始……因为这些模式怎么看都不靠谱，所以当时更有资源更有能力的巨头们，没有一头扎进这些新市场，而选择站在岸边看着这些公司在池子里挣扎，时不时评论两句——“看这群SB扑腾”。

当然，等到局势明朗赚钱方向也明朗起来，这些池子里剩下的斗士们已经练就了一身水下武艺，巨头们进去也打不过了。

2. 装无辜

有时也未必需要做这么极端，只要选择的跑道不至于过于光鲜亮丽，其实大部分时候也是入不了巨头们法眼的。

因为巨头体量大，所以为了增长，他们对新市场和创新的胃口也很大。以携程为例，他号称自己 8 月的酒店销售间夜数是 300 万，如果要给华尔街展示 10%的增长，就需要一个月销售 30 万间夜的创新生意。这时那些一个月可能只能做 1 万间夜的业务就很难入高层的法眼也很难得到资源支持。公司规模越大，增长所需要的增量市场也越大，这就使得巨头们仅仅有能力盯着眼下就能产生效益的大机会，小回报但是高成长性的长期潜在机会在他们眼中很可能显得吸引力不够，这就给我们留下了空间去偷偷发展，日后再伺机雄起。

了解“今夜酒店特价”的朋友可能会发现我们并没有这么“偷偷”。去年 APP 一上线就轰轰烈烈冲到了苹果 APP Store 总榜第二名，媒体报道铺天盖地，基本上一个月内就让业内人都知道了这款产品，甚至于都高估了这个模式，所以迅速引来了巨头的封杀和打压。去年 10 月，我们被打得每天每个城市只有三五家酒店上线，用户一打开 APP 就关掉，关完之后还跑到微博上骂——这可以作为反面例子来警告之后的创业者们要低调。

3. 针锋相对

另一条路就是选择和巨头模式相冲突的赛道去跑，这样巨头们短期内下不了决心只能干着急。巨头们积累的优势是资源、流程和价值观，可这些东西成型以后也会对他们本身的可能性增加各种各样的限制，我们可以利用。

比如沃尔玛开始做折扣零售商时，打的是大型百货公司的口号。百货公司有自己的高端用户不差钱但重视服务，有自己的资深导购懂产品懂用户，这是资源。可这个资源是需要 40%的毛利来支持的。最终，大百货公司只能眼睁睁看着沃尔玛用更低毛利销售不需要导购人员介绍的简单商品来抢夺低端市场。

比如京东开始在网上卖 3C 产品时，国美苏宁其实在渠道销售上更有资源有能力，可是线上稍微动一下，线下门店估计就要开始哭爹喊娘造反，加上这个模式“怎么看都不靠谱不赚钱”，所以各大家才会一直看着却不动手，直到火烧到门前才发狠说要做电商。比如周鸿祎做 3721 网络实名，面对的巨头就是 CNNIC 和他的九大代理商。他绕开这个代理体系去建直接到城市的扁平式直接代理时，CNNIC 短期内只能干着急，照着做会得罪已有代理商，不照做又慢慢被抢市场份额。

比如“今夜酒店特价”，携程要全力做一个的话，估计能做得比我们好。可问题是，在携程内部做好一个“今夜酒店特价”有什么意义呢？本来都是高价值不差钱的用户，本来就上携程想订一个 800 块钱酒店，你拼死拼活告诉他说现在是 6 点后另一家酒店打折到 400 块了，硬生生把自己的销售额和佣金做到一半，这个业务导致的结果是：做得越好整体报表越难看，何必呢？但这个商业模式对我们自己就没这个问题，用“今夜酒店特价”的都是特地来找特价的用户，我们没有既得利益可以流失。

在“愚蠢”的保护之下，今夜特价酒店如何进攻呢？任鑫以自己的教训阐述了“留住用户，吃透用户”的价值。

常见的思路是找出已有用户（特别是高价值的用户），细分出一块（或者干脆不作任何细分，将整个已有市场定义为目标市场），然后把产品推向他们，大声宣传自己东西就是好就是好。

说实在的我自己就是这么做的，一上来就轰轰烈烈朝外喊“创新啦”“特价啦”“实惠啦”“移动互联网啦”，手头有什么渠道就用什么渠道，有什么故事讲什么故事，力求声音够大产品够诱人能够带用户进来。可是热闹是热闹了，数百万用户涌进来之后大部分却没有留存和转化，只是空热闹了一场——因为这些新用户里面很多人本身就是携程艺龙的高价值用户，习惯了他们的服务方式（例如有上万家酒店可以选，例如可以预定 2 个月后的房间，例如有 400 客服一步一步帮他答疑解惑），所以虽然被我们“晚上 6 点以后剩房 5—7 折”吸引，可是进来之后看一眼酒店选择只有百十家又不能电话预订之后就关了 APP，还留了个“这个 APP 一般嘛”的印象。

《创新者的窘境》和 Steve Blank 的客户发展理论针对这个问题给了个思路。他们的意见是看上去“愚蠢”的颠覆性创新，必然在主流性能的很多方面不如主流解决方案（比如“今夜酒店特价”特价酒店的选择面，就必然比携程的普通酒店选择面窄，还有很多其他方面也比携程艺龙差），但是也肯定有一两个自己的奇怪的亮点（比如“晚上 6 点后半价起”）。这时最忌讳的是尝试用创新解决方案去诱惑已有主流市场，因为主流市场在意主流性能而创新方案在这方面没有优势，骗到了用户来也是白搭。

正确的做法应该是把这个问题看成一个营销挑战，根据创新方案的特点（优点和缺点）去找到匹配的那一个特定的细分族群，这个族群需求比较奇怪，你处于劣势的那些传统性能点他们不在乎，却很看重你创新提供的新的价值。最重要的任务是把这群人找出来，深挖吃透，然后以这个细分市场作为抢滩阵地，巩固了之后再图大计。市场很大，我们还很小，找准了先切一小块蛋糕下来，也能吃饱小肚子的，先别想着一口把蛋糕给吞了，早得很。

先讨好这个容易讨好的“零消费市场”，站稳脚跟，再慢慢优化性能，扩展到别的市场去。

资料来源：福布斯中文网（2012-10-23，作者：任鑫）
http://www.forbeschina.com/review/201210/0020831_4.shtml

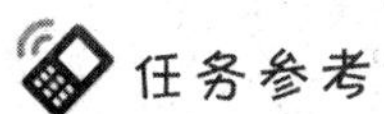
任务参考

喜达屋酒店及度假村集团品牌介绍

喜达屋酒店及度假村集团在全球的主要市场中有着很强的品牌知名度，并在定价上处于领导地位。喜达屋酒店都有良好的选址，主要分布在大城市和度假区。集团酒店选址的标准是：所在区域的发展史表明，该地区对提供全方位服务的豪华高档酒店有大量、持续增长的需求。作为酒店业豪华高档细分市场中最大的酒店集团，喜达屋酒店及度假村集团的规模及其高科技含量有力地支持它的核心市场营销和预定系统。

喜达屋酒店及度假村集团以其酒店的高级豪华著称，拥有管理、特许经营多个世界著名品牌，包括圣·瑞吉斯、至尊精选、威斯汀（环鼎）、喜来登、福朋、W 以及作为优质度假酒店的发展方和管理方的喜达屋度假酒店集团公司。

喜来登酒店

喜来登酒店主要分布在世界上最有吸引力的繁华的城市和度假村。喜来登为来自世界各地的商务客人和休闲旅游者提供高质量的服务。喜来登酒店为休闲度假旅游者提供着宾至如归的服务。当前，喜来登品牌在中国内地有10家以上的酒店。

圣·瑞吉斯酒店

圣·瑞吉斯酒店是世界上最高档酒店的标志，代表着绝对私人的高水准服务。服务在业内独树一帜，2000年3月1日，坐落于北京建国门外大街的北京国际俱乐部饭店正式将其英文名改为St. Regis Beijing（圣·瑞吉斯北京，原中文名不变），这标志着该饭店将完全按照圣·瑞吉斯酒店的模式和标准动作，成为它在亚太地区的第一家饭店。

福朋酒店

福朋酒店是提供全方位服务的四星级酒店。此连锁品牌是提供全方位服务的中档酒店，主要分布于机场、大都市的商务中心、中小城市和度假胜地。

威斯汀（环鼎酒店）

威斯汀在酒店行业中一直位于领先者和创新者行列。威斯汀酒店分布于重要的商业区，每一家酒店的建筑风格和内部陈设都别具特色。

至尊精选

至尊精选是喜达屋酒店集团中为最上层客人提供别出心裁服务的酒店和度假村的独特组合。全球最好的酒店所具有的特点——富丽堂皇的装饰、精美无比的摆设、无可挑剔的服务、现代最先进的设施——都可以在至尊精选中找到。

W酒店

喜达屋集团对商务客人的住店经历进行重新定义，针对商务客人的特点对服务设施和服务方式、内容上有全新的设计。在每家W酒店的大堂里都设有精致的餐厅、休闲室和咖啡厅，另外酒店里还都设有健身房。W酒店是喜达屋在购并了喜来登和威斯汀酒店后新创的一个四星级酒店品牌，将专门为商务客人而设的设施和服务与独立精品酒店的特点相结合，把市场定位在一个由70%—75%的个体商务旅游者和15%—20%的商务小团队客人的目标市场。

资料来源：http://www. baidu. com/view/od89441452d380eb62946dec. html，略有修改

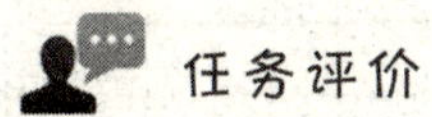

情境 2　任务评价方案

评价项目	序号	考核项目及分值比例	评价标准	考核方式及单项权重		
				学生自评	组员互评	教师评价
通用评价指标（50%）	1	工作计划性（10 分）	工作计划与具体实施情况偏差较小，并在必要时能合理调整计划，保证顺利完成任务。	10%	10%	80%
	2	实施过程（20 分）	正确理解任务并按时、保质完成任务。分析方法正确，准确填写管理表单。	10%	10%	80%
	3	成果汇报与语言表达（5 分）	汇报内容完整、表述清晰、语言流利，回答问题正确、熟练。	10%	10%	80%
	4	答辩情况（5 分）	团队成员熟悉内容，能很好地完成各评委的提问。	—	50%	50%
	5	工作态度（5 分）	纪律性好，主动积极，认真负责，勤学好问。	10%	20%	70%
	6	团队合作和协作（5 分）	与小组成员和谐合作，主动承担分工，合理处理人际关系并能协助他人完成工作任务。	50%	25%	25%
任务评价指标（50%）	7	酒店集团各品牌目标市场与定位分析报告（50 分）		10%	10%	80%
		酒店集团情况介绍（5 分）	要点准确，关键资料不遗漏。	10%	10%	80%
		各品牌地理分布情况介绍（3 分）	讲解正确，有新意。	10%	10%	80%
		实地调研情况（10 分）	分析具体、得当。	10%	10%	80%
		各子品牌目标市场与定位策略分析（22 分）	在外部环境中寻找，对外部各项环境的把握准确，分析具体、得当。	10%	10%	80%

续表

评价项目	序号	考核项目及分值比例	评价标准	考核方式及单项权重		
				学生自评	组员互评	教师评价
		细分方法归纳与策略评价（10分）	与前面的分析之间具有逻辑性，对策具体、有针对性，能体现出利用机会、避免威胁、扬长避短。	10%	10%	80%
总　　分						
团队排名						
是否进步						

任务实施自查

情境2　任务实施进程自查表

任务负责人		时　　间	
计划			
组织			
领导			
控制			
得失			
改进措施			
管理感悟			

情境3 开发酒店市场潜能

单元1 编制酒店产品手册

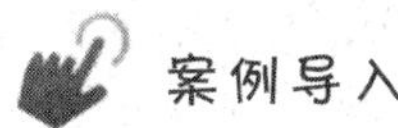

案例导入

逗留香港的第一件事就是入住香港W酒店，借此机会好好地看看其魅力所在。这个我慕名已久的酒店是个设计型酒店——W酒店是全球奢华时尚生活品牌，共有26家酒店，分布在全球最具活力的城市。每家酒店都有不同设计主题，激发灵感、创造潮流、大胆创新的W酒店在业界影响深远，为宾客提供完美的入住体验。从时尚到音乐，从流行文化到艺术，乃至其间一切，每家酒店都将其在上述文化方面的影响力与极致设计和舒适性完美结合。W酒店拥有世界一流的菜肴、特色酒吧以及招牌水疗会所，已成为现代旅游和时尚生活的独特代名词。

摩天楼与大佛高耸入云，在又称东方曼哈顿的香港九龙，活力四射，W标志在九龙都市眼花缭乱的霓虹灯之中耀眼夺目。香港W酒店就身处其中，感受着现代繁华、东方市场和殖民文化的融合。香港W酒店从大堂内唯美奢华，令人叹为观止的丛林景观到客房内以金、木、水、火、土为元素大胆交融的装潢风格，以木为主题进行时尚别致的设计，在熙熙攘攘的国际化大都市中打造出一片灵感源自自然的静谧绿洲。

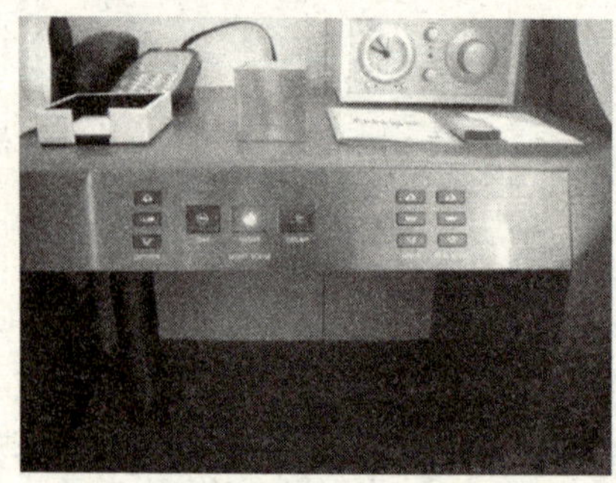

W酒店灯光集中控制面板，整个客房里各个区域的灯光设计很人性化

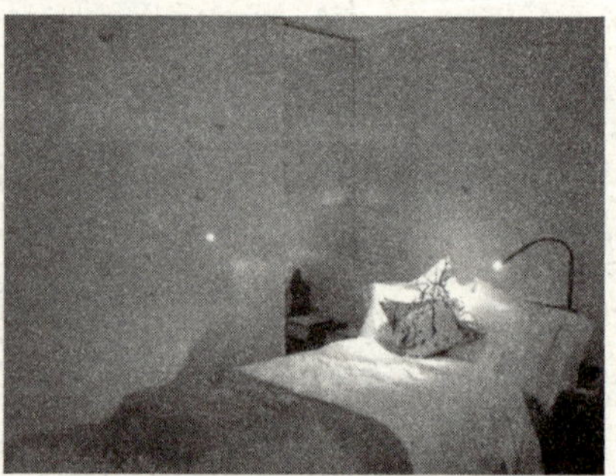

床背的LED灯很适合阅读

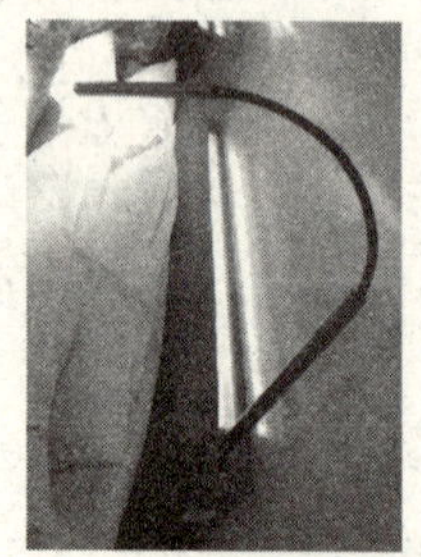

床靠背上的暗藏灯带，光线很柔和

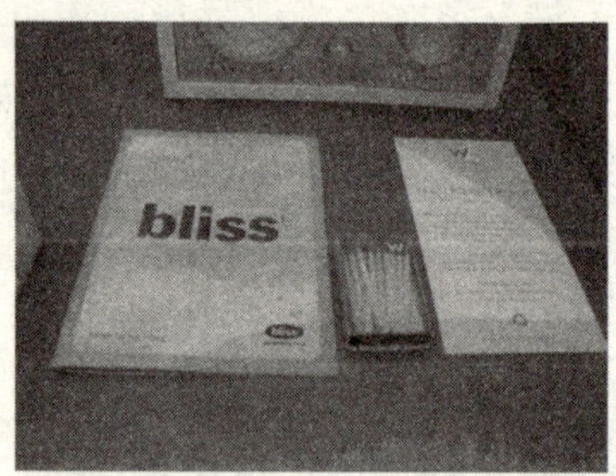

火柴棒上的那一抹紫色特别温馨

W酒店的服务手册

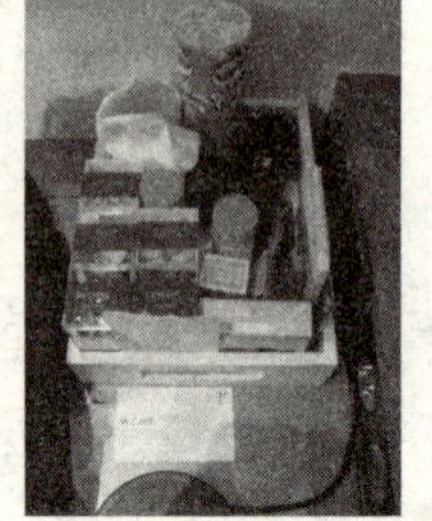

迷你吧提供的食品及饮料酒水品种很丰富

洗漱用品

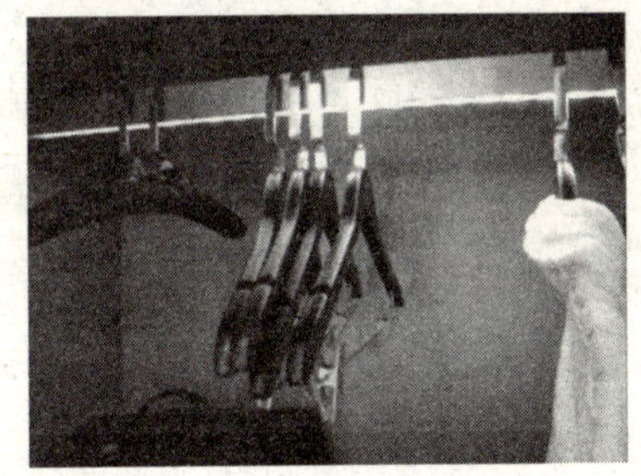
衣柜的挂衣杆内部暗藏灯带，很贴心的设计

阅读这个案例后，大家可以思考一下：香港 W 酒店向宾客提供的产品都有哪些？图片中的“服务手册”是什么？里面应包含哪些内容？为什么看起来 W 酒店与其他传统酒店有如此大的差异？酒店在设计产品时有什么要点吗？这些都是本任务中将要讨论与完成的问题。

任务明确

单元 1　任务单

任务描述	以小组为单位，调查本小组所模拟酒店的产品组合，针对其目标市场设计酒店产品，并制作酒店产品手册。
成　　果	产品服务手册
具体工作过　　程	开始：承上一任务，团队选择本次任务的任务实施负责人。 过程：根据本情境的任务要求，仔细走访所模拟酒店进行细节调查，收集一手资料，完成酒店产品手册编制。任务实施负责人要填写项目实施进程自查表。 评价：各小组就所完成任务的计划与实施过程作总结，准备 PPT 并进行汇报与评价。
具体工作任　　务	1. 确定本项目负责人。开会商议工作计划。 2. 走访酒店进行细节观察，收集一手资料。 3. 就某目标市场的需求在网络上收集相关资料。 4. 根据所收集到的资料，分工合作，完成产品手册的编制。 5. 项目负责人汇报并答辩。 6. 项目负责人填写项目实施进程自查表。
需填写的表　　单	1. 填写引导文答案概要（见预习指导）。 2. 工作（项目）实施进程自查表。 3. 工作（项目）评价单。
建　　议	在外出实地细节调查前先在网上收集此酒店的二手资料，调查会更有针对性。

预习指导

1. 登录课程学习网站，观看视频《七星酒店设计》，比较此七星酒店与本情境开篇案例中所介绍的W酒店的异同点。

视频位置：课程学习网站——→视频资源——→课程学习同步参考系列——→情境三——→产品策略——→七星酒店设计

2. 收集广州地区不同类型酒店的价目表、产品宣传单张、产品手册等资料。

3. 上网收集特色酒店与酒店产品案例。

4. 根据如下引导文，阅读教材“知识讲解”内容，并尝试在空白处回答相应的问题。

预习引导文	读者自学后回答
1. 你认为酒店产品由哪些要素构成？	
2. 营销中所提到的产品核心概念是什么？你能举例说明吗？	
3. 什么是产品的生命周期？你认为为什么需要了解产品的生命周期的相关知识？	
4. 酒店新产品开发的思路是怎样的？你能列举出酒店有哪些新的产品吗？	
5. 什么是产品组合？酒店常见的组合策略有哪些？	
6. 价格制定要考虑哪些因素？	
7. 酒店客房定价常用的方法有哪些？	
8. 酒店餐饮类产品定价常用的方法有哪些？	
9. 酒店产品定价策略有哪几类？	
10. 根据你所收集到的产品手册，你认为一份完整的产品手册一般要有哪些内容构成？	

一、酒店产品策略

（一）酒店产品概念

产品一般是指能用于市场交换并能满足人们某种需求和欲望的劳动成果，包括实物、场所、服务、设施等。鉴于酒店的具体特点，可以这样定义酒店产品：酒店产品是指宾客在酒店期间，酒店出售的能满足宾客需求的有形物品和无形服务的使用价值的总和。从酒店产品的整体观念来看，酒店产品的概念包含四个层次的含义。

1. 核心产品

酒店核心产品是酒店产品整体观念中最基本、最主要的部分，是指宾客从酒店中得到的最根本利益。这种根本利益表现在宾客在入住酒店过程中希望由酒店解决的各种基本问题，它是宾客需求的中心内容。

解决这一问题时，要注意不同的宾客购买酒店产品所要解决的基本问题是不同的。如经济型客人和中低档商务客人对酒店的主要需求是便宜、清洁，而豪华和高档宾客追求的是舒适和享受。这是由于酒店经营管理者善于发现不同宾客对酒店核心产品的不同需求，才会出现各种不同类型、不同功能的酒店。

2. 形式产品

酒店核心产品是指在物质上展现酒店产品的核心利益，使产品的核心利益更容易被宾客识别的一系列因素。如酒店的周围环境、地理位置、建筑特色、设计风格、设施设备的品牌、服务项目和服务水平等。形式产品使酒店核心利益有形化，每个酒店的形式产品都不完全一样，这也使酒店管理者可以根据自己酒店的实际情况进行创新，使自己的酒店和竞争对手的酒店有效区分，形成酒店的个性化特色。

3. 附加产品

酒店延伸产品是指酒店在宾客购买实际产品和服务时所提供的附加利益。这种附加利益对宾客来说并不是必需的，但它能给宾客带来更多的实际利益和更大的心理满足。因此，酒店延伸产品体现着一种超值享受，对宾客购买实体产品和服务具有一定的影响力，如长住客奖励计划、免费停车场、机场班车等。

（二）酒店产品构成

1. 酒店产品由有形设施和无形服务构成

只有现代化的服务设施与以顾客为中心的优质服务的有效结合，才能使酒店产品的品质得以最优质地体现。从酒店的角度看，酒店产品是有形设施和无形服务的综合体。

（1）酒店位置。酒店地理位置的好坏意味着酒店可进入性的强弱以及交通是否方便，周围环境是否良好。它对于酒店建设的投资额、酒店的客源和酒店的经营策略等都会产生很大的影响。现代酒店一般因功能而选择不同的地理位置，例如度假型酒店选址在著名景区附近、商务型酒店选址在市中心和商务区，都是为了更好地为目标客源提供各种方便的服务。

（2）设施。齐全、舒适的设施是酒店推销产品的重要条件，也是提高宾客满意度的基础保证。但是在不同类型的酒店中，设施规模以及装潢营造的氛围都不一样。

（3）服务。服务是酒店产品中最重要的部分，也是宾客选择酒店的主要考虑因素之一。宾客对酒店服务的评价通常包括服务内容、方式、态度、速度、效率等。目前，酒店服务内容的针对性、服务项目的多元、服务内容的深度和服务水平的高低已经成为众多酒店竞争的重要内容。

（4）气氛。气氛是宾客对酒店的一种感受。现代化装饰的豪华设施、中国民族风格的（古色古香、园林风格）酒店建筑，配上不同格调、不同档次的壁画和艺术品，错落有致的花草布置以及与之相适应的服务员的传统服饰打扮，对各国宾客都有特殊的吸引力。

（5）形象。酒店通过销售与公关活动在公众中所形成的良好形象，设计酒店的历史（知名度）、经营理念、经营作风、产品质量与信誉度等诸多因素，是最有影响力的活广告。

（6）价格。酒店产品的价格反映酒店产品的形象和质量。价格不仅体现产品真正的价值，也是宾客对产品价值的评估。

2. 从宾客的角度来讲，酒店产品是一段住宿经历

宾客的这段住宿经历是一个组合产品，由三部分构成：

（1）顾客实际消耗的食品、饮料等物质产品。

（2）酒店通过建筑物、设施设备、家具、用具等传递给顾客，同时顾

客通过触觉、视觉、听觉、嗅觉得到的感觉享受。

(3) 顾客在心理上所感受到的利益，包括地位感、舒适感、满意度和享受度等顾客在住宿、用餐等消费经历中的心理感受。

宾客在酒店这段住宿经历的质量的高低，主要取决于酒店产品的物质形态，如建筑物、家具、食品、饮料以及其他无形形态，即提供的各种服务，也取决于宾客主观的经验和看法。

(三) 酒店产品特征

1. 综合性

随着酒店业的发展，宾客需求日益多样化、个性化。从综合性特征角度出发，酒店应尽可能满足宾客不同时间、不同空间的多方面需求和物质、感官、心理等多方面的享受。因此，酒店不仅要为宾客提供食宿产品和服务，还要提供行、游、购、娱等多种产品和服务。

2. 季节性

旅游受季节、气候等自然条件和各国休假制度的影响较大。在国际上，各国的休假大多在夏季或秋季，因此酒店产品的销售具有明显的季节性。淡旺季宾客数量相差很大，造成宾客住店率大起大落的差异。

3. 同步性

这里的同步性是指生产和消费的同步性。一般商品由生产到消费要经过商业各个流通环节才能到达消费者手中。商品的生产过程与宾客的销售过程是分离的，宾客看到的和感受到的只是最终产品。所以，一般产品是先生产后消费，不受宾客即时需要的限制。而酒店出售的产品却不存在这样“独立”的生产过程，它要受宾客即时需要的制约，其生产和消费过程几乎是同步进行的。只有当宾客购买并在现场消费时，酒店的服务和设施相结合才能成为酒店产品。

4. 脆弱性

脆弱性也称敏感性。国家政局、经济发展、汇率变动、签证方式、自然灾害、社会安全等因素都能对旅游业和酒店业产生重大影响，从而使酒店产品的销售产生较大的波动，这就是酒店产品的脆弱性。

5. 无专利性

通常情况下，酒店无法为所创新的客房、餐饮以及服务方式申请专利，唯一能申请专利的是酒店的名称及标志。其结果是新产品及服务方式被竞相模仿，使创新者失去竞争优势，各酒店的产品趋于雷同。这就造成了一般宾客缺乏固定在一家酒店消费的动力。而且，顾客具有追新求异的消费心理，换一家新酒店可能会为宾客带来满足感。这就要求酒店管理者要充分理解宾客需求，在酒店经营过程中能够不断创新，保持酒店产品的竞争优势，提高宾客的品牌忠诚度。

6. 不可储存性

酒店产品具有不可储存性，即酒店产品如果在规定时间销售不出去，其产品价值就会丧失，并且永远无法弥补。这就要求酒店管理者必须十分关注酒店产品的使用率，运用灵活的价格策略，采取有效的激励手段和激励措施，扩大酒店产品的销售量，以获取更大的收益。

7. 对信息的依赖性

许多酒店的客源主要来自外地，甚至国外，因此酒店需要事先向宾客提供各种准确、及时的酒店信息，才有可能促进酒店产品的销售。酒店还要加强宣传，通过提高自己的形象和声誉，给每位来消费的宾客留下美好的印象，创造良好的口碑。

8. 质量的不稳定性

酒店产品的质量在很大程度上取决于服务人员为宾客提供的面对面服务的优劣，所以同一项服务，不同的人提供会有不同的服务质量。酒店管理者应通过制定并执行严格的质量标准，对员工进行职业培训，推行以人为本的管理方式，通过培养良好的企业精神和激励员工士气等重要途径稳定和提高酒店服务质量。

小思考

酒店产品的这些特性给酒店管理工作带来了哪些挑战？

（四）酒店产品的生命周期

任何酒店产品都要经历产生、发展、成熟、衰退的过程。没有不会被市场淘汰的酒店产品。酒店只有不断开发新产品提供给客人，才能不断满足日益增长的客人需要。创新是酒店发展的永恒主题。

1. 产生期

产生期是酒店产品的诞生期。这个阶段的产品具有如下特性：

(1) 产品刚刚起步，缺乏知名度，局面较难打开，客人对酒店产品了解甚少，因而销售速度缓慢，销售额不高；

（2）生产和销售费用较少，产品成本较高，利润偏低，还有可能出现无利润甚至亏本的情况；

（3）暂时没有形成竞争对手，酒店面临的竞争压力很小；

（4）酒店经营者主要致力于提高新产品的市场知名度，不断提高产品质量，广告宣传力度较大，目的是树立良好的企业形象。

产品处于产生期，经营者要密切关注市场的反应，及时调整营销策略，不断改进产品质量，及时让更多消费者尽快接受酒店产品。

2. 成长期

酒店产品逐渐为市场所接受的时候，就进入了成长期。此时产品具有如下特性：（1）销售量稳步增长；（2）产品基本定型，消费群也渐渐稳定，边际成本随着销售量的上升而逐渐降低，利润迅速增加；（3）模仿或相似产品逐渐在市场中出现，市场竞争也逐渐形成，此时酒店可以通过适当降低产品价格的方式增强竞争力；（4）酒店产品主要通过增加服务项目来进一步完善；（5）在保证产品质量的前提下，酒店经理要进一步挖掘市场潜力，并着手开发新产品。

经营者应注意在成长期树立和培养产品品牌，培养忠诚的消费群体，从而尽可能延长产品成长期。

3. 成熟期

当酒店产品的销售速度明显趋缓，产品已被消费者所接受时，该产品就进入了成熟期。这一阶段产品具有以下特征：

（1）市场上不断出现替代产品和效仿产品，竞争对手日益增多，企业主要考虑如何战胜竞争对手；

（2）企业产品的市场占有率有所下降，企业利润也开始下降；

（3）在产品竞争激烈的成熟期，有些产品面临着被淘汰的可能。

此时酒店要保持产品质量不能下降，努力吸引回头客；注意调整营销策略，通过降价、拓展销售渠道等方式最大限度地刺激消费者购买；注重企业内部文化建设，不断提高管理水平。产品处于成熟期时，企业要有忧患意识，最为主要的是酒店经营者要及时调整经营战略，迅速挖掘新市场，开发新产品。

4. 衰退期

酒店产品同样也要遵循从问世到离开历史舞台的过程。新产品取代老产品是市场的基本规律。这一规律的特征主要表现在：

(1) 产品出现严重饱和过程，市场被严重分割；

(2) 产品失去原有的吸引力，开始被其他产品所取代；

(3) 产品销售量急剧下降，以至于出现负增长的趋势。企业利润很低，甚至出现无利乃至亏本情况。

酒店经营者要注意产品衰退期现象的发生原因，如因产品质量、营销策略等方面的因素引起销售量明显下降。此时酒店只要及时找出问题的症结所在，对症下药，销售局面仍可改变。

对于处在衰退期的产品，酒店应立即将其从市场中撤出，集中力量开发新产品。有些酒店对产品生命周期各阶段把握较为准确，成熟期时就成功改进了产品，使产品衰退期降低到最低限度，使其顺利地进入下一个生命周期。

产品生命周期理论，可以帮助酒店经营者了解酒店产品处于产品生命周期的何种阶段，以便采取不同的营销策略，从而不断提高酒店产品的竞争力，并在激烈的竞争中处于优势和领先地位。

（五）酒店新产品开发步骤

酒店新产品是指与市场上现有的产品存在一定差异或完全不同的产品。酒店产品整体中，任何一个阶段的创新、更新、改进、重新定位与重新组合，都属于新产品的范畴。酒店新产品的特征是满足客人新的消费需求和利益。

酒店新产品的开发不同于工业企业。它更多的是针对酒店产品的某一组成部分进行更新。如有些酒店为满足商务型客人的需求，把酒店原有的普通楼层改造成商务楼层，并在房间里增设了电脑、宽带网、传真机、打印机、保险箱等商务设施，还设立了商务会客区域等。

酒店不断开发新产品，一是可以提高竞争力，满足客人日益增长的需求，从而达到占领消费市场、不断提高企业经济效益的目的。特别是酒店原有产品进入成熟期和衰退期，产品的市场优势已不明显时，为了寻求企业的不断进取和发展，酒店必须推出更具特色的新产品，实现“人无我有，人有我优，人特我转”的经营方针和新产品开发战略。二是不断提高企业员工的创新意识和素质。只有不断推陈出新，才能使员工不断进取，勇于开拓。

1. 新产品开发的可行性分析

（1）分析新产品开发的必要性。分析酒店产品处于产品生命周期的哪个阶段，酒店竞争对手的状况，酒店自身产品的竞争力，酒店新产品与原有产品比较有何优势与特色等新产品开发的必要性。

（2）分析新产品开发的意义。研究新产品开发将为酒店带来什么益处，能否维持或增加酒店的市场占有率，是否有利于完成企业利润目标，能否使企业在竞争中战胜对手或与对手持平。

（3）分析新产品开发的可能性。对影响新产品开发的人力、资金、技术、设备设施、信息、时间、空间等因素进行分析和论证。

2. 设计新产品的开发方案

设计新产品开发方案不是某个人或某部门能完成的任务。它需要在对客人进行充分了解的基础上，发动全体员工为新产品开发提意见，出主意，建立必要的奖励机制。与此同时，密切了解竞争对手在新产品开发方面的进展情况，从中获取有价值的产品信息。

3. 选择最佳的新产品开发方案

围绕新产品的开发，酒店往往设计若干套方案。此时，应该开展进一步的分析、研究，选择一个最有利于酒店发展的、最能形成酒店特色的最佳方案。

4. 组织开发新产品

选择了最佳方案以后，酒店就进入了产品的实际开发阶段。实际开发包括筹集资金、购买并安装设备、招聘与培训员工。组织新产品生产等。同时，还要提前做好产品的营销活动计划，确保新产品能够尽快被客人接受。

5. 新产品试推阶段

新产品在问世的时候，往往不被客人所了解和接受，有一定的经营风险。为此酒店应先有选择地开展一些小范围的试推活动，观察新产品在市场上的反响程度，听取客人对新产品的意见和要求。同时探索新产品正式推出后酒店人、财、物、信息等资源合理、有效的配置方案。

6. 正式推出新产品

新产品试推以后，酒店经营者要根据试推情况对新产品进行进一步的调查与完善，然后选择恰当的时机、准确的市场目标、有效的营销策略，将产品推向市场。此时，新产品即进入产品生命周期的第一个阶段。

小研讨

阅读如下小案例，并思考案例后的问题。

润妍退市，宝洁无奈

宝洁公司始创于1837年，是世界最大的日用消费品公司之一。2002—2003年，公司全年销售额为434亿美元。宝洁公司全球雇员近10万，在全球80多个国家设有工厂及分公司，所经营的300多个品牌的产品畅销160多个国家和地区，其中包括洗发、护发、护肤用品、化妆品、婴儿护理产品、妇女卫生用品、医药、食品、饮料、织物、家居护理及个人清洁用品。

1987年，自从宝洁公司进入中国市场以来，在中国日用消费品市场可谓是所向披靡，一往无前，仅用了十余年时间，就成为中国日化市场的第一品牌，虽然后来者联合利华、高露洁等世界日化巨头抢滩中国市场后曾经一度在某些产品线有超过宝洁的表现，但却丝毫不减其颜色。时至今日，宝洁公司的系列产品，特别是以号称“三剑客”的飘柔、潘婷、海飞丝洗发水系列更是一枝独秀，出尽风头。

世界著名消费品公司宝洁的营销能力早被营销界所传颂，但2002年宝洁在中国市场却打了败仗。其推出的润妍洗发水一败涂地，短期内就黯然退市。

润妍是宝洁公司在中国本土推出的第一个，也是唯一的一个原创品牌。因此，无论宝洁公司总部还是宝洁（中国）高层都对“润妍”寄予了厚望，满心希望这个原汁原味倡导“黑发美”的洗发水品牌能够不负众望在中国市场一炮而红，继而成为宝洁向全亚洲和世界推广的新锐品牌。宝洁公司为这个新品牌的推广倾注了极大的心力和大量的经费。为了扩展“润妍”的产品线，增加不同消费者选购的空间，润妍先后衍生出6个品种以更大程度地覆盖市场，可是市场的反应却大大的出乎宝洁的意料。为什么出现这样的结果呢？

据业内资料显示，润研产品在 2001 和 2002 两年间的销售额大约 1 亿元，品牌的投入大约占到其中的 10%。两年中，润妍虽获得不少消费者认知，但据有关资料，其市场最高占有率不超过 3%——这个数字，不过是飘柔市场份额的 1/10。

2002 年 4 月，在经历了中国市场两年耕耘后，润妍全面停产，逐渐退出市场。

润妍的失利真的意味着宝洁引以为豪的品牌管理能力开始不适应新经济时代的需要了吗？我们可以回过头去看当时的市场背景。1997 年，重庆奥妮洗发水公司根据中国人对中药的信赖传统，率先在全国大张旗鼓地推出了植物洗发全新概念，并且在市场上表现极为优秀，迅速取得了极为显著的市场份额。其后，夏士莲着力打造黑芝麻黑发洗发露，利用强势广告迅速对宝洁的品牌形成新一轮的冲击。一些地方品牌也乘机而起，就连河南的鹤壁天元也推出了黛丝黑发概念产品，意欲争夺奥妮百年润发留下的市场空白。

在"植物""黑发"等概念的进攻下，宝洁旗下产品被竞争对手贴上了"化学制品""非黑头发专用产品"的标签。为了改变这种被动的局面，宝洁从 1997 年调整了其产品战略，决定为旗下产品中引入黑发和植物概念品牌，提出了研制中草药洗发水的要求，并且邀请了许多知名的中医，向来自研发总部的技术专家们介绍了传统的中医理论。

在新策略的指引下，宝洁按照其一贯流程开始研发新产品。先做产品概念测试，找准目标消费者的真正需求，研究全球的流行趋势。为此，宝洁公司先后请了 300 名消费者进行产品概念测试。

——"理想中的黑发是什么？"

——"具有生命力的黑发。"绝大多数消费者如是说。

——"进一步的心理感受？"

——"我就像一颗钻石，只是蒙上了尘埃，只要将她擦亮，就可以让钻石发出光芒。"

在调查中，宝洁公司又进一步了解到，东方人向来以皮肤白皙为美，而头发越黑，越可以反衬皮肤的白皙美。

经过反复 3 次的概念测试，宝洁公司基本上把握住了消费者心目中的理想护发产品——滋润而又具有生命力的黑发最美。

经过长达3年的市场调查和概念测试，宝洁公司终于在中国酝酿出一个新的产品：推出一种全新的展示现代东方女性黑发美的润发产品，取名为“润妍”，意指“滋润”与“美丽”。在产品定位上，宝洁舍弃了已经存在的消费群体市场而独辟蹊径，将目标人群定位在18—35岁的城市高素质女性上。宝洁认为，这类女性不盲目跟风，她们知道自己的美在哪里。融传统与现代为一体、最具表现力的黑发美，也许就是她们的选择。但是，重庆奥妮最早提出了黑头发的利基，其经由调研得出的购买原因却是因为明星影响和植物概念，而夏士莲黑头发的概念更是建立在“健康、美丽夏士莲”和“黑芝麻”之上，似乎都没有着力强调“黑发”。并且，润妍采用的是和主流产品不同的剂型，采取洗发和润发两个步骤，将洗头时间延长了一倍。然而，绝大多数中国人已习惯使用二合一洗发水，专门的护发产品能被广泛接受吗？宝洁公司认为，专门用润发露护发的方法已经是全球的趋势，发达国家约有80%的消费者长期使用润发露。在日本这一数字则达85%，而在中国专门使用润发露的消费者还不到6%。因此，宝洁认为润发露在中国有巨大的潜在市场。针对细分市场的需求，宝洁的日本技术中心又研制开发出了冲洗型和免洗型两款“润妍”润发产品。其中，免洗型润发露是专门为忙碌的职业女性创新研制的。

产品研制出来后，宝洁公司并没有马上投放市场，而是继续请消费者做使用测试，并根据消费者的要求，再进行产品改进。最终推向市场的“润妍”倍黑中草药润发露强调专门为东方人设计，在润发露中加入了独创的水润中草药精华（含首乌），融合了国际先进技术和中国传统中草药成分，能从不同层面上滋润秀发，特别适合东方人的发质和发色。

宝洁还通过设立模拟货架让消费者检验其包装的美观程度，即将自己的产品与不同品牌特别是竞争品牌的洗发水和润发露放在一起，反复请消费者观看，然后调查消费者究竟记住什么，忘记什么，并据此进行进一步的调整与改进。

在广告测试方面，宝洁让消费者选择她们最喜欢的广告。公司先请专业的广告公司拍摄一组长达6分钟的系列广告，组织消费者来观看；然后请消费者选择她们认为最好的3组画面；最后，根据绝大多数消费者的意见，将“神秘的女性”“头发芭蕾”等画面进行再组合。广告片的音乐组合也颇具匠心，现代的旋律配以中国传统的乐器古筝、琵琶等，进一步呼应“润妍”产品的现代东方美的定位。

在润妍广告的最终诉求上体现的是：让秀发更黑更漂亮，内在美丽尽释放。即润妍信奉自然纯真的美，并认为女性的美就像钻石一样熠熠生辉。“我们希望能拂去钻石上的灰尘和沙砾，帮助现代女性释放出她们内在的动人光彩。”具体的介绍是：润妍蕴含了中国人使用了数千年的护发中草药——首乌，是宝洁公司专为东方人设计的，也是首个具有天然草本配方的润发产品。

在推广策略上，宝洁公司润妍品牌经理黄长清认为，杭州是著名的国际旅游城市，既有浑厚的历史文化底蕴，富含传统的韵味，又具有鲜明的现代气息，受此熏陶兼具两种气息的杭州女性，与“润妍”要着力塑造的既现代又传统的东方美一拍即合。于是，宝洁选择了从中国杭州起步再向全球推广，并在“润妍”产品正式上市之前，委托专业的公关公司在浙江进行了一系列的品牌宣传。例如举办书法、平面设计和水墨画等比赛和竞猜活动等等，创新地用黑白之美作为桥梁，表现了现代人对东方传统和文化中所蕴含的美的理解，同时也呼应着润妍品牌通过乌黑美丽的秀发对东方女性美的实现。

从宝洁的产品研究与市场推广来看，宝洁体现了它一贯的谨慎。但在三年漫长的准备时间里，宝洁似乎在为对手创造蓄势待发的机会。奥妮败阵之后，联合利华便不失时机地将夏士莲“黑芝麻”草本洗发露系列推向市场，借用了奥妮遗留的市场空间，针对大众人群，以低价格快速占领了市场。对于黑发概念，夏士莲通过强调自己的黑芝麻成分，让消费者由产品原料对产品功能产生天然联想，从而起到事半功倍的效果，大大降低了概念传播难度。而宝洁在信息传播中似乎没有大力强调它的首乌成分。宝洁因为四大品牌的缘由，已经成为主导渠道的代表，每年固定6%左右的利润率成为渠道商家最大的痛。一方面，润妍沿袭了飘柔等旧有强势品牌的价格体系，另一方面，经销商觉得没有利润空间而消极抵抗，也不愿意积极配合宝洁的工作，致使产品没有快速地铺向市场，甚至出现了有广告却见不到产品的现象。因此，润妍与消费者接触的环节被无声地掐断了。

思考题：

1. 宝洁作为一个大公司，其新产品的开发过程体现了严格的规范性

和程序性，这样做有什么利弊？请结合案例分析。

2. 润妍从产品研究到推广上市的过程中有什么值得称道的地方？润妍的退市说明了新产品要成功还应考虑哪些因素？

（六）酒店产品组合策略

1. 产品组合、产品线与产品项目

产品组合是指企业生产经营各种不同类型产品之间质的组合和量的比例。产品组合由全部产品线和产品项目构成。

产品线是指产品在技术上和结构上密切相关，具有相同使用功能，规格不同而满足同类需求的一组产品。

产品项目是指产品线内不同品种、规格、质量和价格的特定产品。很多企业都拥有众多的产品项目。

2. 产品组合的宽度、长度、深度和关联性

产品组合的宽度指企业拥有的不同产品线的数目。产品组合长度指每条产品线内不同规格的产品项目的数量。产品组合的深度是指产品线上平均具有的产品项目数。产品组合的关联性则是指企业各条产品线在最终用途、生产条件、分配渠道或其他方面的密切相关程度。

产品组合的宽度越大，说明企业的产品线越多；反之，宽度窄，则产品线少。同样，产品组合的深度越大，企业产品的规格、品种就越多；反之，深度浅，则产品就越少。产品组合的深度越浅，宽度越窄，则产品组合的关联性越大；反之，则关联性小。

产品组合的宽度、长度、深度和关联性对企业的营销活动会产生重大影响。一般而言，增加产品组合的宽度，即增加产品线和扩大经营范围，可以使企业获得新的发展机会，更充分地利用企业的各种资源，也可以分散企业的投资风险；增加产品组合的长度和深度，会使各产品线具有更多规格、型号和花色的产品，更好地满足消费者的不同需要与爱好，增强行业竞争力；增加产品组合的关联性，则可发挥企业在其擅长领域的资源优势，避免进入不熟悉行业可能带来的经营风险。因此，产品组合决策就是企业根据市场需求、竞争形势和企业自身能力对产品组合的宽度、长度、深度和关联性方面作出的决策。下面以宝洁公司的产品组合为例进行说明。

表 3－1－1　　　　宝洁公司的产品组合

产品组合的宽度					
产品线长度	洗涤剂	牙膏	香皂	方便尿布	纸巾
	象牙雪 1930 洁拂 1933 汰渍 1946 快乐 奥克多 1952 达士 1954 大胆 1965 吉恩 1966 黎明 1972 独立 1979	格里 1952 佳洁士 1955 登魁 1980	象牙 1879 柯柯 1885 拉瓦 1893 佳美 1926 爵士 1952 舒肤佳 1963 海岸 1974	帮宝适 1961 露肤 1976	查敏 1928 白云 1958 普夫 1960 旗帜 1982

表 3—1—1 表明宝洁公司产品组合的宽度是五条产品线（实际上，该公司还有许多另外的产品线，如护发产品、保健产品、饮料、食品等等）。

在表中，产品项目总数是 26 个。该公司产品组合的平均长度就是总长度（26）除以产品线数（5），结果为 5.2。

宝洁公司的产品项目如“佳洁士”牌牙膏有三种规格和两种配方（普通味和薄荷味）。“佳洁士”牌牙膏的深度就是 6。通过计算宝洁公司每一品牌的产品品种数目，然后加总除以宽度，我们就可以计算出公司的产品组合的平均深度。

由于宝洁公司的产品都通过同样的分销渠道出售，因此可以说，该公司的产品线具有较强的关联性。就这些产品对消费者的用途不同而言，该公司的产品线缺乏关联性。

3. 产品组合策略

（1）扩大产品组合，包括拓展产品组合的宽度和加强产品组合的深度，前者指在原产品组合中增加产品线，扩大经营范围；后者指在原有产品线内增加新的产品项目。当企业预测现有产品线的销售额和盈利率在未来可能下降时，就须考虑在现有产品组合中增加新的产品线，或加强其中有发展潜力的产品线。

（2）缩减产品组合，是指通过缩减产品组合的宽度、深度等，实行相对集中经营，包括取消一些产品线或产品项目等。

（3）产品线延伸策略。例如，向下延伸，是在高档产品线中增加低档产品项目。实行这一决策需要具备以下市场条件之一：利用高档名牌产品的声誉，吸引购买力水平较低的顾客慕名购买此产品线中的廉价产品；高档产品销售增长缓慢，企业的资源设备没有得到充分利用，为赢得更多的顾客，将产品线向下伸展；企业最初进入高档产品市场的目的是建立品牌信誉，然后再进入中低档市场，以扩大市场占有率和销售增长率；补充企业的产品线空白。

再如，向上延伸。是在原有的产品线内增加高档产品项目。实行这一策略的主要目的是：高档产品市场具有较大的潜在成长率和较高利润率的吸引；企业的技术设备和营销能力已具备加入高档产品市场的条件；企业要重新进行产品线定位。采用这一策略也要承担一定的风险，要改变产品在顾客心目中的地位是相当困难的，处理不慎，还会影响原有产品的市场声誉。同时可以双向延伸。

小思考

你认为酒店存在哪些产品线和产品项目？

二、酒店产品价格策略

定价对于公司来说属于重量级问题，并且在定价过程中会涉及一系列彼此不相关的问题，所以在考虑公司的定价决策时必须遵循一定的方法和步骤。

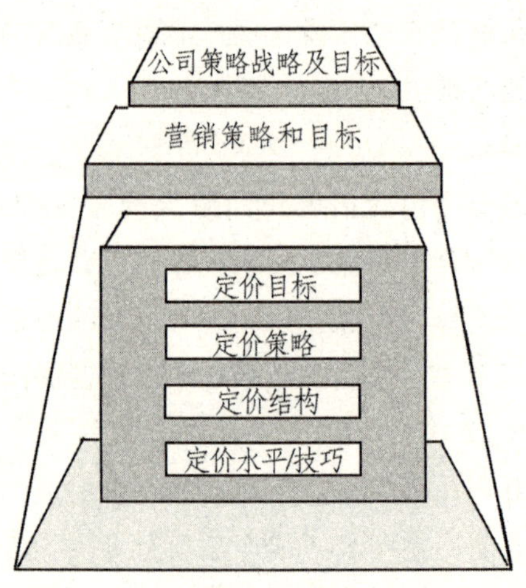

图 3—1—1 产品定价步骤

酒店需要解决的首要问题是：通过定价策略要达到什么具体目标。这个问题看起来似乎多此一举，但是在实际中却经常被忽略。定价决策的第一步就是服务商明确通过定价要达到的目标。有了明确的目标，才能排除出现在定价早期阶段的其他干扰问题。

定价过程的第二步是确定定价策略。公司当然可以随着实际情况的变化而变更产品的价格，但是定价策略为定价某条生产线的全部产品或定价公司的全部产品提供了总的指导方针。定价策略建立在三个主要决定因素的基础之上，即成本、消费者和竞争对手，因此又称为3C策略。成本是酒店产品价值的基础部分，它决定着酒店产品价格的最低界限，如果价格低于成本，酒店便无利可图。消费者需求影响顾客对酒店产品价值的认识，决定着酒店产品价格的上限。市场竞争状况调节着价格在上限和下限之间不断波动的幅度，并最终确定酒店产品的市场价格。

明确了定价的目标和策略之后，第三步是明确定价结构。它是指服务提供者需要回答以下问题：

· 针对服务的哪一方面定价？
· 价格应包含哪些因素？
· 定义价格的基础是什么？
· 消费者是否会产生分化？
· 付款条件是什么？

假如你是某餐厅经理，你对食品和饮料是分开计费还是将饮料费包含在饭菜费中？你对服务另外收费，还是点菜费中已包含了服务费？你提供自助餐还是按菜量多少收费？你的餐厅是否对学生优惠？结账时你是否只接受现金？等等。这些都是定价结构要回答的问题。建立了定价结构，第四步的定价技巧才有需要满足的框架。

因此，酒店在经过确定定价目标、定价策略、定价结构、定价水平和定价技巧这几个步骤之后，才能制定出一项完整的价格政策。很明显，定价不能脱离营销学“4P”中的其他“3P”而单独存在。定价过程比营销的整体策略还重要，并与营销的其他行为相互影响。

（一）制定定价目标

利润最大化并不总是公司的主要目标。酒店还有其他目标，例如：

· 稳定市场；

· 获得需要的市场份额；
· 长期利益最大化；
· 短期利益最大化；
· 避免抢了公司其他服务部门的饭碗；
· 快速将边缘竞争对手清除出局；
· 领导同行价格；
· 避免价格战；
· 增加交易量；
· 宣传公司形象；
· 迅速取得投资回报；
· 挤掉新的市场进入者；
· 调节需求；
· 保护关键客户；
· 充分利用剩余能力。

这些定价目标大体上可以归为两类：短期技巧性动机和长期策略性动机。当然定价目标主要受公司总体战略和目标的影响。如果公司倾向于采取利基战略，那么就需要将相应的定价目标与此战略相呼应，在这种情况下市场份额最大化则不是一个有用的定价目标。如果公司遵循一种成本领先的战略，那么，市场份额最大化将是一个合适的定价目标。当前的市场状态也会对定价目标产生一定的影响，这就需要公司对当前的市场和市场中的竞争对手了如指掌，定价目标要兼顾实用性和灵活性。

（二）选择定价策略

定价策略为价格决策建立了一个总的指导框架并决定着设定价格的方法。定价策略建立在三个主要的决定因素之上，即成本、消费者和竞争对手。接下来，我们分别介绍三种不同的定价策略：成本导向的定价策略、消费者导向的定价策略和竞争导向的定价策略。尽管它们属于三种不同的策略，但是公司在定价时可以混合使用，取长补短。

1. 成本导向的定价策略（以餐饮类产品为例）

成本导向定价策略中最主要的就是成本加成定价法，它是指酒店按服务过程中耗费的直接成本、分摊的间接费用和边际利润进行定价。其计算公式如下：

定价＝直接成本＋间接成本＋利润加成

直接成本或直接费用，是指酒店服务过程中消耗的原材料、能源和直接人工。间接成本是指酒店服务过程分摊的固定资产折旧费、管理费和租金、保险费等。利润加成是指按成本（直接成本＋间接成本）的某一个比例计算的利润目标。

餐饮产品的定价基本采用以成本为导向的定价方法，在具体操作时，采用两种具体方法：一种是销售毛利率法，又叫内扣毛利率法；另一种是成本毛利率定价法，又叫外加毛利率法。

（1）销售毛利率定价法。

这是以品种销售价格为基数，按照毛利与销售价格的比值计算价格的方法。由于这种毛利率是由毛利与售价之间的比率关系推导出来的，所以叫销售毛利率法，其计算公式如下：

品种理论售价＝原料总成本÷(1－销售毛利率)

例如，鲜百合炒肾球这道菜需用鲜百合 100 克，肾球 100 克，配料 50 克，其中，鲜百合进价每 500 克是 6 元，起货成率是 95%，无副料值。鸭肾每 500 克进价是 13 元，起货成率是 85%，无副料值，配料成本和调味成本共计 2 元，销售毛利率是 53.3%，这个品种的理论售价是多少?

解：

第一步，先计算原料总成本：

鲜百合起货成本＝(6÷95%)×(100÷500)＝1.26 元

鸭肾起货成本＝(13÷85%)×(100÷500)＝3.06 元

第二步，代入公式：

理论售价＝(1.26＋3.06＋2)÷(1－53.3%) ＝13.53 元

答：鲜百合炒肾球的理论售价是 13.53 元。

（2）成本毛利率定价法。

成本毛利率定价法又叫外加毛利率法，是指以品种成本为基数，按确定的成本毛利率加成本计算售价的方法。由于这是由毛利与成本反比的关系推导出来的，所以叫做成本毛利率法。其计算公式如下：

品种理论售价＝原料总成本×(1＋成本毛利率)

例如，荔蓉鲜带子这道菜需用荔蓉馅150克，鲜带子6只，菜心100克。其中荔蓉馅每500克8元，鲜带子每只2元，菜心每500克0.6元，起货成率30%，无副料值，调味成本是1元，成本毛利率是41.3%，这个品种的理论售价是多少？

解：

第一步，计算原料总成本：

鲜带子起货成本＝2元×6只＝12元

荔蓉起货成本＝(150克÷500克)×8元＝2.40元

菜心起货成本＝(0.6元÷30%)×(100克÷500克)＝0.40元

第二步，代入公式：

理论售价：(12元＋2.40元＋0.40元＋1元)×(1＋41.3%)＝22.33元

答：荔蓉鲜带子的理论售价是22.33元。

注意，这里计算出来的只是理论售价，或者说只是一个参考价格，因为在实际操作中，还要根据该品种的档次及促销因素来最后确定品种的实际售价。

2. 需求导向定价策略

需求导向定价策略是以顾客对酒店产品价值的理解和认知程度为依据来制定价格的，是市场导向观念的产物，通常被称为理解价值定价法或感受价值定价法。

它根据顾客理解的价值，即根据顾客的价值观念定价。这要求运用经营组合中的价格因素影响顾客，要判断顾客心目中对酒店产品价值的印象如何，并要根据顾客的价值观念制定相应的价格。

例如，一位消费者在商店里喝一杯咖啡要付15元，在一家小酒店就要20元，而大酒店的咖啡要付30元，如果要到酒店的房间内饮用，则要付50元。在这里，价格一级比一级高并非是由成本所决定的，而是由于附加的服务和环境气氛增加了顾客对商品的满意程度，因而为商品增添了价值。

运用理解价值定价法的关键是：要用自己的产品同竞争对手的产品相比较，找到比较准确的理解价值。因此，在定价前必须做好营销调研，否则，定价过高或过低，都会造成损失。定价高于买方的理解价值，顾客就会转移到其他地方，销售量就会受到损失；定价低于买方理解价值，销售额便会减少，同样会受到损失。

理解价值定价法认为，某一产品在市场上的价格和该产品的质量、服务水平等，在顾客心目中都有特定的价值，销售的产品的价格和顾客的认知价值是否一致是产品能否销售出去的关键，因此，运用这种方法要做到以下两点：

（1）酒店产品的价格尽可能地靠拢顾客的认知价值。这需要运用各种市场调研手段及实销经验，尽可能全面地收集顾客对酒店产品价值的评价，从而为制定顾客可以接受的价格提供客观的依据。

（2）改变顾客的主观价值评价。这需要运用各种市场宣传手段，改变顾客既定的价值评价，认可酒店制定的现行价格。顾客是根据他们的经历、消费能力和意图来比较价格的。某一价格对于富有的顾客来说是便宜的，而对于低收入顾客而言却被认为很高。同一顾客在不同时间、不同地点对于同一价格也会有不同的反应。因此，应制定不同的价格，以便于吸引不同类型的顾客。

3. 竞争导向定价法

定价时主要以竞争对手的价格为考虑因素，其特点是，只要竞争者的价格不动，即使成本或需求变动，价格也不动，反之亦然。

（1）领头定价法。如果所制定的价格能符合市场的实际要求，采用领头定价法，即使处在竞争剧烈的市场环境中，也是可以获得较大的收益的。

（2）随行就市定价法。这种方法是根据同一行业的平均价格或其直接对手的平均价格决定自己的价格。人们普遍认为市价反映了行业集体智慧，因此随行就市定价法能获取理想的收益率。

（3）追随核心酒店定价法。在酒店市场上，一些有名望、市场份额占有率高的酒店往往左右着酒店价格水平的波动，在一些存在着酒店集团垄断性的市场上，它们的价格决策往往影响更大。精明的酒店营销人员在激烈的竞争中眼睛时时盯着别人，特别是竞争对手和对市场价格起主导作用的酒店的动向。

竞争导向定价法中采用最普遍的是追随定价法。之所以普遍，主要是因为许多酒店对于顾客和竞争者的反应难以做出准确的估计，自己也难以制定出合理的价格，于是追随竞争者的价格，你升我也升，你降我也降。在高度竞争的同一产品市场上，顾客，特别是大客户旅行社对酒店的行情了如指掌，价格稍有出入，顾客就会涌向价廉的酒店。因此一家酒店跌价，其他酒店也追随跌价，否则就要失去一定的市场份额。对于一个产品不能储存的行业来说，竞争者之间的相互制约关系表现得特别突出。相反，竞争对手提高价格，也会促使酒店做出涨价的决策，以获得较高的经济效益。

（三）确定定价结构

1. 价格歧视

价格歧视是指对同一产品的不同消费者细分市场索价不同，也叫做区分需求定价法。它可以有好几种体现形式。

（1）区别对待不同顾客：同一产品或服务，顾客不同则价格也不同。

（2）区别不同的产品形式：不同的产品形式，成本各不相同，但酒店并不按各种形式产品的成本差别比例制定不同的售价。

（3）区分不同的地点：在不同地点出售相同的产品和服务，虽然边际成本可能没有发生变化，仍可制定不同的价格。

（4）区分不同的时间：可以在不同的季节、不同的日期甚至不同的钟点制定不同的价格。

2. 常规价格决策

进行常规价格决策时需要研究两个因素：价格的一致性和底价。服务无形性的本质使我们不能轻易比较不同服务商提供的服务，因此服务价格本身所传达的信息就是服务提供者所提供的服务水平。服务商在给不同的服务或产品定价的时候，头脑中要始终牢记定价的总体靶位，这就叫做价格的一致性。试想，如果某消费者发现五星级酒店早餐的标价仅为1.95美元，这将给他带来多么大的疑惑啊！

底价意味着将不同类别的产品划分到不同的价格范围。例如，服装店中雨衣的售价分别为200元、150元、120元。使用这种定价方式的服务提供者可以通过提供不同的价值（即性价比）建议将销售最大化。例如，万豪酒店集团规定了四种不同的价值建议：万豪侯爵（溢价——高级质量）、万豪（高价——良好质量）、汽车游客旅馆（中等价位——标准质量）和小型旅馆（低价——较低质量）。万豪酒店集团通过提供面向各个消费者细分市场的服务提高了消费者基数。当消费者提升或降低自己的消费层次时，万豪酒店集团的这种做法还消除了遗失消费者存在期价值的可能性。

3. 捆绑式价格

捆绑式价格是指使用一个特殊的优惠价格营销两种或者两种以上的商品或服务，这种定价方式通常叫做优惠定价。它是开发潜在利润较大的市场的一种强有力的工具，也是经营多样性产品或服务的企业使利润最大化的一种强有力的工具。酒店经营中也经常考虑捆绑式价格。

（四）心理定价策略

每一件产品都能满足消费者某一方面的需求，其价值与消费者的心理感受有着很大的关系。这就为心理定价策略的运用提供了基础，使得企业在定价时可以利用消费者心理因素，有意识地将产品价格定得高些或低些，以满足消费者生理的和心理的、物质的和精神的多方面需求，通过抓住消费者对企业产品的偏爱或忠诚的特点，扩大市场销售，获得最大效益。

1. 尾数定价策略

尾数定价，也称零头定价或缺额定价，即给产品定一个零头数结尾的非整数价格。大多数消费者在购买产品时，尤其是购买一般的日用消费品时，乐于接受尾数价格。如 0.99 元、9.98 元等。消费者会认为这种价格经过精确计算，购买不会吃亏，从而产生信任感。同时，价格虽离整数仅相差几分或几角钱，但给人一种低一位数的感觉，符合消费者“求廉”的心理愿望。这种策略通常适用于基本生活用品。

2. 整数定价策略

整数定价与尾数定价正好相反，企业有意将产品价格定为整数，以显示产品具有一定质量。整数定价多用于价格较高的耐用品或礼品，以及消费者不太了解的产品，对于价格较高的高档产品，顾客对质量较为重视，往往把价格高低作为衡量产品质量的标准之一，容易产生“一分钱一分货”的感觉，从而有利于销售。

3. 声望定价策略

声望定价即针对消费者“便宜无好货、价高质必优”的心理，对在消费者心目中享有一定声望，具有较高信誉的产品制定高价。不少高级名牌产品和稀缺产品，如豪华轿车、高档手表、名牌时装、名人字画、珠宝古董等，在消费者心目中享有极高的声望价值。购买这些产品的人，往往不在于产品价格，而最关心的是产品能否显示其身份和地位，价格越高，心理满足的程度也就越大。

4. 习惯定价策略

有些产品在长期的市场交换过程中已经形成了为消费者所适应的价格，成为习惯价格。企业对这类产品定价时要充分考虑消费者的习惯倾向，采用“习惯成自然”的定价策略。对消费者已经习惯了的价格，不宜轻易变动。降低价格会使消费者怀疑产品质量是否有问题。提高价格会使消费者产生不满情绪，导致购买的转移。在不得不需要提价时，应采取改换包装或品牌等措施，减少消费者抵触心理，并引导消费者逐步形成新的习惯价格。

5. 招徕定价策略

这是适应消费者“求廉”的心理，将产品价格定得低于一般市价，个别的甚至低于成本，以吸引顾客、扩大销售的一种定价策略。采用这种策略，虽然几种低价产品不赚钱，甚至亏本，但从总的经济效益看，由于低价产品带动了其他产品的销售，企业还是有利可图的。

6. 折扣定价策略

（1）数量折扣。

数量折扣指按购买数量的多少分别给予不同的折扣，购买数量愈多折扣愈大。其目的是鼓励大量购买，或集中向本企业购买。数量折扣包括累计数量折扣和一次性数量折扣两种形式。累计数量折扣规定，顾客在一定时间内购买商品若达到一定数量或金额，则按其总量给予一定折扣，其目的是鼓励顾客经常向本企业购买，成为可信赖的长期客户。

运用数量折扣策略的难点是如何确定合适的折扣标准和折扣比例。假如享受折扣的数量标准定得太高，比例太低，则只有很少的顾客才能获得优待，绝大多数顾客将感到失望；购买数量标准过低，比例不合理，又起不到鼓励顾客购买和促进企业销售的作用。因此，企业应结合产品特点、销售目标、成本水平、企业资金利润率、需求规模、购买频率、竞争者手段以及传统的商业惯例等因素来制定科学的折扣标准和比例。

（2）现金折扣。

现金折扣是对在规定的时间内提前付款或用现金付款者所给予的一种

价格折扣，其目的是鼓励顾客尽早付款，加速资金周转，降低销售费用，减少财务风险。采用现金折扣一般要考虑三个因素：折扣比例，给予折扣的时间限制，付清全部货款的期限。在西方国家，典型的付款期限折扣表示为“3/20，Net60”。其含义是在成交后20天内付款，买者可以得到3%的折扣，超过20天，在60天内付款不予折扣，超过60天付款要加付利息。

由于现金折扣的前提是商品的销售方式为赊销或分期付款，因此，有些企业采用附加风险费用、治理费用的方式，以避免可能发生的经营风险。同时，为了扩大销售，分期付款条件下买者支付的货款总额不宜高于现款交易价太多，否则就起不到“折扣”促销的效果。

提供现金折扣等于降低价格，所以企业在运用这种手段时要考虑商品是否有足够的需求弹性，保证通过需求量的增加使企业获得足够利润。此外，由于我国的许多企业和消费者对现金折扣还不熟悉，运用这种手段的企业必须结合宣传手段，使买者更清楚自己将得到的好处。

（3）功能折扣。

中间商在产品分销过程中所处的环节不同，其所承担的功能、责任和风险也不同，企业据此给予不同的折扣称为功能折扣。对生产性用户的价格折扣也属于一种功能折扣。功能折扣的比例，主要考虑中间商在分销渠道中的地位、对生产企业产品销售的重要性、购买批量、完成的促销功能、承担的风险、服务水平、履行的商业责任以及产品在分销中所经历的层次和在市场上的最终售价等等。功能折扣的结果是形成购销差价和批零差价。

鼓励中间商大批量订货，扩大销售，争取顾客，并与生产企业建立长期、稳定、良好的合作关系是实行功能折扣的一个主要目标。功能折扣的另一个目的是对中间商经营的有关产品的成本和费用进行补偿，并让中间商有一定的盈利。

（4）季节折扣。

有些商品的生产是连续的，而其消费却具有明显的季节性。为了调节供需矛盾，这些商品的生产企业便采用季节折扣的方式，对在淡季购买商品的顾客给予一定的优惠，使企业的生产和销售在一年四季能保持相对稳定。例如，啤酒生产厂家对在冬季进货的商业单位给予大幅度让利，羽绒服生产企业则为夏季购买其产品的客户提供折扣。

季节折扣比例的确定，应考虑成本、储存费用、基价和资金利息等因素。季节折扣有利于减轻库存，加速商品流通，迅速收回资金，促进企业均衡生产，充分发挥生产和销售潜力，避免因季节需求变化所带来的市场风险。

(5) 回扣和津贴。

回扣是间接折扣的一种形式，它是指购买者在按价格目录将货款全部付给销售者以后，销售者再按一定比例将货款的一部分返还给购买者。津贴是企业为非凡目的，对非凡顾客以特定形式所给予的价格补贴或其他补贴。比如，当中间商为企业产品提供了包括刊登地方性广告、设置样品陈列窗等在内的各种促销活动时，生产企业给予中间商一定数额的资助或补贴。又如，对于进入成熟期的消费者，开展以旧换新业务，将旧货折算成一定的价格，在新产品的价格中扣除，顾客只支付余额，以刺激消费需求，促进产品的更新换代，扩大新一代产品的销售。这也是一种津贴的形式。

（五）客房定价方法示例

1. 千分之一法

千分之一法是指房价为平均每间客房建筑造价的千分之一。其计算公式为：

$$每日客房价格=\frac{酒店建造的总成本}{酒店客房总数}\div 1000$$

例如，酒店有100个房间，总投资200万美元，那么200万美元的千分之一是2000美元，即为100个房间的总价格，而每个房间的平均价格则是20美元。千分之一法是在假定酒店平均开房率70%的条件下制定客房价格。

要说明的是：(1) 用千分之一定价法计算出来的房价是每日客房的平均价格，实际每间客房的价格可以有差别，有的高于它，有的低于它，但平均价格不能低于此数；(2) 千分之一定价法的实际经济含义是：通过三年左右的经营，建造总成本应该通过客房的销售额收回来。

2. 赫伯特定价法

赫伯特公式是20世纪50年代由美国旅馆和汽车旅馆协会主席罗伊·

赫伯特发明的。其实质就是以目标投资回报率这个经济指标作为定价的出发点，预测酒店经营的各项收入和费用，测算出计划平均房价。这个公式的定价原理是：计划投资回收率指标与投资额相乘，就是要求获得的净利润。客房应该获得的销售额，连同其他部门的经营利润一起，扣除了支付酒店管理费用和其他各项营业费用外，还必须包括要求的净利润。其计算公式如下：

客房部需达销售额＝酒店总投资×目标投资回收率＋酒店管理、营业费用－其他部门经营利润＋客房部经营费用

根据客房部需要达到的销售额和预测客房出租率，便可算出计划平均房价：

$$计划平均房价=\frac{客房部需达销售额}{可供出租客房数\times 计划期天数\times 预测出租率}$$

（六）酒店客房价目表的设计

当运用酒店价格制定方法将酒店价格制定出来以后，还要设计一份酒店价目表，把价格告诉酒店消费者。

酒店价目表可分为两类。其中一类可供单独使用，例如，像维也纳希尔顿酒店的价目表，它除了介绍酒店的房价外，还对酒店的主要设施与服务进行简要的介绍。另一类是配合酒店小册子一起使用的价目表，如维也纳万豪酒店的价目表。由于酒店小册子也对酒店的设施与服务进行了全面介绍，因此，这类价目表除介绍酒店房价外，只强调一些附带的推销项目，如礼品商店、出租车服务等。

酒店价目表的设计一般有以下几点要求：

第一，要有酒店的店标、地名和店名。

第二，有酒店的联系方式，如酒店的地址、传真、电传和电话等。

第三，价目表表名（如 rate sheet 或 tariff sheet 字样）。

第四，要说明这一价目表的生效日期。例如，从 2008 年 10 月 1 日起生效。每一家酒店一般一年有两份价目表，它们适用于不同的季节，如一份适用于旺季，一份适用于淡季和平季。这种价目表的有效日期就更重要了。

第五，价格表。它的纵向栏目是客房类型，如单人间、双人间、商务

工作室、套间等；横向栏目是客房的等级，如标准等级、高级等级、豪华等级和行政楼层等。

第六，顾客信息。它主要说明：

(1) 房价类型，如是欧洲房价计划，其房价就不包含早餐；如是美国修正房价计划，其房价就包含早餐。

(2) 宾馆接受哪几种信用卡。

(3) 预订服务规定：如无保证预订客房保留到傍晚6点钟，有保证预订客房一直保留着。

(4) 价格是否包括税收与服务费，即是否还要加收税收与服务费。

(5) 外币兑换率的规定：是固定汇率，还是以当天市场官方牌价的外币兑换率为准。

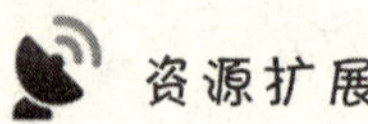

资源扩展

未来酒店设计

酒店设计是一门科学与文化结合的高尚艺术，时尚的酒店都学会用些创意巧妙地适应飞速变化的社会需求。酒店设计趋势从反思客房的配置，以保持高度个性化的体验，到很多酒店经营者们试着把酒店从一个住宿场所变为充满亮点的避世之处等等都有涉及。

1. 未来的大堂：多用途的动态空间

为了适应商业旅游新趋势，酒店大堂变身成一个多用途的动态空间，可以进行正式的商务谈判，也可随意地聊天；不仅可以用笔记本电脑处理工作，还支持各式各样的电子设备。这意味着一个简单的沙发搭配咖啡桌可不够，创造性的空间细分势在必行。既有私密的场所，也有更为公开的社交区域，家具的舒适感和功能性也因此而有所不同。在今天，酒店材料市场还配有奢华的大型绿化墙、室内瀑布、超大型吊灯以及多媒体设备站等。

2. 反思客房的配置

床＋书桌＋衣柜的客房标配已不再经典，也不再能让旅客感到更多温馨。当今世界，离家在外的顾客们期待着不寻常的惊喜。这大概就是每一家酒店的内部装饰都要与别家全然不同的原因。为商旅者度身定做的创造性办公室里有好玩的电视面板，特大号的床边放置着特别的沙发……这都是构成一个时尚酒店客房的关键“元素”。我们还见过利用冲击力很强的色彩和装饰混搭，这绝对满足旅客的猎奇心。

3. 像 SPA 一样的浴室

在过去，浴室被视为辅助空间，所以为了尽可能地扩大客房生活领域，浴室的空间常常被最小化。然而，现代的旅行者更期待在旅行中收获在家无法获得的享受。度假酒店里配上带有 SPA 功能的浴室，对于那些憧憬着一场短暂的奢华体验的游客而言，是一个充满诱惑的邀请。想象一下，在套房内有瀑布流水式的花洒，超大的浴缸，男女两用的洗脸台，舒适的毛巾，齐全高档的美容用品以及足够大的空间是多么令人惬意。

4. 不仅是餐厅，还是旅行的目的地

现在很少有酒店餐厅仍然将自己定位为“实用性”的吃饭场所。烹饪是一门精妙的艺术，餐厅就是烹饪的“展厅”。我们看到越来越多的餐厅通过巧妙的设计成了一个令人难忘的空间。设计师用创意将餐厅想传达出的主题推上一个新的高度，让每一个场所变成游客的目的地。

5. 模糊室内与室外的界限

感官体验是一条很长的路，这是数以千计现代酒店经营者们共行的“准则”，他们试图通过模糊室内与室外界限的办法尽可能地让室内外看上去没有距离。他们不仅扩大了客房的落地窗和阳台的空间，还想尽办法将自然引入室内。木制的镶嵌，装饰用的石头以及郁郁葱葱的绿色植物及室内瀑布等都是让旅客放松心情的好创意。

6. 绿色之路

对酒店经营者而言，可持续发展是个棘手的问题。他们想尽办法减少短期成本，然而在可持续的“游戏”中最为重要的却是那些创新的念头。超大尺寸的天窗以便更多地利用自然光，纯自然的建筑材料，绿色屋顶，针对旅客的回收箱，电子水龙头，当地种植的食材以及废水再利用等还都只是酒店环保趋势的其中几个方面。

7. 聚焦当地艺术

现代建筑艺术通常都远离当地的建筑传统，这真是个遗憾。不过，幸运的是，有越来越多的酒店经营者们意识到，在室内设计主题中加入当地元素可以让酒店更有辨识度，也更受游客欢迎。从小摆件、风光照片到大规模的装饰，将当地艺术融入酒店视觉再简单不过。

8. 过量的科技

并不是所有人在离家在外的时候都寻求一个高科技的酒店，恰恰相反，人们更倾向于与世隔绝的度假形式。但越来越多的酒店把关注点放在了不计代价地让旅客“紧跟时代”上，一间人性化的科技型客房极大地方便了商旅旅客的工作，从长远看这也有利于增加用户黏性。新建的酒店为客人提供一个可以调节光亮、空调温度甚至是百叶窗的智能手机，不得不说，这的确是一个高明的商业手段。另一个流行的趋势则是在前台提供平板电脑为旅客办理入住，打印登机牌或者其他需要在线连接的自助流程。

9. 少一些图案，多一点颜色和纹理

外出时，人们会有比平时更多的时间和机会去探索自我的感官意识。这大概是酒店客房少有扰乱视觉的图案，而更欢迎纹理质地的原因。给客人们某些他们能够感觉到甚至迷失其中的东西，在一次难忘的经历之后，他们或许还会想重温一遍。空间中增添的鲜艳的色彩可以创造欢乐的舒缓气氛。

10. 个性化空间

如果酒店给旅客独一无二的住宿体验，关于酒店的住宿记忆将在客人的记忆中停留很长一段时间，这已是一个不争的事实。有鉴于此，酒店经营者对客房个性化空间有了前所未有的重视。快捷酒店和临时旅馆作为全新的概念逐渐在行业中兴起。主题客房对旅客也有强烈的吸引力，尤其是游客只能尝试一次的时候。

11. 宾至如归的“家”

对酒店而言，最重要的始终是为旅客带来舒适，让他们在远离家的地方同样住得温馨惬意。无论多么奢华，多么高科技，有着多么怪异的主题，安逸自始至终都是最首要考虑的因素。木质装饰，创意搭配，地毯、窗帘，一个壁炉，一个大电视和旅客可能会喜欢的音乐——一切加起来就等于一次难忘的旅程。

资料来源：《大海，旅游，人》(2013-12-30)

旅游行业应如何利用图片吸引消费者

据 TripAdvisor 调查，网站配图超过 20 张的酒店获得的关注度会高出一般酒店网站150%。许多酒店官网视觉效果老旧过时，这会造成客户流失。

视觉内容几乎在所有行业的最佳营销实践中都独占鳌头。对旅游业而言，尤其是这样，因为旅游图片是非常强有力的营销元素。

如今最新最流行的社交媒体网站都是以图片为主打（如 Pinterest、Instagram），而且有许多酒店在这些平台上都扮演了关键角色，因为他们知道视觉渗透和交互的重要性。

但很多时候，这些视觉内容在酒店官网或 OTA 平台上的效果很糟，造成了销售的流失。不过，你知道其中的原因吗？以下是一些最常见的原因：

1. 图片感觉太旧或太小

随着时间的推移，电脑屏幕变得越来越大，所以图片的视觉效果也应该相应调整啦！没有人喜欢在2880×1800分辨率的屏幕上看一张300×300像素的图片。这不仅让酒店给消费者留下不好的印象，他们也会立即离开并选择其他酒店。

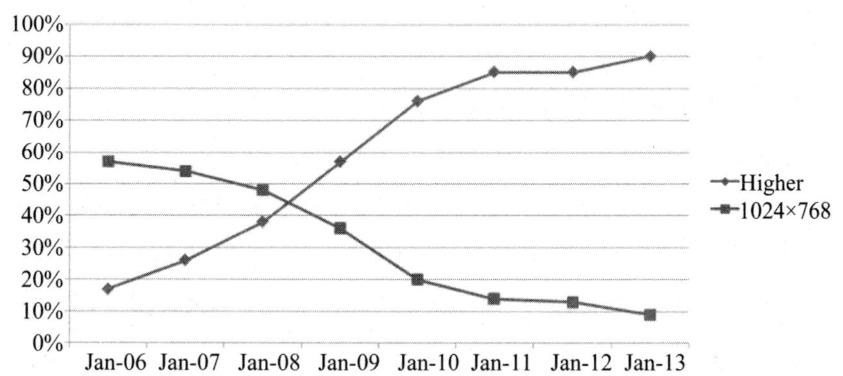

电脑屏幕的演进

2. 视觉效果要与时俱进

（1）酒店经营者一般会每两年更新一下网站图片，以免消费者到达酒店后所看到的景象和图片差异过大，让他们所见即所得。

（2）要把酒店发生的任何的翻新之处或者客房的新装潢都展示出来。这也让浏览的消费者明白该酒店一直在进行维护。

3. 整合多种媒介

（1）许多酒店官网都不提供全屏浏览图片的功能。当客人想要更近距离地观察图片却发现不可以时，这让人很失望。

（2）要让图片尺寸可以展示到网站所允许的最大限度。

（3）不要让访客频繁切换页面去浏览在不同媒介上的资料。请将图片、虚拟场景、楼层布局或者视频都整合到同一个多媒体播放器上。

4. 颜色不对劲是关键点

（1）不管你信不信，颜色和光线能造成图片视觉效果上的极大差异。摄影师们在电脑上安装了校色软件，他们修过的视觉内容在你的客户电脑上展示时，校正后的颜色可能会消失。

（2）天空可能看起来过度得蓝，棕榈树过度得绿，这会让人相信这些图片都经过了过度的人为修饰。

（3）请在不同显示器上测试视觉内容的颜色和亮度，确保上述情况不会发生。

5. 没有移动端的响应式设计

没有人喜欢只为了看一张图片就放大缩小页面，或者可能需要动用自己粗胖的手指划屏幕，进而误触到页面上的一堆东西，真的很繁琐。

6. 图片太少

TripAdvisor 曾公布一篇报告称，配图超过 20 张的酒店获得的关注度高出一般酒店网站 150%。把客房的各种照片秀出来吧！不要只是上传一张床的照片。浴室和其他房内设备对一些旅客来说也非常重要。

总结

永远不能低估视觉内容的力量。人们希望在预订酒店时能看到整洁、直观的图片。

酒店要明白这个很重要的点：顾客的最终决定可能很大程度上都是由你的视觉内容决定的。好好计划吧，并打造出高质量的视觉内容，这样才能更吸引访客的关注，并更有效地实现转化。

毕竟，消费者是用眼睛购物的！

资料来源：《环球旅讯》（2012-12-27）

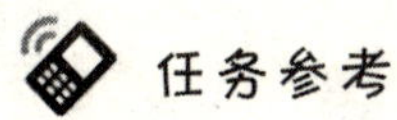

任务参考

广州番禺职业技术学院青年旅馆

PRODUCT HANDBOOK

青年旅馆产品手册

广州番禺职业技术学院青年旅馆

广州番禺职业技术学院网站：www.gzpyp.edu.cn

青年旅馆网站：http://trip70747.tripc.net/hotel/about.asp?id=70747

广州番禺职业技术学院青年旅馆

目　录

广州番禺职业技术学院网站：www.gzpyp.edu.cn

青年旅馆网站：http://trip70747.tripc.net/hotel/about.asp?id=70747

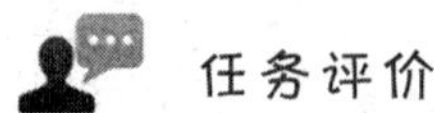

任务评价

单元 1　任务评价方案

评价项目	序号	考核项目及分值比例	评价标准	考核方式及单项权重		
				学生自评	组员互评	教师评价
通用评价指标（50%）	1	工作计划性（10 分）	工作计划与具体实施情况偏差较小，并在必要时能合理调整计划保证顺利完成任务。	10%	10%	80%
	2	实施过程（20 分）	正确理解任务并按时、保质完成任务。分析方法正确，准确填写管理表单。	10%	10%	80%
	3	成果汇报与语言表达（5 分）	汇报内容完整、表述清晰、语言流利，回答问题正确、熟练。	10%	10%	80%
	4	答辩情况（5 分）	团队成员熟悉内容，能很好地完成各评委的提问。	—	50%	50%
	5	工作态度（5 分）	纪律性好，主动积极，认真负责，勤学好问。	10%	20%	70%
	6	团队合作和协作（5 分）	与小组成员和谐合作，主动承担分工，合理处理人际关系并能协助他人完成工作任务。	50%	25%	25%
任务评价指标（50%）	7	编制酒店产品手册（50 分）		10%	10%	80%
		特色性（10 分）	能突出酒店特点，有具体细节。	10%	10%	80%
		针对性（10 分）	能针对所选择的目标市场进行设计，充分了解并满足他们的需求。	10%	10%	80%
		美观性（10 分）	色彩、图表等搭配协调，富有视觉冲击力。	10%	10%	80%
		全面性（5 分）	内容丰富、全面，没有遗漏。	10%	10%	80%
		专业性（5 分）	内容、形式专业。	10%	10%	80%
		准确性（5 分）	资料准确。	10%	10%	80%
		创意性（5 分）	有其他亮点。	10%	10%	80%
总　分						
团队排名						
是否进步						

任务实施自查

情境3-1 任务实施进程自查表

<table>
<tr><td>任务负责人</td><td colspan="2"></td><td>时　间</td><td></td></tr>
<tr><td>计划</td><td colspan="4"></td></tr>
<tr><td>组织</td><td colspan="4"></td></tr>
<tr><td>领导</td><td colspan="4"></td></tr>
<tr><td>控制</td><td colspan="4"></td></tr>
<tr><td>得失</td><td colspan="4"></td></tr>
<tr><td>改进措施</td><td colspan="4"></td></tr>
<tr><td>管理感悟</td><td colspan="4"></td></tr>
</table>

单元 2　构建酒店销售渠道

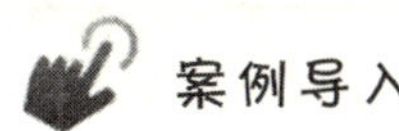

案例导入

酒店的营销渠道，历来被公认为酒店经营中最难的一个环节。在携程CEO梁建章尚不知旅游为何物时，中国绝大多数的酒店的营销渠道非常传统：要么设置路口广告、要么与3000米内的公司签协议、要么依托旅行社、要么建立呼叫中心。连锁酒店还可以靠规模优势，但投入巨大，收效甚微。

携程的出现，改变了中国酒店业的营销渠道。作为一个独特的资源整合者，携程一只手掌控着全国数十万会员客户，另一只手则控制了全国数千家酒店，逐渐形成了"低价销售——扩大市场规模——更低代理价格——更低价格销售"的循环模式，以佣金形式赚取垄断利润。高昂的成本，推高了佣金，但酒店却是"敢怒不敢言"。因为对于他们中的绝大多数而言，高达30%客源来自携程这一单一渠道的事实，让携程已成了他们想扔却无法放下的拐杖，而究其原因，只有两个字：实力!

相对携程等渠道商，中国酒店业无疑是弱小的一方，集团化比例不到10%，即使是那些颇具规模的品牌酒店集团，也还没有完全建立起自己过硬的订房网络。这种状况使得大量集团内的酒店和其他单体酒店一样，需要依赖于互联网订房公司的客源。上海一家酒店集团的高层慨叹："近30%的客房出租率，是我们自己送给携程的。"

出现寡头垄断，无论是对于市场还是消费者，都不是一件好事。面对迅速发展中的互联网订房公司，中国酒店业如何应对?有关专家认为，酒店集团除了提升自身的客房销售能力外，还应该拓展多元化的销售渠道。全球连锁的瑞士酒店自预订系统非常完善，但同时仍与80多家酒店预订网站和旅行社合作，而国内许多酒店则明显忽视了这方面的渠道建设。

2007年7月，全球酒店业的权威杂志《HOTELS》发布了全球酒店业300强的2007年度排行榜，南京金陵连锁酒店以10318间客房、43家酒店名列第73位，跻身全球酒店业100强。

金陵饭店辉煌的背后，并没有号称中国酒店业第一渠道商——携程的身影。而事实上，早在2007年年初，金陵就与携程结束了合作关系，当时，曾引得国内酒店业一片哗然。“国内酒店管理集团只有金陵一家敢跟携程脱离关系。”金陵饭店股份公司首席信息官朱明生笑着说。朱明生的底气，源于多渠道合作和管理后旗下各酒店客源结构的改变。

与国内一些酒店高达30%的客源来自携程或艺龙等渠道商不同，金陵饭店通过IT平台整合了多种订房渠道，“冲淡”了一家独大的渠道格局。

案例中金陵饭店的例子给了国内其他酒店业者以启示，永远别把鸡蛋放进同一个篮子里，那么，酒店该去哪找合适自己的其他篮子呢？又怎么保证换了的篮子一定合自己的手呢？那么对于酒店来说，到底有哪些篮子（渠道）可以选择呢？酒店应如何处理与渠道之间的关系呢？这些问题就是在本任务中要讨论的。

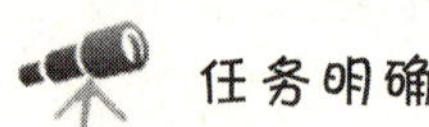

任务明确

单元2　任务单

任务描述	以小组为单位，调研本小组所选择酒店的现有销售渠道，并提出本小组的建议（说明结果和依据）。
成　　果	某酒店渠道调研报告。
具体工作过　　程	开始：承上一任务，团队选择本次任务的任务实施负责人。 过程：根据本情境的任务要求，收集相关二手资料，进行汇总研讨，结合所学知识撰写此酒店渠道现状报告，并进行分析，提出建议。任务实施负责人要填写项目实施进程自查表。 评价：各小组就所完成任务的计划与实施过程作总结，准备PPT并进行汇报与评价。
具体工作任　　务	1. 确定本项目负责人。开会商议工作计划。 2. 本项目负责人为全组成员讲解渠道构建的相关知识，分析本酒店的顾客特点。 3. 依据计划分工收集相关资料。 4. 汇总并讨论所收集到资料，形成此酒店现有渠道现状报告。 5. 小组实施研讨，分析现有渠道及其利弊，并提出各自建议。 6. 根据分工，将研讨结果进行汇总。 7. 项目负责人进行班级汇报，并答辩。 8. 项目负责人，总结得失，填写项目实施进程自查表。
需填写的表　　单	1. 填写引导文答案概要（见预习指导）。 2. 工作（项目）实施进程自查表。 3. 工作（项目）评价单。
建　　议	渠道的构建建议要有针对性与远见，要结合目标市场以及发展趋势。

预习指导

1. 登录课程学习网站，观看视频《〈瓶中三国〉——渠道高手为何引刀断臂?》，分析硝烟弥漫的渠道战场的特点，思考案例中的同一企业在构建渠道时有截然不同举措的原因?

视频位置：课程学习网站——→视频资源——→课程学习同步参考系列——→情境三——→渠道——→商道：瓶中三国。

2. 课前体验：假设你五一期间将带领家人去三亚旅游，请通过如下方式为你此行预订房间：400、800等预订电话；酒店官方网站；专业旅游或订房网站；其他途径（手机、微博、团购等）。体会如下内容：(1) 作为消费者，有哪些具体因素会影响你的订房决策（以上方式分别描述）；(2) 如果是从网络渠道订房，你会比较注重哪些信息? (3) 由此，你认为作为酒店方，在打造上述销售渠道时要注意哪些方面?

3. 根据如下引导文，阅读教材“知识讲解”内容，并尝试在空白处回答相应的问题。

预习引导文	读者自学后回答
1. 什么是营销渠道? 你认为渠道有哪些作用?	
2. 酒店常见的渠道有哪些?	
3. 酒店销售渠道管理的指导性原则是什么?	
4. 酒店应如何构建销售渠道?	

知识讲解

营销渠道，也就是分销渠道，它是指产品由生产者向最终消费者或用户流动所经过的途径或环节。或者说是指企业将产品传递给最终购买者的过程中所使用的各种中间商的集合。在产品流通过程中，生产者出售产品是渠道的起点，消费者购进产品是渠道的终点。

一、酒店销售渠道的类型

根据有无中间商参与交换活动，可以将酒店销售渠道归纳为两种基本的销售渠道类型：直接销售渠道和间接销售渠道。间接销售渠道又分为短渠道与长渠道。

（一）直接销售渠道

直接销售渠道是指酒店将产品和服务直接供应给顾客，没有中间商介入。直接销售渠道的形式是：酒店—顾客。

1. 直接销售渠道的优点

（1）有利于酒店、顾客双方沟通信息，可以按需定制，更好地满足目标顾客的需要。

（2）可以使酒店和顾客双方在营销上相对稳定。

（3）可以在销售过程中直接进行促销。

2. 直接销售渠道的缺点

（1）酒店若凭自己的力量去广设销售网点，往往力不从心，甚至事与愿违，很难使产品在短期内广泛分销，很难迅速占领或巩固市场。

（2）中间商在销售方面比酒店的经验丰富，中间商往往最了解顾客的需求和购买习性，在商业流转中起着不可缺少的桥梁作用。而酒店自销产品，就拆除了这一桥梁，势必自己去进行市场调查，包揽中间商所承担的人、财、物等费用。这样会加重酒店的工作负荷，分散酒店的精力。

（3）当酒店仅以直接销售渠道销售其产品，致使目标顾客的需求得不到及时满足时，竞争者可能会趁势进入目标市场，夺走目标顾客。

（二）间接销售渠道

间接销售渠道是指酒店利用中间商将产品供应给顾客，中间商介入交换活动。间接销售渠道的典型形式为：酒店—批发商—零售商—个人顾客。

1. 间接销售渠道的优点

（1）有助于产品广泛分销。中间商因处在酒店与顾客之间，从而有利于调解酒店与顾客在品种、数量、时间与空间等方面的矛盾，既有利于满足酒店目标顾客的需求，也有利于酒店产品价值的实现，更能使产品广泛地分销，巩固已有的目标市场，扩大新的市场。

（2）缓解酒店人、财、物等力量的不足。中间商购走了酒店的产品并交付了款项，使酒店提前实现了产品的价值，并开始新的资金循环和生产过程。此外，中间商还承担销售过程中其他方面的人力和物力，能弥补酒店营销中的力量不足。

（3）间接促销。顾客往往是货比数家后才购买产品，而一位中间商通常经销众多酒店的产品，中间商对同类产品的不同介绍和宣传，对产品的销售影响甚大。此外，实力较强的中间商还能支付一定的宣传广告费用，具有一定的售后服务能力。所以，酒店若能与中间商良好协作，就可以促进产品的销售，并从中间商那里及时获取市场信息。

（4）有利于酒店的专业化协作。现代生产的日益社会化和科学技术的突飞猛进，使专业化分工日益精细。中间商是专业化协作发展的产物，有了中间商的协作，酒店可以从琐碎的销售业务中解脱出来，集中力量进行生产，以提高生产经营的效率。

2. 间接销售渠道的缺点

（1）可能形成“需求滞后差”。中间商购走了产品，并不意味着产品就从中间商手中销售出去了，有可能销售受阻。对于酒店而言，一旦其多数中间商的销售受阻，就形成了“需求滞后差”，即需求在时间或空间上滞后于供给。

（2）可能加重顾客的负担，导致抵触情绪。中间环节的增多会增加顾客的负担。此外，中间商服务工作欠佳，可能导致顾客对商品产生抵触情绪，甚至引起购买的转移。

（3）不便于直接沟通信息。如果与中间商协作不好，酒店就难以从中间商的销售中了解和掌握顾客对产品的意见、竞争者产品的情况、酒店与竞争对手的优势和劣势、目标市场状况的变化趋势等。

（三）长渠道和短渠道

销售渠道的长短一般是通过流通环节的多少来划分，具体包括以下4层渠道。

1. 零级渠道

零级渠道指从酒店直接到顾客：酒店—顾客。

2. 一级渠道

一级渠道是指酒店通过零售商到顾客：酒店—零售商—顾客。

3. 二级渠道

二级渠道指由酒店到批发商再到零售商最后到达顾客：酒店—批发商—零售商—顾客，或者由酒店到代理商再到零售商最后到达顾客：酒店

—代理商—零售商—顾客。

4. 三级渠道

三级渠道指从酒店代理商到批发商再到零售商最后到达顾客：酒店—代理商—批发商—零售商—顾客。

可见，零级渠道最短，三级渠道最长。

（四）宽渠道和窄渠道

渠道宽窄取决于渠道的每个环节中使用同类型中间商数目的多少。酒店使用的同类中间商多，产品在市场上的分销面广，则其渠道可称为宽渠道，酒店使用的同类中间商少，销售渠道窄，则其渠道可称为窄渠道。

（五）单渠道和多渠道

当酒店全部产品都由自己直接所设的门市部销售或全部交给批发商经销时，这种渠道称为单渠道。多渠道则可能是在本地区采用直接渠道，在外地则采用间接渠道；在有些地区独家经销，在另一些地区多家分销等。

二、酒店常见渠道及其特点

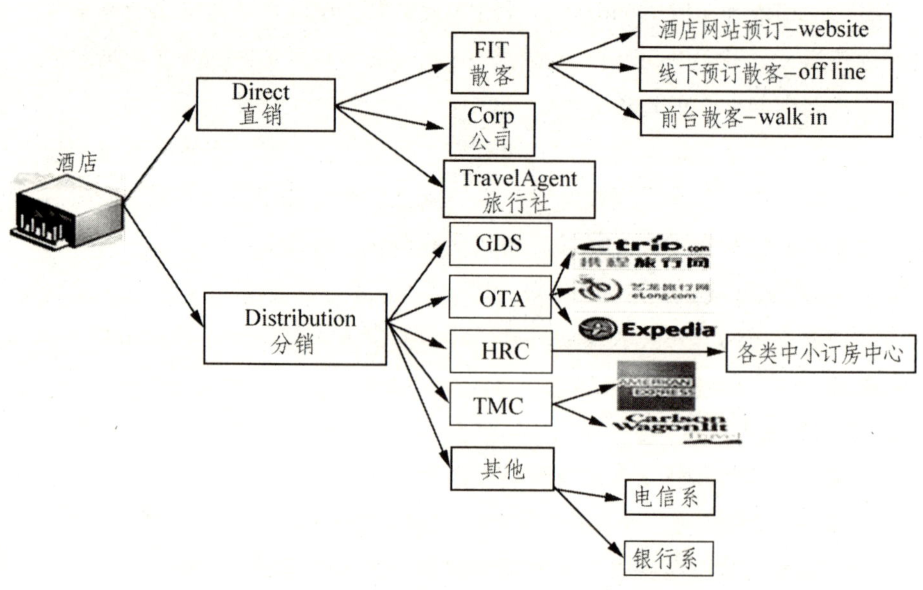

图 3—2—1　酒店常见渠道

（一）酒店预订网站

对于酒店的潜在客户来说，他们通过网站获得最初的体验，但同时也可能是最后一次体验。首先，要明确一个基本的问题：你的酒店网站是否运行良好？收集数据并将这些数据与预订统计来对比，你就可以得到转化率的数据，从而帮助你对网站业绩做出判断。当然，也不能忽略影响预订率的其他因素，类似房价、可用房间、价值、便利性等。另外，也要警惕那些太“炫”的酒店网站，这些网站的导航不清晰，当地的通用信息非常少，对搜索引擎的优化做得也很差。

（二）传统线下预订

传统线下预订是指酒店通过互联网、电话、传真或接受客人亲自上门的方式，将产品和服务销售给顾客。

（三）前台

精明的酒店营销人员认识到了酒店电话营销渠道的价值，但还有很多人并没注意到另外一种营销渠道：酒店前台。酒店前台员工应有这样一种意识，酒店管理人员应将前台作为很重要的一种增加销售额的渠道。

（四）旅行社

为旅游者提供住宿是旅行社的重要业务之一，所以旅行社成为酒店销售其产品的一个重要渠道之一，其主要特点如下：订房数量大，订房价格低，订房时间集中，订房取消率高，订房连续性强。

（五）GDS

GDS（Global Distribution System）即“全球分销系统”，也可译为“国际代理人分销系统”，是应用于整个旅游业的大型计算机信息服务系统。这种代理人分销系统，专门用于国际航空、旅游产品的预定和销售。通过 GDS，遍及全球的旅游销售机构可以及时地从航空公司、旅馆、租车公司、旅游公司获取大量的与旅游相关的信息，从而为顾客提供快捷、便利、可靠的服务。比如，旅行社（占代理人 90%比例）等代理人接入 GDS 终端，获得 GDS 产品的分销权；旅游消费者则通过旅行社等代理人直接预定、购买 GDS 中的旅游产品。因为源于航空预定，现在的 GDS 系统仍然由西方主要的大航空公司控股，但系统本身却以企业化的形式进行市场运作，为获取利益而在不断拓展网络。

（六）OTA

OTA（Online Travel Agent）是指在线旅行社，是旅游电子商务行业的专业词语。代表为驴妈妈旅游网、携程网、芒果网、艺龙网、同程网、搜旅网、途牛旅游网和易游天下、快乐 e 行旅行网等。OTA 的出现将原来传统的旅行社销售模式放到网络平台上，更广泛地传递了线路信息，互动式的交流更方便了客人的咨询和订购。

大型 OTA 可以收取更高的佣金率，因为它们能提升酒店的曝光度，并为它们创造更多预订业务，即使这些渠道会针对每张订单向酒店收取 30%的佣金。大部分消费者使用 OTA 来查找和预订酒店，通常访客数量更多的网站的佣金率更高。

（七）HRC

HRC（Hotel Reservation Center）是指订房中心。大多数的订房中心（公司）在为消费者提供酒店房间预订服务的同时，还会给订房客户提供旅行意外保险、积分奖励、赠送礼品等方面的促销性服务。一般他们都提供全年 365 天、全天 24 小时的预订服务。

（八）TMC

TMC 是（Travel Management Company）是指差旅管理公司。国外差旅代理商行业起步较早，也较为成熟，如美国运通、英国 BIT、卡尔森、BCD、HRG 等公司已从事该行业有几十年了。在中国属于较为新鲜的行业，如今国内有腾邦国际、戈思汉（GSH）等新公司陆续进入商旅管理行业。

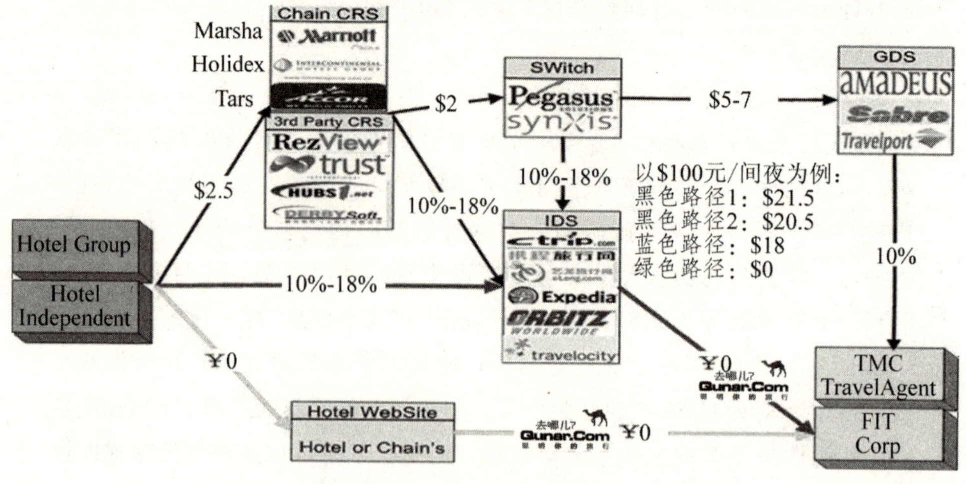

图 3—2—2 各销售渠道成本

图 3—2—2 展示的是各销售渠道的成本问题，使用自身网络可以降低 20%的客房成本。而对于酒店来说最大的问题就在于怎样去有效地推广自

身的网络，在目前互联网旅游迅速兴起的状况下可选择的方式方法也越来越多。通用搜索引擎和旅游垂直搜索引擎的应用会迅速帮助酒店打通自身的推广瓶颈。

小讨论

酒店如何从与分销渠道的合作中抢回控制权？

三、酒店渠道管理

渠道管理是指对不同订房渠道实现及时有效的管理。如 GDS、酒店订房中心、携程、艺龙，旅游批发商、公司直接订房、上门无协议散客等。当一家酒店拥有 3 种以上的渠道时，渠道管理的重要性就体现了出来。

“携格事件”

2008 年 12 月，格林豪泰举行四周年庆，推出“8000 万元回馈会员”系列活动，使得其部分会员价低于他们提供给携程的在线销售价。携程要求格林豪泰要么停止该活动，要么给予携程会员同等优惠。2009 年 1 月 16 日，携程要求被拒绝后，携程将格林豪泰与之合作的 60 家门店全部下线，并于 21 日发表声明，指责格林豪泰价格体系混乱，影响到了携程的赔付承诺。3 月 2 日，格林豪泰宣布以“侵害商誉”起诉携程，并指责后者“以垄断地位挤占下游利润”，不排除采取进一步法律措施。

小讨论

“携格事件”背后的原因是什么？对此，你对酒店销售渠道管理有什么建议？

（一）渠道管理的指导思想

酒店的供应商才应该是酒店房间销售的主体，他们是控制渠道的人，而不能让渠道控制酒店，并不是所谓的价格低的网站就是最好的，而是能给消费者带来实实在在实惠的产品才是最好的；不是第三方卖掉多少房就是最好的，而是酒店总体收益切实提高才是最好的；不是只做直销就是最好的，而是能够有效利用分销进行补充才是最好的。

全球大的酒店集团在发展的过程中都是基于自身直销做得非常成熟，边际效益无法继续提升的时候才借助了分销商这样的渠道，其目的是扩充渠道，保证收益最大化。而国内酒店业的普遍情况则是大量的宾馆酒店由官方的招待所转变而来，他们没有渠道的概念，从而使分销渠道在中国迅速蓬勃地发展起来，而且形成垄断的格局，反过来对酒店进行控制。这种局面如果酒店的从业人员不及早意识、改善，势必会使自身的利润继续流失。

（二）渠道组合策略

1. 构建复合销售平台，变革酒店渠道模式

渠道商的存在在一定程度上推动了酒店业的发展，但不能成为完全依赖，酒店也不能依靠渠道商分销解决所有的发展问题。构建复合渠道平台，是酒店渠道营销模式的变革方向。

网络营销作为一种新营销模式被越来越多的企业重视和采用。旅行者已经养成了网络预订/移动网络预订的消费习惯，这也需要酒店对此作出及时的营销反应。

酒店可以通过互联网进行企业形象宣传，让顾客以更清晰、全面、快捷的方式了解所需要的信息（设施设备、内部环境、特色服务和价格等），同时酒店可以在第一时间了解客户需求和意见，形成互动，进而达到新、老客户直接在线预订的销售目标。当然，这还需要借助网络平台的支持：一是利用网络与系统平台（如德比的 D－Hotelier、锦江德尔的 HUBS、罗盘的 HIMS 和网连天下的 Tinsia 平台等）建立预订与呼叫中心，并通过统一的网上营销中心调配联盟酒店的资源；二是依托于旅游目的地的营销系统平台，整合本地化的各种星级酒店和旅馆资源等，实现关联性营销。

2. 多种渠道合作，平衡渠道议价能力

在线渠道商的消费者数据库庞大，而酒店依靠自身力量不可能辐射到如此广泛的客户群体，同时渠道商在实现自我利益的同时，借助其营销平台，推动了酒店品牌的提升，弥补了酒店品牌宣传不足的问题。因此，酒店没有必要也不可能否认渠道商的分销功能。

其实，问题的焦点在于酒店如何去平衡渠道成员之间的力量对比，尤

其是在在线渠道商控制甚至垄断了酒店客房销售的情况下，解决该问题就显得更为迫切。2007 年初，南京金陵饭店因佣金问题与携程的合作宣告结束，自此选择一条自建直销平台、多渠道合作之路。至今，南京金陵饭店已经搭建起了一个包括中央预订系统、会员系统、网站、呼叫中心在内的立体销售平台。此外，包括 7 天酒店、如家酒店、汉庭酒店、莫泰 168 和锦江之星在内的众多经济型连锁酒店一直都在降低对于携程的依赖，通过发行会员卡的方式自建渠道。

锦江之星公开表示，未来会减少在携程和艺龙上的预订量，希望通过会员制的推行吸引更多客户通过锦江之星的网站或者呼叫中心订房。就连和携程关系最亲密的如家也表示，携程输送来的客人仅占其客人总量的 7%。7 天酒店的预订 60%来自互联网，40%来自短信、WAP 预订和呼叫中心等途径，相比于行业 10%至 15%的中介预订，7 天酒店只有 1%来自中介。可见，对于酒店来讲，脱离在线预订渠道商的绝对控制转而搭建复合甚至独立销售渠道也并不一定是条死胡同。

3. 关系营销，注重顾客价值回馈

在线旅游渠道模式之所以受到旅行者的钟爱，主要还是在于这一平台能够为他们提供顾客价值——信息对称与价格优惠。如果在线渠道促成酒店与旅行者之间的第一次交易之后，不能产生重复消费，那么问题就出在酒店自身了。因此，无论是通过什么样的渠道吸引顾客入住酒店，酒店都要面临如何获得、保持和维护顾客忠诚度的问题。可见，注重对顾客价值进行挖掘、创造和传递，吸引并留住顾客才是酒店真正需要解决的营销难题。

在此方面，7 天酒店就有过类似的尝试。继开发了电子地图、百宝箱等顾客网络体验工具之后，2009 年 9 月，7 天在 SNS 社区推出在线游戏，会员登录之后可以通过“拉客人”“升级酒店设施”“去好友的酒店帮忙”或“捣乱”来获取游戏金币与经验积分。游戏者通过将会员积分与游戏积分相互兑换，从而享受到优惠的房间。2009 年，7 天营业收入的 84%产生于老会员（两次以上消费）就是其在顾客关系营销方面努力的良好回报。

顾客不仅需要良好的性价比，更需要售前、售中和售后各个环节的综合体验。通过数据库挖掘，结合社会潮流或者热点事件，有针对性地开发个性化、趣味性酒店服务，培养忠实消费者，是酒店在关系营销过程中应该把握的方向。

直销与分销模式都是帮助酒店实现客房销售的有效途径，两者相辅相成，缺一不可。“携程们”与酒店之间关于直销与分销的竞争合作，实际上反映的是游戏规则主导权由谁掌握的问题。在网络预订渠道力量过于强势的情况之下，酒店只有构建复合型的销售平台，有效平衡对各类渠道成员的依赖程度，才能从根本上摆脱议价权被他人掌控的困境。

资源扩展

如何打造新一代酒店网站

知名数字营销工作室 Wallop 的 Saugestad 认为，成功的酒店网站设计意在为消费者提供良好的体验，简单的用户体验和好的内容一样重要。

坐落于温哥华岛上的维肯尼尼许饭店（Wickaninnish Inn）曾于 2002 年获得悦旅杂志（Travel＋Leisure，美国知名旅游杂志）颁发的“北美最佳酒店奖”。随着曝光率的增加，酒店老板决定为酒店打造一个世界一流的网站，因此他从位于温哥华和蒙特利尔的数字营销工作室 Wallop 聘请了 Stephen Saugestad 和他的团队。

Saugestad 为酒店制作的网站开创了酒店网站的先河。这是一种交互式、视觉引导型网站，其首页上的交互式窗口部件中展现了酒店的别样风光。这样的网站从根本上为行业设立了标准。

Singita Safari Lodges 位于坦桑尼亚的格鲁美地保护区分店于 2011 年和 2012 年获得了悦旅杂志颁发的“世界最佳酒店奖”。Singita 的新网站也是由 Wallop 建造的，该网站还是 2013 年 Pixel Awards 旅游分类的五个最终提名作品之一。

Saugestad 目前担任 The Brando 的数字战略团队领导人。The Brando 是一个拥有 30 个房间的生态度假村，坐落于大溪地的一座小岛上，这座小岛曾是演员 Marlon Brando 生前的私人岛屿。The Brando 刷新了豪华旅游的定义，为普通人提供了享受豪华旅游的机会。

Saugestad 说：“成功的酒店网站设计意在为消费者提供一种体验，给他们一种身临其境的感觉。引导旅行者在网站上进行探索和选择的过程就是在给他们讲述一个故事，因此我们希望打破网站建设的传统模式，把重点放到旅游本身不断变化的本质上去。”

Saugestad 表示，酒店网站设计师都面临着同样的挑战，即向旅行者传达各方面的酒店体验的同时，又要尽量满足不同酒店高层管理部门的需求。以前，传统的网站设计理念是在页面靠上方的位置堆积尽可能多的信息，包括房间种类乃至会议场地布局信息。

“会议室里通常充斥着各种不同的声音，这是理所当然的，因为酒店的管理层都有各自的商业目标。”Wallop 的业务发展总监 Ryan Clarke 说道，“但用户体验始终是最重要的一点。照片加上简洁有力的描述信息是最重要的设计原则，它往往能够吸引用户进行选择。简单的用户体验跟好的内容一样重要。”

例如，当你打开 Singita 的响应式网站时，首先映入眼帘的是一段叫“Singita：奇迹之地”的视频，它占据了整个页面。在这段 2 分 15 秒的视频开头，CEO Luke Bailes 向大家介绍道，酒店集团的主要使命是创造能够为环境和当地社区带来积极影响的住所。短短几秒内，观看者便能够完全了解品牌的故事，并被视频中的图像深深吸引到故事中去。

的确，吸引人的图像能够让酒店更容易在众多酒店中脱颖而出，但酒店更应该在整体用户体验和直观的设计导航方面下工夫。

位于奥斯汀的酒店 Hotel San Jose 是 Bunkhouse 集团的一员，其网站是 Wallop 的另一杰作。网站用视觉呈现的方式来讲述故事，这种方式既简单又有影响力。响应式网站上悬有一组全画幅幻灯片，展示着美丽的风景，页面上还有一篇关于“超现代”汽车旅馆的小短文，一个简单的预订引擎，一个位于网页顶部的紧凑型菜单导航，这就是全部。

无需昂贵的投入，高质量的图像和清新简洁的网页环境就能为网站带来强大的力量。

Saugestad 说，Hotel San Jose 的网站会以图片为主，做到尽可能的简单。考虑到这一点，公司成立了 Wallop Film 来制作更多的视频和视频背景，并将它们融入到新一代的酒店网站中去。

“多数酒店视频短片都像劣质的商业广告，”Clarke 说，“优质的视频拥有更多讲述故事的元素，能够直接创造更多能与客户共享的内容。”

Clarke 称：“将建筑与生活风格融合在一起的酒店视频尤其具有影

响力。”

Wallop 正在设计一个响应式预定界面，用户可以通过各种平台在这个界面里进行浏览和预订。他们相信，将网站简化最终能够提升转化率。Clarke 说：“OTA 之所以成功，在于它们简化了预订程序。”

资料来源：环球旅讯（2013-12-18）

http：//www.traveldaily.cn/article/76480.html

酒店如何将前台转化为销售渠道

精明的酒店营销人员认识到了酒店电话营销渠道的价值，但还有很多人并没注意到另外一种营销渠道：酒店前台。

在很多酒店里，前台的工作人员其实拥有许多机会，来增加每天的销售额，使利润最大化。根据酒店的所在地、位置、品牌和市场细分的不同，这里描述了酒店前台销售人员日常可能会碰到的各种情况以及一些相应的培训方法。

1. 抓住更多直接上门的客人

客人一旦进入大堂，就要主动给予欢迎，主动与客人接触，给客人留下一个好印象。不要只是告诉客人最低价是什么，然后把人家打发回车上自己作决定。正确的做法是向客人介绍 2—3 套房间类型，或者几种价格选择，让客人有所选择。向客人多介绍与他们相关的酒店特色。如果可能，带他们去看看某个房间。

2. 如果客人从附近酒店怨声载道地过来，要牢牢地抓住他

在一些酒店密集的地方，就有可能会碰到这样一些客人从附近的酒店过来咨询。训练好你的员工，让他们充分展示你的酒店特色，避免说些不好的话来评论你的竞争对手。不要说其他酒店哪里哪里不好，相反，专注于你的酒店具备的优势：“我们酒店的特色是……”

3. 在客人登记的时候进行有效的升级产品销售

现在许多人都是通过网络或者第三方预订酒店产品，那么客人在酒店登记的时候可能就是销售更高价格房间的最好时机。首先也要肯定客人预订的房间也是好的选择，然后试探客人的爱好，比如问他：“您的旅行社有提到过我们的贵宾楼层吗？”或者“您对我们的套房都了解清楚了吗？”向客人介绍这些更高级选择的时候要表现出这是特别难得的机会：“我们

今晚特别开放了行政豪华客房……”让这些好处显得个性化：“像你这样层次的客人会得到我们所有……”

可以考虑在前台放置一台 iPad，向客人展示几张酒店客房和周围环境的图片。

4. 在客人离开的时候，努力让客人再次预订

尽管很多客人会选择特快退房服务，但还是会有相当一部分人会稍作逗留，取回他们的账单。一定要向客人，特别是公司和企业客户提供便利之处让他们选择下次还是入住这里。你会发现其实客人也不是那么急于退房，而且你很有可能会因此免去旅游代理商的佣金和 CRS 的费用，同时这也让客人感受到你对他们的重视。

5. 保持稳定的价格，避免客人在登记、入住期间或者退房时讨价还价

现在，有很多精明的客人把讨价还价看作是必需的，无论是刚刚入住还是在入住期间都想着讨价还价。确保你的前台工作人员清楚知道，大多数客人只是想再次确认自己拿到的是最实惠的房间。有一个方法通常会很管用，就是温和地提醒他们所订房间的条款，与他们想要的低价做个比较：“之前这个价格要求在预订时全额付款，而且你预订了就不能再改也不能取消了。”另外还可以告诉他们现在订的这个房间价格比原来已经低了：“其实我们这个房间本来的标准价格是××，所以现在这个价格××已经很实惠了。”

6. “利用”渠道转化技巧

有些客人在浏览完在线旅游代理的网站会打电话咨询，酒店可以借此机会抓住客人。很多要到酒店入住的客人会直接打电话到前台确认他们在网上看到的价格是不是最优惠的。现在大多数酒店在几乎所有分销渠道上所提供的价格都是一致的。确保你的前台员工能在客人打电话过来的时候就预订，而不是让客人把电话挂了再到网上预订。这样你不仅能保证他不会被其他在线产品所吸引，更重要的是你减少了分销的成本，一笔支付给旅游代理商的佣金费甚至是 CRS 费用。

7. 做好“下班时间”的团队销售

在上班时间以外，商务会议或者社会活动的组织者打电话或者上门咨询是很正常的事情，所以培训好你的前台员工，一旦有这类电话打进来，

要表现出对客人的关心，耐心解决客人咨询的每一个问题，问客人是否要留张便条而不是把客人转接到销售部的语音信箱。对于上门咨询的客人，要确保你的前台员工随时备有销售手册、宣传册和销售总监的名片，以提供给客人。最重要的是，保证你的员工不说这样的话："请你明天早上9点到下午5点再打电话过来咨询。"

8. 从酒店现有的住客中发掘未来企业客户

如果酒店所在地周围有企业办公楼，或者属于产业综合区，或者是处于市中心，通常客人隔月甚至隔周就会回来酒店。经过一段时间，前台的工作人员就会认得这些客人。训练你的员工好好记住这些客人所在的公司，特别关照来自于新的企业客户的客人。你对客人和他们的公司了解越多，你就越可能发现更多企业，发现更多潜在客户。

增加对你的前台员工的培训，让他们知道这些是能够增加销售额、增加盈利的机会，并且抓住这些机会让酒店的利润最大化。

资料来源：凤凰网（2011-04-29）

在线旅游新模式挑战传统OTA

在2012年的"五一"黄金周里，驴妈妈网站上产生的预订金额比2011年增长了4倍左右，爆发式增长的订单让驴妈妈旅游网创始人洪清华感到有些应接不暇。

驴妈妈的快速崛起并不是个案。度假产品萌生出巨大的用户需求，各方新兴的势力正来势汹汹。其他旅游电子商务企业同样获得了VC的注资，它们或从团队游切入、整合线下的旅行社资源，或为景区门票等产品提供直销平台，从而搅乱了既有的在线分销格局。在一定程度上，它们填补了线上原本被人们忽略的"冷门"市场，通过资源整合，向消费者提供了相对个性化的选择。而对企业本身来说，选择细分的度假产品为市场的切入点，也避开了与携程、艺龙等传统OTA（在线旅游代理商）的直接竞争。

即便如此，在网络旅游这块大蛋糕里，诸如驴妈妈这样的"新兵"依旧微不足道。毕竟，越来越多的互联网巨头正在觊觎这个市场——在它们看来，只要让现有的会员在自己的平台上预订机票或酒店等标准化产品，就能轻易地将流量变现为收入。不难发现，尽管携程和艺龙依旧占据着在线旅游的半壁江山，但淘宝、腾讯、百度、京东，甚至连苏宁易购都开始进军在线旅游产品销售市场。

艾瑞的报告显示，2011 年，国内在线旅游业的营收规模达到 90.5 亿元，同比增长 34%。未来几年，中国在线旅游市场的增速都将维持在 45%左右。据旅游点评网站“到到网”CEO 吴皓称，在国外，60%的休闲游及 40%的商业游都是通过线上预订，而在国内，这个比例平均只有 5%，市场的潜力十分可观。

在这个充分竞争的市场，挑战正变得越来越多元化。目前，艾瑞将这个行业内的玩家分为两大类：在线旅游交易平台和在线营销平台。前者又可分为五类：诸如携程、艺龙这样的传统 OTA，以驴妈妈为代表的立足细分市场的新兴 OTA，以淘宝为代表的网购平台商，三大电信运营商以及由旅游 B2B 开拓 B2C 类的运营商，诸如同程网、汇通天下等。由于各类企业的业务重点与所处的发展阶段有所不同，因此相应关注的 KPI 也并不一致。

譬如，对传统 OTA 而言，机票和酒店的佣金收入是其主要营收，且目前发展已较为成熟，那么企业更多关注的是其佣金营收；而其他类型的运营商主营业务差别较大，且均处于摸索期，因此关注更多的是交易规模。此外，在线营销平台又可分为两类：旅游垂直搜索和旅游点评攻略。前者以去哪儿网、酷讯网为代表，后者以蚂蜂窝网、到到网为代表。在各种模式百花齐放的当下，在线旅游业的集中度已经开始下降。根据艾瑞的数据，尽管携程在中国在线旅行预订市场的份额仍处于领先地位，但已由 2010 年的 51.6%下滑至 2011 年的 41.1%。

服务商之间的激烈争夺与各种蜂拥而起的旅游垂直网站，似乎正悄悄侵蚀着携程网对在线旅游市场的控制力。那么，未来可能撬动行业格局的力量又是什么？

过去几年中，以去哪儿网为代表的搜索模式正在从流量上追赶携程网，艺龙网则在酒店预订领域增长迅速，驴妈妈网等旅游产品销售平台也异军突起。进一步说，撬动格局的力量，很可能来自于垂直市场，或淘宝网、去哪儿网这样聚合低价与流量的平台。一个佐证是，2011 年披露的线上旅游相关投资案例中，大多都是立足于度假产品、旅游搜索等细分市场，避开了传统 OTA 模式。

而基于细分市场的新兴OTA虽然开辟了一片蓝海，但用的依然是互联网独立评论人谢文所称的“旧模式”。如果说过去的热点聚焦在主流的、以低价为号召的标准化产品，那么现在的关注点已经转移到个性化与复杂化的旅游产品。与此同时，那些高端冷门、智能化、个性化的服务依然少有人做，这些服务被称为“互联网的新玩法”。譬如，旅游网站可以根据用户过去的浏览和预订记录了解用户的偏好，并在用户每次登录页面时提供智能化的推荐服务。“它可以通过分析知道你需要的不是价格便宜的产品，而是舒适的体验，它可以了解你一般是订下午或周末的机票，或是偏爱去欧美还是非洲玩。”此外，这些网站还应该能够帮用户撮合关系，让志趣相投的人拼团一起旅游等，提供更多“高级的、人性化”的服务。

2012年，携程网推出了高端旅游品牌“鸿鹄逸游”，并收购了主题游品牌“太美旅行”。而携程网站上除了传统的机票和酒店外，也多了团购、Lastminute、模糊定价等新兴的产品模式。携程的思路很明显，既要重仓上游资源，又要创造各种互联网产品，同时寻找线上与线下的结合点。

和携程网“越变越重”的思路不同，艺龙网近几年则将重点向线上转移，提高线上预订的比例。同时，艺龙将目光聚焦在酒店预订业务，逐渐降低机票预定业务的占比，这也是其扭亏为盈的重要原因。而“去携大战”的另一主角去哪儿网，近期开始突破其营销平台的性质，逐步从单纯比价向实际交易靠拢。除了团购，公司推出的“酒店直通车”也被认为是一种变相的预订方式。在一定程度上，OTA和搜索引擎的界限正在变模糊，去哪儿网的“异化”，瞄准的是用户垂直搜索之后存在“达成交易”的需求。

不可否认，在线旅游市场如今正在上演一场激烈的争夺战。未来，线上服务会渗透到旅游过程的每一个细节，大到机票和酒店，小到租车和门票。或许，当下百花齐放的模式在未来是殊途同归的，即提供尽可能丰富的产品和服务——正如洪清华所言，“驴妈妈网不久后也会提供针对自助游散客的机票预订”。在这种情况下，谁能对整条产业链具有足够强的掌控能力，谁就有了掌握消费者的资本。

五个新兴酒店分销渠道的优势和劣势

随着酒店分销领域正在变得更加分散，收益经理需要密切关注最新且最佳的分销平台。

但是否所有渠道都是相同的呢？一些嘉宾在国际酒店营销协会（以下简称“HSMAI”）举办的收益优化大会上的一个研讨会中讨论了以下五个提供折扣产品的模式，他们对这五个平台有着不同的看法。

1. Backbid

BackBid 是一家酒店预订网站，旅行者可以发布他们目前的酒店预订信息，各家酒店会进行竞价，旅行者可以从中挑选一家能为他们提供最大价值的酒店。

该渠道让消费者能以最优价格预订最高品质的客房，在他们接受一个新的报价之前，他们会了解关于某家特定酒店的所有详细信息。BackBid 网站上的流程没有任何风险，因为消费者可以拒绝任何一个报价方案和维持原有的预订。

尽管该网站宣称其专注于服务那些确认要进行预订的旅行者，并称其能销售酒店的滞销库存，这对酒店经营者来说是好消息。但参加 HSMAI 研讨会的嘉宾却不太赞赏该网站的模式。他们认为，Backbid 充其量只是可能帮助他们以更低的收益销售库存。该渠道很有可能带来负面影响，它会造成螺旋式的价格下降趋势，各家酒店将以越来越低的价格来赢得竞价战。

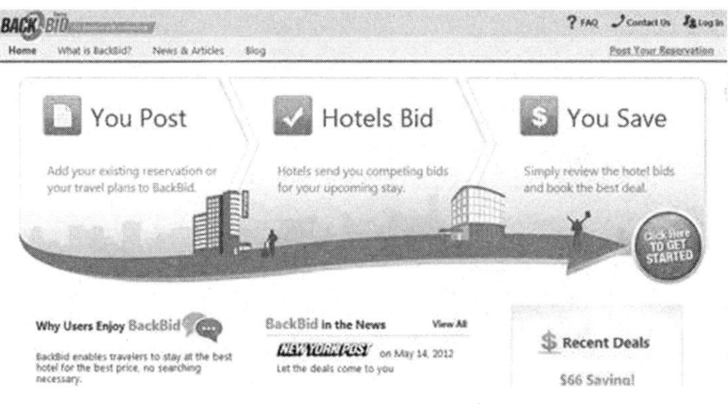

2. Guestmob

半模糊预订网站 Guestmob 允许顾客选择位于特定城市的某些酒店。

该网站的模式如下：某位顾客在该免费网站上进行注册，然后按照入住日期在 20 个美国城市中的一个进行搜索。Guestmob 会创建一个“精选”列表，这一列表通常会包含同一个城市的 4—8 家酒店（它们的价格和地理位置都很相近），顾客可以查看这些酒店的名字。

比如说用户近日搜索芝加哥的酒店客房，该网站将显示“The Loop-Downtown”区域内的精选酒店列表，包括 The Wit、Swissotel、凯悦丽晶酒店、Fairmont Millennium Park、Hotel Allegro 和帕尔玛希尔顿酒店提供的客房信息，价格都为 157 美元。

顾客在确认预订后才能看到他们实际上预订了哪家酒店的客房。

该渠道为顾客简化了预订流程，并对相似类型的酒店进行归类和排列，而大多数酒店预订引擎仅仅是无次序地显示多家酒店的信息。与传统的模糊渠道不同，Guestmob 允许旅行者查看他们实际上预订了哪家酒店的客房。如果顾客希望取消预订，该网站还可以返还他们的订金。

Guestmob 还为酒店经营者简化了分销流程，他们只需要在顾客入住前确认其他 OTA 渠道并未出售其客房，然后他们就可以向该网站提供此客房库存。Guestmob 不仅允许酒店经营者在各渠道维持价格一致性原则，还能使他们在酒店网站上获得全价预订。

在研讨会嘉宾讨论的所有新兴渠道中，Guestmob 获得了最高评价，他们认为该网站很有机会成为一个优秀的半模糊预订平台。

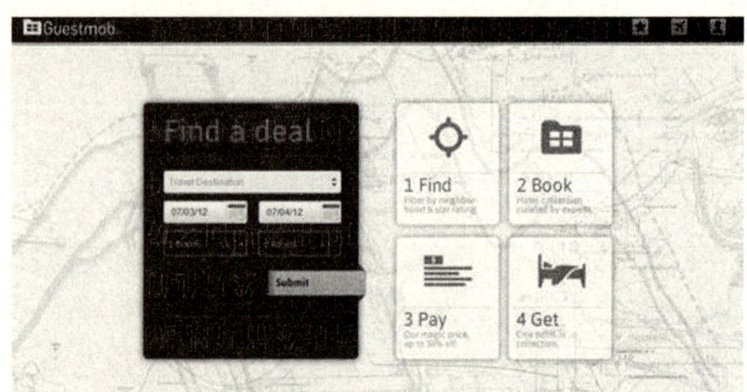

3. Hall St.

欧洲的酒店交易渠道 Hall St. 是酒店分销与跳蚤市场的结合。顾客在该平台上注册后，他们会与酒店议定价格，然后他们可以选择入住这间以预付模式预订的客房，或者向其他用户出售这间客房。

该平台意识到“最后时刻的变动是现在经常会发生的事情”，于是它允许顾客更改预订信息中的顾客名字或向其他用户出售客房。

但参加 HSMAI 研讨会的酒店经营者却认为 Hall St. 网站并不是一个可行的模式，他们宣称上述网站获得顾客的过程太繁复。对于酒店经营者来说，将有限的资源投入到这一渠道太过复杂，这就需要他们投入非常多的精力。正如一位参会嘉宾所说的，“我宁愿不使用这一平台”。

4. Tingo

另一个再熟悉不过的分销渠道是 Tingo 网站，该平台对旅行者预订酒店的所有价格变动进行监测，如果客房价格下降，那 Tingo 将会为顾客预订较低价的客房，并将差价返还给顾客，前提是取消预订的操作无需收取费用。

对消费者来说，该模式的价值非常明显：旅行者预订他们想入住的某间客房，即使在完成预订后发现价格下降，他们也无需担心。

Tingo 还宣称该模式能为酒店经营者带来一些好处，包括预订窗口（平均达到 45 天）延长、入住时间延长、日均房价升高以及预订价格更高、更灵活。

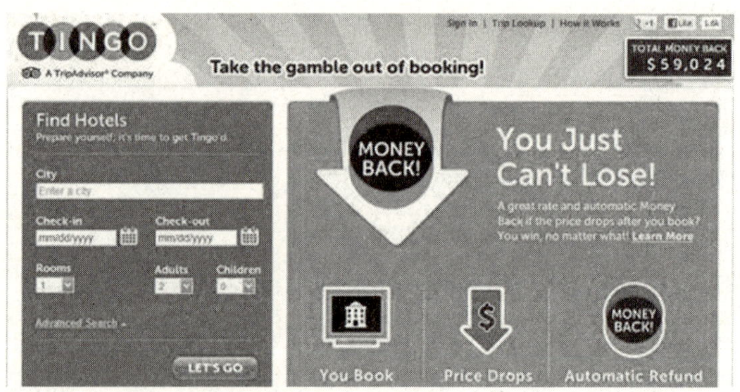

但参会嘉宾却不太确定 Tingo 是否真的能为酒店经营者带来好处。他们担忧该平台将暴露现有折扣策略的漏洞，从而拉低客房价格。尽管他们认为 Tingo 或许是五个渠道当中最具有用户友好型特点的网站，他们预计酒店经营者会通过制定更为苛刻的取消预订惩罚措施来防止用户进行重复预订。

5. Traveltipping

Traveltipping 宣称其针对顾客需求来制定预订流程，该网站针对全球的目的地创建了独特的旅游打包产品，并向顾客收取一定的费用。顾客在开始搜索时首先要在全球六大区域进行选择：北美洲及加勒比海、拉丁美洲、欧洲、非洲及阿拉伯半岛、亚洲和大洋洲。该网站针对每个地区提供一些旅游产品，例如多米尼加共和国“生态冒险旅馆”的四夜双人客房。

这些产品的数量有限，这就使供应商可以选择在任何时间提供他们希望销售的产品。该网站将这些产品作为“打包产品”来销售可以提升价值，并增加旅行者在辅助产品方面的花费。以上文中提到的多米尼加共和国“生态冒险旅馆”的产品为例，除酒店客房以外，该产品还包括皮划艇游、骑山地车、每天的早餐和其他税费。

Traveltipping 宣称其旨在帮助供应商销售滞销库存和增加平季的收入。

但酒店经营者对其模式感到迷惑，一些嘉宾在研讨会上分享了他们的意见，他们认为无论是从消费者的角度还是酒店经营者的角度来看，Traveltipping 的模式都不具有很高的价值。他们称该网站只是众多旅游打包产品网站中的一家。

鱼与熊掌难兼得——酒店的渠道困局

当各类新兴渠道的崛起使得监控难以执行的时候，酒店应如何调整与批发商的合作关系，这将是摆在酒店营销人员面前长期的话题。

当今的在线酒店预订市场竞争日趋激烈，酒店分销渠道的日益多样化使得酒店价格战变得更加常态化，酒店直销与分销渠道之间的矛盾逐渐凸显。而最近闹得沸沸扬扬的酒店集团封杀与其合作的酒店批发商的产品在淘宝旅行、去哪儿等平台及 OTA 网站裸价销售的事件，更是将这些矛盾推向了高潮。

那么，酒店集团、批发商、OTA（在线旅游批发商）及平台商之间的“亦敌亦友”的关系将如何演变？酒店应如何优化渠道和收益管理？传统和新兴渠道应如何因时而变，准确定位自身的价值？

批发商线上裸卖遭封杀

在谈及此次“封杀”事件时，香格里拉酒店集团市场销售副总裁陈延菁告诉记者，酒店批发商将预付产品放到去哪儿、淘宝等平台进行裸卖的违规销售行为一直都存在。“对香格里拉酒店集团而言，裸卖本身就违反了双方的合作协定，所以我们一直在努力减少并制止此类行为的发生。虽然批发商采购所占比例非常小，对酒店的收益影响也不大，但考虑到价格秩序和市场的公平性，我们将一如既往地对此种裸卖行为予以坚决抵制，在维护商业规则的同时也保护我们的品牌形象。”据环球旅讯了解，香格里拉集团也是涉及此次封杀的高星级酒店集团之一，他们已经要求旗下各酒店立即终止与有违规销售的批发商的合作。

作为近年来迅速崛起的国内高星级酒店集团，开元酒店集团与国内外几个比较大的批发商均有合作。然而，针对此次批发商线上裸卖的事件，他们的态度则更为谨慎。该集团市场销售总监陈文放告诉记者，“开元集团不会轻易停止与任何第三方渠道的合作，但前提是相互尊重彼此的利益。”

某 OTA 行业资深人士告诉记者，此次封杀事件之所以涉及众多的国际连锁酒店集团，是因为这些国际品牌酒店的最优可用价格（Best Available Rate，简称 BAR）与给批发商的预付产品价差较大，而当这些预付价格在去哪儿和淘宝等平台上“裸价”销售时，对酒店直销和其他 OTA

渠道的影响首当其冲，所以导致了这些高端酒店果断出手。而在这一点上，携程等主要OTA与酒店集团的诉求是相一致的。

现付与预付之争，OTA与平台商“互掐”

携程网与去哪儿网的争斗由来已久。在酒店预订领域，携程网等主要OTA所引领的无需担保、无条件取消的前台现付模式在全球OTA领域可谓是独树一帜，在中国的在线支付环境和消费行为不成熟的情况下，可以说前台现付模式极大地降低了在线预订的门槛。而酒店集团一直所秉持的价格一致性原则（Rate Parity）使得去哪儿这类以比价为商业模式核心的网站一直难以在酒店业务领域取得实质性的突破。据环球旅讯了解，2012年酒店业务收入只占去哪儿网总收入的约10%。

由于国内的主要OTA都采取了前台现付模式，因此从2012年中开始日益升级的价格战很快就摸到了“天花板”，预付产品又成为了主战场，通过预付包房从酒店获得低价的批发商们则躲在后面为中小型OTA们源源不断地输送弹药，以对抗大型OTA们的返现大战。据国内某大型酒店批发商的市场销售总监向记者介绍，OTA们在去哪儿网和淘宝网上提供的某些高星级酒店的预付价格中，90%都是由该公司提供的。

环球旅讯记者曾就“封杀”一事希望采访去哪儿网相关负责人，然而去哪儿网并未正面回应记者的问题，而是由其公关部发布了一个《去哪儿网针对酒店禁止批发商售卖低价的声明》。此声明称，去哪儿网与数万家酒店保持了良好合作关系，同时指出，“携程网所有有报价的酒店中，84%的酒店可在去哪儿网上预订到更低价格”。随后，去哪儿网又发表公开信称，携程网利用去哪儿网的酒店低价优势，从去哪儿网采购低价酒店，进而加价倒卖给消费者。对于去哪儿网的上述指责，携程网相关负责人对记者表示：“这是去哪儿网借机炒作，我们不予回应。”

不予回应的背后，体现的是现付与预付两种模式的暗战。而据环球旅讯获悉，携程网和艺龙网已经分别与香港华闽和深圳捷旅等国内的大型酒店批发商接触，探讨投资入股事宜，其意图也非常明确：控制大型批发商，保证预付酒店产品的供应，提升价格竞争力。

通过国内各大星级酒店集团的网站可以看到，目前并没有太多酒店通过自己的官网提供预付产品的销售，这固然与国内客户的消费习惯有关，但也与这些酒店集团的收益管理、网站建设和在线营销乏力有密切关系。

而酒店将预付产品提供给批发商，然后 OTA 们通过批发商获得这些预付产品，并在去哪儿和淘宝旅行这类平台上拼得你死我活，而酒店自身的直销和会员销售则被扼制，这自然不是酒店所乐见的，封杀自然在情理之中。

然而对于预付与现付产品的发展，各酒店集团的意见并不统一。陈文放告诉记者，开元酒店未来计划开发预付产品并准备与包括 OTA 在内的第三方渠道合作。金陵饭店集团相关负责人则对记者透露，金陵连锁酒店在管理公司层面的合作目前仅限于 OTA 前台现付的模式。香格里拉酒店集团则表示，目前正在对预付模式进行评估，是否推出预付产品依赖于评估的结果。“但就目前的情况来看，我们并不倾向于预付模式。”陈延菁这样告诉记者。

批发商进退两难

这场“封杀潮”中受影响最大的无疑是这些酒店批发商，据某批发商透露，由于携程网通过淘宝和去哪儿平台预订后再联系酒店取消订单，并要求酒店退款，给酒店和批发商造成了相当大的损失，而这些损失由谁来承担，批发商们正在和酒店协商，但很大的可能是这笔账要由批发商自己来扛。

面对多方的指责，甚至面临酒店集团解除合作关系，酒店批发商们可谓是“有苦难言”。嗨假期旅行网董事长谢建生告诉记者，批发商仅提供销售底价给下级分销商，具体的售卖方式和价格则由各分销商自行决定。旅游产品销售渠道之间一直互相采购，作为批发商，根本无法监管到每个分销商的行为。由于这些分销商大多数使用 API 技术对接线上网店，大型 OTA 根本无法阻止小分销商利用互联网公众平台进行产品分销。

而另一方面，以携程网为代表的 OTA 发展势头迅猛，不可避免地冲击批发商的生存空间。由于 2012 年的 OTA 价格战，使各现付价格实质上已逼近预付价格，同时使 OTA 产量大幅增长，批发商在传统领域也面临着客户的流失，未来渠道将更加扁平化，价格差距将更小。

酒店集团控制力亟待加强

在线酒店预订市场竞争白热化已是不争的事实，酒店的多渠道销售策略在为其收获大量订单的同时，也使得各个渠道商之间的矛盾日益激化，新兴渠道的崛起则是让酒店对价格一致性更加难以掌控。某国际酒店集团相关负责人告诉记者，大多数国际酒店集团都与诸如 GTA、Hotelbeds、

Miki Travel 等酒店批发商保持着长期的合作关系，这些批发商的相当大一部分产品由其下级零售商通过打包的方式进行销售。因此这种建立在双方坚守合同和规则基础之上的合作方式，使得酒店集团对这些批发商及下级零售商的公开销售价格的监控得以保障。而通过此次“封杀”事件留给酒店的思考是：当各类新兴渠道的崛起使得这种监控难以执行或执行成本过高的时候，酒店应如何调整与批发商的合作关系？批发商可以走量，但是某些不守规矩的批发商的低价“裸卖”行为极大地扰乱了酒店的收益和渠道管理。如何鱼与熊掌兼得，将是摆在酒店营销人员面前的长期话题。

而对于批发商来说，此次“封杀”带给他们的影响不仅仅是短期内收入的损失，而是努力寻求商业模式的根本变革。Priceline 企业发展执行副总裁 Glenn D. Fogel 在环球旅讯举办的“中国旅游分销高峰论坛”上曾经预测，随着互联网渗透率的提升，搜索引擎和比价平台的发展也使得酒店各个分销渠道之间的价格信息趋于透明，批发商相对于 OTA 的竞争优势渐渐消失殆尽，酒店批发商的业务可能将逐渐萎缩并最终退出历史舞台。对于面临多重压力的批发商而言，积极探索商业模式的转型，寻求差异化的发展，已经迫在眉睫。事实上，预付产品具有适合与其他旅游产品进行打包的天然优势，而寻找合适的分销渠道和产品多样化，或许是未来批发商们一个不错的方向。

预付产品的价格不透明优势，也让它成为众多 OTA 追逐的目标。然而，实现这个目标即使对携程网和艺龙网这样财大气粗的行业大佬来说也绝非易事。用户的购买习惯是一回事，对于酒店来说，将前台现付和预付业务交给同一个 OTA，无异于将所有鸡蛋都装到一个篮子里。这也是业界盛传已久的携程网和艺龙网入股批发商事宜一直在低调进行的原因。OTA 们也需要谨慎地评估这种投资关系是否会导致酒店“痛下杀手”，切断与批发商的合作关系，最后换得竹篮打水一场空的局面。

追求销售渠道的多样化是酒店渠道和收益管理的基本原则，但如何平衡好渠道分销商的利益，优化收益管理将是酒店追求的长期目标。而此次平台商遭酒店集团集体封杀的事件，或许给整个行业敲响了警钟。不以低价为卖点，追求客户体验和服务的差异化，将需要 OTA 和平台商们付出持之以恒的努力。

资料来源：环球旅讯（2013-02-22，作者：曾建民）
http：//www.traveldaily.cn/article/67825_2.html

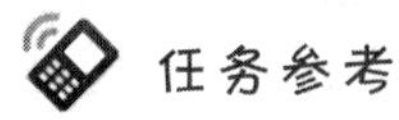

经济型酒店渠道策略现状及移动互联网趋势下渠道构建

经济型酒店又称为有限服务酒店，其服务模式为“b&b”（住宿＋早餐）；以大众旅行者和中小商务者为主要服务对象，以客房为核心产品，价格低廉，统一服务标准，性价比高。

一、经济型酒店传统渠道策略

1. 直销渠道

（1）前台散客。因经济型酒店客源对象是社会大众，主要是商务散客及旅游、度假人员。对于城市中心区域来说，交通便利，有较多的社会餐饮、娱乐、休闲场所的经济型酒店，自来散客比例较高，非连锁型酒店往往依靠自来散客维持客源。

（2）自有会员。对于 7 天、格林豪泰等连锁酒店，自有会员是占比最大的自有客源渠道。根据艾瑞咨询 2012 年数据显示，会员客源占自有渠道客源的 32％左右。7 天连锁酒店实行的加入会员首次 77 元入住的营销策略成功锁定大量普通商务、自助旅游人士，同时 7 天 88 元新店体验、99 元特惠房等会员策略成功带动非中心位置店面的入住率。

（3）传统自有预订系统。自有预订系统一直是星级酒店常用的客户渠道，包括网站、电话、协议单位、12580 等方式预订。随着经济型酒店的连锁化经营，以网站为基础的经济型酒店预订系统近几年日趋成熟，在直销渠道中占比 27％。在自有预订系统应用中，7 天等酒店已经开始了移动终端 APP 预订的应用，但由于推广等因素，渠道占比还较少。

（4）协议客户。协议客户，对于酒店来说依托于关系营销，同时也受制于本地客户基数。而经济型酒店不能提供会务、餐饮、娱乐等配套设施，同时很多店面位于非中心区，无法接受团队商务客户，所有协议客户一直是经济型酒店的软肋，占比不高。而国内高星酒店和会议度假酒店则过分依赖协议客户。

2. 传统分销渠道

（1）传统 OTA。虽然当前连锁酒店直销与 OTA 之争愈演愈烈，但 OTA 依然占分销渠道绝大份额，对连锁酒店意义仍然重大。而国内中低档酒店和酒店式公寓受制于营销推广，更为依靠 OTA 带来的客户量。但要明确的是，传统OTA已经面临巨大挑战，移动互联网化的OTA是必然趋势。虽然不少OTA推出移动终端的APP的软件，但也仅仅是PC版的迁移，而不是根本的变革。随着大型连锁酒店的扩张，大量的中低端单体店面临强大挤压而市场份额越来越少，OTA与大型连锁酒店的关系处理也是关系到OTA企业的存亡。利益共享，如何提供更便捷客户预定体验是OTA企业最需解决的问题。

（2）旅行社客户。旅行社客户渠道是国际星级以及中低端单体店重要客户渠道，特别是一些旅游城市，很多中低端酒店过分依赖旅行社订单。而对于连锁经济型酒店，旅行社客户仅占分销渠道的19%，远低于其他类型酒店，主要原因依然是受制于店面规模、餐饮设施等限制。

（3）GDS分销。全球分销系统由于旅游业的迅猛发展而从航空公司订座系统中分流出来的面向旅行服务的系统。如今，GDS已经发展成为服务于整个旅游业的一个产业，但在中国的应用微乎其微。在全球化的今天，基于航空系统的GDS有大量的客户源，如何解决客户航空预定与酒店预定一体化的模式是GDS今后应用的核心问题。连锁经济型酒店有大量的商务客群属于航空客群，可以利用互联网技术对接GDS系统实现客源互补。

传统经济型酒店渠道模式对经济型酒店价格、产品、推广策略产生深远影响。特别是7天、如家为代表的大型连锁酒店以牺牲服务种类换取价格空间，推行简单服务模式。但对于注重体验、个性的消费主流群体来说，模式化产品的性价比吸引会逐渐失去它的魔力。客户会更趋向于有一定性价比的个性化、注重体验的新服务模式酒店。这就给移动互联网趋势下的连锁经济型酒店的变革提出了要求。

二、移动互联网背景下的经济型酒店渠道构建策略

目前很多经济型酒店已经开通微信、微博甚至APP，但大多还处在初级使用阶段。没有通过移动互联网的技术革命去争夺客户资源，很多酒店还习惯于OTA、旅行团队客户模式，需付出大量的客源成本。经济型酒店能否在销售模式中应用移动互联网思维是一个巨大挑战，但残酷的市场竞争一触即发，谁反应慢谁就面临淘汰，虽然布丁酒店移动终端APP预订刚突破10%，但上升的趋势非常快，降低的OTA费用可以更好地实现客户体验，进而带动更多的APP订单。经济型酒店如何调整渠道策略，

结合移动互联网技术应用，应做好以下几个方面。

1. 产品服务定位调整，建立注重个性服务的体验空间

（1）在标准化服务模式的基础上，增加个性化服务内容，顾客通过移动预订系统选择有偿服务。

像 7 天等连锁酒店，服务的内容简单固定，在前些年小酒店林立，质量、卫生没有保证的环境下，性价比高的 7 天连锁酒店获得快速发展。但越来越多的客户在追求性价比的同时，个性化需求得不到满足，在经济条件允许的情况下已经不会选择 7 天酒店住宿。如何增加个性化服务呢？

首先，要利用预定系统引入定制服务内容，顾客根据自己需求有偿选择，比如 WIFI 服务、熨烫工具、饮料小食、叫醒设置、的士服务等等。酒店应与本地资源建立全套的服务体系，有偿提供，不仅不会增加成本，还会提高满意度，带来多次消费。其次，建立不同产品级别的店面，虽然 100－300 元是国内经济型酒店主打价格，但依然距离可以提供舒适感受的国际星级酒店价格有一定空间，很多商务人士愿意付出较多价格享受较好的产品体验，经济型酒店不应该放弃这部分市场。

（2）针对不同的店所处的环境，设计不同的住店体验感受。

居住过经济型酒店的客户都知道，居住感受是非常差的，小小房间只能窝在床上看电视，对于经济型酒店主流的年轻群体来说，无异于一种折磨，甚至有些酒店处于主干道旁，噪音严重影响客户睡眠，以低价赢取的客户体验是非常糟糕的。首先，可以借鉴台湾诚品书店的生态圈模式，引入一系列配套供应商，如迷你咖啡吧、创意用品店、本地特色特产直销店等等。

其次，设立基于移动互联网的娱乐体验空间，可以借鉴航空系统的娱乐体验空间，移植到店面娱乐平台上，住店客人可以免费接入，看电影、打游戏、欣赏音乐等等。客户可以在简单房间进行一定的娱乐体验。

2. 经济型酒店需调整整体渠道模式，直销为主，分销为辅

自有渠道与 OTA 之争必然愈演愈烈，虽然非连锁单店无法与 OTA 抗衡，但这些小型单体店被同盟化的趋势也已明朗。自有渠道的铺设不仅关系到经济型酒店的核心利润，而且是能否长久生存的关键因素。自有渠道的铺设要以移动互联网为基础，在推广策略上要多样化，形成社会化营销氛围，降低费用。

3. 经济型酒店要重点打造以下几个自有渠道

(1) 自有散客组织，借助微信等免费移动网络平台建立社会化营销。

首先结合地图功能在搜索引擎进行推广，建立移动网页面预定通道，结合第三方支付实现预定。其次，借助微信这类的免费服务平台推广，实现微信预定，并通过第三方支付实现交易。

(2) 会员服务体系与APP预定系统的完美结合。

愿意在移动终端下载APP软件的用户，一般都是有过住店体验并且在PC网站注册会员的客户，不能孤立地看待会员服务体系以及APP预定系统。APP软件系统必须是以会员服务为基础的平台，积分的兑换、抽奖活动、优惠措施的领取等等都要以APP来实现，同时特别重要的是APP平台必须融合其他吸引客户关注的内容，比如类似微信朋友圈的会员游戏排名、前文所说的会员娱乐系统体验、创意产品售卖、各地特产展示、旅游产品推广等等。让APP成为基于连锁酒店客户群的生态圈，会员可以使用这个平台完成多种需求，酒店也可以在此中获得收益。

(3) 基于APP大客户服务系统，为协议单位客户提供完善配套服务。

协议客户一直是经济型酒店的软肋，配套的不完善损失大量会务客户。在沟通平台完善的今天，酒店可以与会场服务、租车服务、餐饮服务等机构形成联盟，借助APP平台打造大客户服务平台为协议单位建立沟通机制，实现相关单位的会务需求，整体解决吃、住、行、开会问题。对于协议单位散客，也可以通过APP实现快速预定。

4. 辅助渠道的移动互联网思维策略调整

(1) 移动OTA模式。

移动网络第三方支付功能以及微信的银行卡支付功能已经为移动互联OTA提供了发挥的空间。对于移动OTA模式，一种是传统PC端OTA的移动互联网化，这种一般都是简单的PC端复制，比如携程网推出了APP，但没有真正实现移动互联网的优势。使用PC端的客户往往是出发前，通过条件搜索、推荐实现预定。但移动终端最大的优势是实时位置定位功能，移动OTA应该着力实现通过位置推荐酒店功能。另外一种类似于微信商城的移动OTA模式是经济型酒店要重点关注的，虽然微信平台不是旅游服务商，但可以实现类似天猫的酒店预定销售，客户可以通过微信商城提前锁定客房，或者有住店需求时实时在微信商城实现预定，经济型酒店必须对微信商城这种移动端的卖场进行深入合作。

（2）旅行社模式调整。

因为利益分成、酒店房源不确定、配套服务等问题，国内旅行社往往与经济型酒店合作规模不大，反而大量的中低端单体店与旅行社合作深入，如何打破这种模式，使得经济型酒店能够吸引大量团队客户？首先，酒店与旅行社建立沟通平台、合作机制及利益分配机制，根据旅行社发团计划提前配置酒店客房。其次，经济型酒店必须完善旅行团所需的餐饮、车辆服务。再次，利用移动 APP 实现与旅行社具体的事务对接功能，快速响应旅行社需求。

（3）酒店联盟新模式。

大量的非连锁经济型酒店依托于传统 OTA 以及旅行社，客源并不稳定，同时付出高昂中介费用。而大型连锁经济型酒店在旺季往往会有大量的客户损失，很多单体店又不能满客，这就为大型连锁酒店提供一种联盟模式，连锁酒店输出管理标准，将这些单店纳入预定管理，收取相应提成，与 OTA 分享佣金收入。这不仅可以解决自身客源浪费问题，同时可以形成强大生态圈，提高竞争力。

移动互联网战略对经济型酒店的营运具有重大意义。经济型酒店作为一个传统行业，应用移动互联网不一定马上会有效果，这需要有一个过程。但移动互联网的大趋势不可逆转，是转变观念，紧跟潮流满足客户需求，还是停滞不前，固守传统，这不言而喻。经济型酒店企业首先要有高瞻远瞩的想法，把移动互联网应用到拓展渠道，放到一定的战略高度，组建团队，开发产品、运营产品，慢慢地去经营和累计客户，建立客户、酒店、周边商家共赢的生态圈，这样才能将企业做大做强。

任务评价

单元 2　任务评价方案

评价项目	序号	考核项目及分值比例	评价标准	考核方式及单项权重		
				学生自评	组员互评	教师评价
通用评价指标（50%）	1	工作计划性（10 分）	工作计划与具体实施情况偏差较小，并在必要时能合理调整计划保证顺利完成任务。	10%	10%	80%

续表

评价项目	序号	考核项目及分值比例	评价标准	考核方式及单项权重		
				学生自评	组员互评	教师评价
通用评价指标（50%）	2	实施过程（20分）	正确理解任务并按时、保质完成任务。分析方法正确，准确填写管理表单。	10%	10%	80%
	3	成果汇报与语言表达（5分）	汇报内容完整、表述清晰、语言流利，回答问题正确、熟练。	10%	10%	80%
	4	答辩情况（5分）	团队成员熟悉内容，能很好地完成各评委的提问。	—	50%	50%
	5	工作态度（5分）	纪律性好，主动积极，认真负责，勤学好问。	10%	20%	70%
	6	团队合作和协作（5分）	与小组成员和谐合作，主动承担分工，合理处理人际关系并能协助他人完成工作任务。	50%	25%	25%
任务评价指标（50%）	7	酒店经官环境SWOT分析（50分）		10%	10%	80%
		酒店简介及目标市场分析（8分）	酒店基本概况介绍，现有目标市场及拟开拓市场分析。	10%	10%	80%
		酒店营销环境趋势简析（7分）	能考虑未来趋势在外部环境中寻找，对外部各项环境的把握准确，有数据，有依据，分析得当。	10%	10%	80%
		酒店现有渠道（15分）	调查具体、得当、准确。	10%	10%	80%
		酒店渠道点评与构建思路（20分）	与前面的分析之间具有逻辑性，对策具体、有针性，能符合趋势，符合渠道管理的指导思想，有一定的独创性。	10%	10%	80%
总　　分						
团队排名						
是否进步						

任务实施自查

单元2 任务实施进程自查表

任务负责人		时　　间	
计划			
组织			
领导			
控制			
得失			
改进措施			
管理感悟			

单元3　拜访酒店潜在顾客

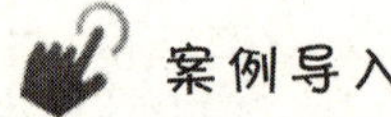

案例导入

好梦酒店的销售额近来开始下降。该酒店拥有客房112间，由于老员工频繁跳槽，新来的销售部员工经验缺乏，内心急切的销售部经理桑德拉·塞威开始培训其中一名新销售人员约翰·纽比。

第一次培训在桑德拉的办公室进行，桑德拉说："约翰，在销售我们的酒店产品时你必须明白你在销售什么和怎样吸引潜在顾客。"

"这很简单，我们销售的是客房。"约翰回答。

"没错，"桑德拉说，"但是并没有这么简单。要成为一名成功的销售人员，你必须清楚地知道酒店的特点，以及它是如何使顾客获得收益和满足顾客的特定需求的。"

"您的意思是？"

"你怎样向一位从没有来过好梦酒店的顾客描述酒店？"桑德拉问道。

"噢，"约翰回答道，"酒店建筑是三层，有112间客房和外走廊。您指的是这些信息吗？"

"这只是最基本的。其他的呢？"

"嗯，让我想想，"约翰继续道，"酒店有游泳池，而且房价非常合理。我们还提供丰盛的免费大陆式早餐。"

"是的，"桑德拉说，"有关酒店的地理位置呢？"

"我想我明白您的意思了，"约翰热切地说道，"我们为宾客准备了投币的洗衣房。酒店处在毗邻商业区的城市近郊，这个地区非常安全。而且酒店靠近州际高速公路。虽然酒店不提供食品和酒水，但酒店附近有很多家庭餐厅和便利店，步行即可到达。"

"很好！你开始说到要点上了，"桑德拉说，"一些其他的信息你可能要对潜在的宾客提及，比如酒店最近的更新改造，我们花费15万美元对客房进行的更新，提供的免费电影以及无烟客房。这些可能看起来很小的事情，对有些顾客来讲可能很重要。关键是我们要找出顾客的潜在需求，并且与酒店的特点联系起来，告诉顾客我们怎样使他们受益。”

“所以，我们并不是仅仅告诉顾客有客房可以出租，对吗?”约翰问道。

“对，那样做只是告知型销售，”桑德拉边摇头边说道，“你要知道，那是缺乏新意的销售员的做法。销售的成功在于与顾客达成双赢。了解顾客的需求，对顾客描述与其需求相关的酒店的特色。不要进行虚假宣传。你仅仅是努力将酒店具备的条件与顾客的需求匹配，描述有关我们如何使顾客的需求得到满足。这样可以使我们与顾客建立起长期的关系，有利于酒店在未来提高客房出租率。”

约翰想了几分钟，回答道：“听起来是这么回事。”

“当然。你会惊奇地发现自己的成功就是因为简单地听取了顾客的需求，向他们描述酒店如何满足他们的需求，并使用一些很平常、很礼貌的方式。”桑德拉说。

“平常的礼貌，”约翰说，“我会使用。我总是说‘请’和‘谢谢’。”

“不仅仅是这些，”桑德拉说，“一些简单的做法会使顾客印象深刻，并帮你赢得生意。比如在前厅问候顾客，或者在停车场迎接顾客并引领他们到前厅，不要让他们到前厅去找你。在参观酒店过程中，向酒店的经理和员工介绍顾客，你会惊奇地发现这些小细节有多重要。”

“那么，怎样知道潜在顾客的需求呢?”约翰问。

“这很简单——直接问他们！花时间去了解市场。我在与潜在顾客接触之前会做些简单的调查，所以会有一些想法。调查不仅是帮我做准备，同时表明我关心顾客的需求，而不仅仅是关注销售。因此，当你带着潜在顾客参观酒店时，要简单地了解他们觉得酒店的哪些方面很重要，并及时回应，向他们介绍本酒店能满足他们需求的相关特点和特色。”

“我想我有些工作需要安排。”约翰回应道。

从案例中可以看出，准确了解客户的需求是成功实现酒店销售的重要环节，那么该如何准确把握顾客需求呢? 完整的酒店销售拜访过程是怎样的? 每一环节需要做些什么，又该注意些什么呢? 这些都是本任务中将要讨论与完成的问题。

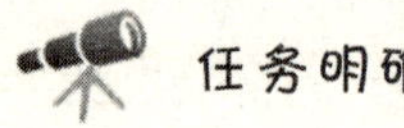

任务明确

单元3 任务单

任务描述	以小组为单位，接3—1任务，选择某一市场（旅行社/商务客户等），进行模拟销售拜访。
成　　果	销售拜访方案设计。 情景小短剧。
具体工作过　　程	开始：承情境3—1任务，团队选择本次任务的任务实施负责人。 过程：根据本情境的任务要求，选择某一特定的拜访对象，做好拜访前的各项准备工作，分角色进行销售拜访演示。任务实施负责人要填写项目实施进程自查表。 评价：各小组就所完成任务的计划与实施过程作总结，准备PPT并进行汇报与评价。
具体工作任　　务	1. 确定本项目负责人，开会商议工作计划。 2. 本项目负责人为全组成员讲解人员销售拜访的相关知识。 3. 设计销售拜访个人商务形象。 4. 确定销售拜访开场方法与开场白内容。 5. 确定进行本酒店产品介绍相关说辞。 6. 讨论并列明客户的可能异议，并列出异议处理方案。 7. 讨论达成交易的说辞。 8. 讨论结束销售拜访的说辞。 9. 依据步骤3—步骤8的过程，小组成员分角色排练情景剧（10分钟内）。 10. 小组成员在全班表演情景剧，项目负责人进行汇报小结。 11. 项目负责人总结得失，填写项目实施进程自查表。
需填写的表　　单	1. 填写引导文答案概要（见预习指导）。 2. 工作（项目）实施进程自查表。 3. 工作（项目）评价单。
建　　议	项目负责人在汇报时重点汇报在小组情景模拟中没有涉及的或是特别关键需详细说明的内容，无须面面俱到；模拟时销售人员请依据团队所设计的个人商务形象进行演出。

预习指导

1. 登陆课程学习网站，观看视频《销售拜访、电话营销技巧》，对要点进行记录。

视频位置：课程学习网站──→视频资源──→课程学习同步参考系列──→

情境三——→销售拜访——→销售拜访、电话营销技巧

2. 根据如下引导文，阅读教材“知识讲解”内容，并尝试在空白处回答相应的问题。

预习引导文	读者自学后回答
1. 什么是人员销售？	
2. 人员销售有哪些优缺点？	
3. 完整的销售拜访由哪些环节构成？	

知识讲解

酒店人员销售是有效促进销售的一种主要方式。酒店销售人员直接与客人交流沟通，推销酒店的产品、服务，解释或答复对方的疑问，与客人保持双向交流，人员销售与广告推销最大的区别是单向交流，酒店只能通过广告为客人提供产品和服务信息，但无法得到客人的信息反馈。而人员销售时营销人员与客人之间彼此互通信息，营销人员在为客人提供信息时，又能从客人那里得到反馈信息。

人员销售的好处是直接接触，酒店与客人保持畅通的交流渠道，提高客人对酒店产品和服务的满意度。通过销售，能够争取潜在的客人购买酒店产品，提高酒店产品利用率。经常性与客人直接接触，可以增进人际关系，加深双方的了解，建立融洽的关系，加深对酒店的印象，增强吸引力，进而争夺客源。

人员销售直接与客人接触，向客人提供面对面的服务，如介绍酒店产品及服务、提供方方面面的信息，解决疑难问题，提供各种帮助，诱发客人的购买动机，及时捕捉机会，劝说与鼓动客人购买酒店产品，促成当场预订，直接成交。

销售人员与客人之间的交流，不仅是信息的双向沟通，还提供了面对面的服务。久而久之，加深了销售人员与客人之间感性的交流，建立了友谊，形成长期友好的合作关系，维系住稳定的客源。此外，销售人员直接与客人接触，能够及时收集客人的意见和竞争对手的情况，有利于酒店调

整销售策略、改进服务程序、提高服务质量，并增强酒店的竞争力。

不过，人员销售也有不足之处：人力资源成本偏大，费用过高。有时会效率低下。营销效果与营销人员的素质高低有关，会出现“成也萧何，败也萧何”的情况。这些取决于对营销人员的选择、任用及发挥上。

一、销售前的准备

酒店销售人员在拜访客户或洽谈业务之前，一定要准备好酒店的简介如宣传小册子、价目表、酒店设施设备和服务项目图文并茂的介绍、预订单、明信片、销售记录卡、名片及有关酒店产品和服务的各种资料。

重点客户或大的客户访问要拟订销售访问计划，要明确访问的目的，访问前要明确访问的对象及要达到什么目标，拟好要点，按顺序排列，依次执行。比如你访问的目的，或是为了获得订单，或是为了达成某个协议，希望被访者租用酒店的宴会厅、会议室或是想通过被访者介绍新的客户。

销售人员不可能拜访所有的潜在客人，只能通过筛选，排列出顺序，根据具体情况做好准备，明确对方的需求，知己知彼，提高访问的成功率。对客户的筛选要根据酒店销售目标确定，如果商务客人或散客减少，则要加强与旅行社或中间商的联系，争取旅游团队的客源。淡季散客少时，可以多接待一些团体或会议客人。

二、拜访客户

确定拜访客户的时间、方法，做好谈话提纲，确定销售的方式。

拜访过程如下：

(1) 问好。对老客户问好后顺便提及以前交往的印象如何，有何建议；对新客户，先自我介绍，态度热情诚恳大方，彬彬有礼地送上名片。

(2) 礼貌和技巧性地客套问话：“打扰您了”或“没打扰您吧?”“能占用您几分钟时间吗?”让对方有所准备，不致反感，或回避访问。

(3) 开门见山，说明来意。对老客户，首先感谢客人的支持，顺便递上酒店新产品或服务的介绍资料，征求改进意见；对新客户，应送上酒店详细的介绍资料，要察言观色，揣摩对方心理，赢得对方的好感，引起对方的兴趣，介绍酒店产品和服务，包括优惠及折扣，争取客人对预订的明确答复，随之抓紧时间签约，然后向客人道谢。但销售人员在洽谈时不可操之过急，不能让对方产生一种你来推销的印象，特别是潜在的客户。必要时可以聊聊双方关心的问题或感兴趣的话题，密切双方的关系，拉近距离。

（4）销售人员在销售时说话不能迟疑不决，或是吞吞吐吐，否则会影响到对方对你的信任度。销售时不要采取强迫的推销方式，潜在的客人愿意自己购买，而不是被动地购买。循循善诱的沟通方式比较容易为客人所接受。

（5）客人对酒店产品或服务有抱怨、投诉时，要虚心接受，表示歉意，并表示下次一定让客人满意。不要辩解、不要解释，即使你没有错，或错在客人。处理得当就缓解了矛盾，平息了对方的怨气，争取了再次预订的机会。

小模拟

假设你是广州南沙大酒店的一名销售经理，主要销售客房、宴会、会议产品，分管广州所有外资大企业市场，根据下面的背景提示，思考并完成小模拟。

阿斯利康中国区总部位于上海，在中国内地主要城市设有 23 个办事处，业务覆盖中国香港特别行政区，现有员工逾 3500 人，分布在生产、销售、临床研究和新产品开发等领域。阿斯利康坚持“立足中国，长远发展；立足中国，全球共享”的理念。2001 年，阿斯利康在无锡投资 1.34 亿美元，建设了阿斯利康在亚洲最大的生产基地。2006 年 4 月，公司宣布向无锡工厂追加 3500 万美元投资，以进一步提高产能。2008 年，阿斯利康宣布在无锡供应基地再追加投资 5000 万美元用于引进全球制剂生产设施，建立区域包装中心和高科技收发中心。

阿斯利康的使命是开发、供应和推广优势治疗领域中富于创新、质量上乘的医药产品。高速增长的阿斯利康中国销售业绩屡创新高，已经成为中国处方药市场最大的跨国制药公司。

情景模拟题：

1. 假设你是广州南沙大酒店的一名销售经理，主要销售客房、宴会、会议产品，分管青岛所有外资大企业市场，当你找到一个潜在客户——阿斯利康制药公司广州地区总经理张先生后，哪些关键信息资料是你在与客户进行初次接洽前应该掌握的？

2. 现在你需要预约张先生的拜访时间，你将如何做电话销售开场白？

3. 现在你已经预约了张先生，马上登门拜访，你将如何做面对面开场白？

4. 在拜访张先生时，你将提问哪些问题？

5. 你在拜访张先生时，他向你表示阿斯利康希望5月在广州红棉中餐厅搞一次全球各个阿斯利康分公司总经理年会和鸡尾酒会，你为了争取这笔生意，决定向其推荐选择红棉的中餐厅作为年会的举办场所，户外大草坪作为鸡尾酒会的举办场所，下面你将如何向其进行销售展示？

6. 张先生担心在户外草坪上举办鸡尾酒会，会有蚊虫叮咬、寒冷、下雨等问题，何况来自世界各地的总经理们饮食习惯众口难调，以前没有在户外举办活动的经历，不知是否会赞同你的创意，你怎样消除异议，顺利成交？

三、拜访后的工作

拜访活动结束后，立即填好记录卡，对预订的情况立刻向有关部门如前台部、客房部、餐饮部、宴会部等通报，做好接待安排计划，对贵宾要填贵宾卡，拟订接待规格。对客人的多种要求，要尽量满足。对客人的投诉，要记录在案，并尽快处理，将书面材料送达相关部门或领导。

四、销售注意事项

1. 销售人员在销售时，要明白一个理念：我们不是在向客人销售房间或餐厅，而是在向客人提供舒适、享受、豪华的环境，在向客人提供一段愉快的经历。对于不同价格的客房，应强调其不同的设施和服务，报价时可以采用先报基本房价，再加服务费、再加税额，不要只报总价格，给人以显得不合理或价格太高的感觉。也可采用“三明治”报价法，即一项一项服务报价，而不是先报总价。

2. 对于不同的客房，要说明其优点和缺点，不要掩盖缺点，更不要欺骗客人。但缺点要一带而过，详细地说明其优点和特点，如套房要强调豪华舒适，便于社交或商务活动，够气派，靠近走道或电梯的客房强调进出方便，无窗的客房强调其清静和安全等。

3. 推销附加服务。客人白天入住时，可以介绍康乐中心的服务项目。美容厅或桑拿浴及餐饮服务，客人夜间入住可以介绍房间用膳服务、娱乐服务项目、餐饮特色项目等。

4. 争取每一个客人。要尽量向客人提供信息，便于客人选择。详细介绍酒店的产品和服务，陪同客人参观房间及营业场所和各种服务设施，让客人身临其境，深刻地感受，才便于选择。对性格内向、不善言辞的客人要耐心介绍，实事求是地提供信息，帮助对方作出决策；对于有主见的客人，介绍完毕后让他自己考虑并作决定。

5. 向客人销售时，要察言观色，要看销售对象，根据客人的需求来介绍。生动描述酒店产品的优点以及能够给予客人的便利，还有附加的心理方面的满足感，介绍得当会取得较好的效果。

6. 在销售中，要避免讲“我不知道，让我查一查”，这会让客人感到你业务不熟。要尽快记住客人的名字，称呼客人的名字，使客人感到亲切。

7. 酒店人员销售常用策略

（1）招徕——先介绍酒店产品和服务的特色，再介绍价格，即使客人感到价格太高而选择低一档的价格的情况下，也许前者的特点或服务在客人心中留有印象，以后有机会也会愿意尝试一下。有时，客人在比较了价格和服务之后，还会重新选择前者。这是招徕产生的影响。

（2）吸引——带客人参观各种档次和规格的客房、餐厅及服务设施，或让客人试用，或品尝某些菜肴和点心。客人品尝了美味食品，或受到温馨典雅环境的吸引，对价格也就不那么关注了，这就是一种吸引的策略。

（3）包围——在接待客人时，将接待逐步升级，先是销售人员出面，再是销售部经理出面，再是销售总监出面，最后是老总出面，使对方感到受到极大的重视，处于酒店要职的包围之中，不得已就范。

（4）滚雪球——利用长住客人或 VIP 客人的口碑或影响，提高酒店知名度，扩大客源队伍。许多酒店的商务客人或散客是由长住客介绍进来的，这一比例高达25%，酒店的长住客或常客成为酒店义务推销员，起到了积极的作用，所以酒店要定期或不定期地拜访长住客或常客，关心他们，节假日时要问候他们或邀请他们参加节庆活动。

资源扩展

嘉度皇冠商务酒店销售拜访工作流程

<table>
<tr><td colspan="2" rowspan="2">政策与程序　　嘉度皇冠商务酒店营销部</td><td>索引号</td><td>PP－SM 0001</td></tr>
<tr><td>页数</td><td>1－1</td></tr>
<tr><td colspan="2">分发：营销部</td><td>制定</td><td>2013－07－10</td></tr>
<tr><td colspan="2">主题：销售工作规范</td><td>修订</td><td>2013－07－10</td></tr>
<tr><td colspan="4">政策：根据规范完成工作</td></tr>
<tr><td colspan="4">拜访销售工作流程</td></tr>
<tr><td>项　目</td><td colspan="3">规范内容与要求</td></tr>
<tr><td>准备工作</td><td colspan="3">(1) 预约客户，挑选方便合适的时机见面。
(2) 查看该公司的档案及客户入住饭店的情况。
(3) 出访前检查本人的仪表仪容，检查携带的宣传资料和本人名片，填写外勤单。</td></tr>
<tr><td>出　访</td><td colspan="3">(1) 礼貌问好致意，说明拜访来意。
(2) 鼓励和听取客户详谈他们的需求和期望。
(3) 简单复述客户的要求和期望，列举饭店能够让客户满意的条件和设备。</td></tr>
<tr><td>了解情况</td><td colspan="3">(1) 了解客户公司的情况。
(2) 判别客户是否能成为酒店的目标市场。</td></tr>
<tr><td>介绍饭店</td><td colspan="3">(1) 针对客户要求介绍酒店，对特色作重点介绍。
(2) 引导客户对酒店及其特色产生兴趣。
(3) 在符合客户需求大体一致的情况下，阐述将给客户带来的利益和方便，承诺满足客户需求的具体方法，恰到好处地对待和处理客户的疑问。</td></tr>
<tr><td>小　结</td><td colspan="3">(1) 热诚帮助客户选择决定，包括假设的决定、推荐的决定，最终的决定。
(2) 确认客户的决定并进一步征询有否其他要求。</td></tr>
<tr><td>结束工作</td><td colspan="3">填写客户拜访情况报告，并将重要信息记录客户档案。</td></tr>
<tr><td colspan="2">签发：
营销部经理</td><td colspan="2">批准：
总经理</td></tr>
</table>

酒店如何推销特价产品

酒店经营者可以使用特价服务和打包产品来满足当地用户需求和市场特性，还能使用这些产品来实现酒店特定目标。

所有酒店都会提供一些浪漫产品套餐和特价早餐服务，但酒店提供的特价和促销产品能否有助于提升其声誉，并使其脱颖而出？酒店经营者不仅可以使用特价服务和打包产品来满足当地的用户需求和市场特性，它们还能使用这些产品来实现酒店的特定目标。

一、了解你的客户

你的酒店通常会吸引更多商务旅行者还是休闲旅行者？或者这两类客人的数量相当？是不是更倾向于吸引更多家庭或夫妻客人入住酒店？你应该了解酒店吸引哪些旅行者，这样你就可以更清楚酒店的不足之处，以优化你的产品。

1. 酒店的顾客需要什么

假设酒店最主要的客源市场离酒店不远（顾客开车就能到达），如果你能提供免费的停车位，那顾客很可能就会有兴趣入住酒店。如果你想吸引更多商务旅行者，那你就必须确保你的商务打包产品中包含免费的无线上网和接送服务，并在酒店网站上清晰地显示这些内容。

如果你想吸引更多休闲旅行者，那你就要进一步地深入调查：他们是带孩子的家庭还是夫妻？夫妻可能会对酒吧的饮品优惠券感兴趣，而家庭则对免费儿童套餐等促销或其他市内活动更感兴趣，例如 4 张博物馆门票。但你必须认真考虑顾客到底需要什么，如果你没有经过考虑就随便将一些产品凑成打包产品，那这一产品的相关性将是很低的，也无法取得好的销售业绩。你应该对酒店内的设施、当地的机会以及业务合作关系进行分析，以创建一些真正能卖得出去的打包产品，否则，在特色服务和促销产品页面上展示不具有价值的产品也只是浪费空间。

2. 与旅行者建立联系

如果你在考虑入住酒店的旅行者们的真正需求，那就是说你正试图与旅行者建立联系。你可以通过创建一些特价产品来加强酒店与长住客（指入住时间较长的客人）和回头客之间的联系。如果你的酒店是一家机场酒店，或者你的酒店位于机场附近，那你就可以利用该优势来获得航空公司员工这些常客的业务。如果你的酒店是一家配有大面积厨房的全套房酒店，那你就必须确保酒店能针对长住客和因为工作原因搬家的客人提供相应的延住特价。如果这些顾客的入住时间延长，你的酒店就有可能获得可观的收入，你的员工也有机会在顾客入住期间不断为他们提供优质服务。在上述两个例子中，增值的打包产品并不是必要因素，但如果你能提供特价产品，那你就有很大机会与回头客和长住客建立联系。

二、清楚酒店的目标

除一般的浪漫产品套餐以外，酒店的确应该提供其他特价产品，但在酒店网站上添加特价产品并不能起到太大的作用。你必须思考酒店真正需要什么及其希望实现什么目标。

1. 入住率

如果你需要填满房间，但不能拉低最优可用价格，你还是可以在营销活动中强调某个打包产品能使顾客节省多少费用。你可以尝试推出费用减免打包产品，现在顾客至少需要支付 50 美元来使用代客泊车服务和无线网络，因此你可以提供一个打包产品，为顾客节省这些费用。酒店信用额也具有类似的作用，如果顾客预订了一个客房间夜，那他/她就能获得 25 美元的代金券，并使用这些代金券在酒店的水疗、餐厅或酒吧消费。这种做法不仅能为酒店的各种设施创造更多收益，还可使顾客获得免费的信用额，为他们的度假提供更好的体验。

2. 酒店可以在周日提供度假产品

酒店在星期天相对没有那么忙碌，但这并不意味着你的酒店在周末将要结束时可以不做任何事情。你可以针对延长入住时间的顾客提供特价产品，以鼓励他们在周日也入住酒店。如果顾客的入住时间是周五和周六，那如果他们周日也入住酒店，那就能获得特惠价格。你甚至还可以融入季节性因素或当地特色。如果你想要延长整体的顾客入住时间，那你可以针对一周内的任意一天提供这类产品。

为了提升周日的入住率，酒店还可以推出周日休闲度假活动。你的酒店在周日可能没什么客人，因为他们都驾车或乘坐飞机回家了。但你也可以吸引当地人入住酒店，居家度假越来越受欢迎，出外旅行的花费颇高，如果人们能脱离自己平时度过周日的方式来迎接新的一周，那也是一个不错的选择。为当地人增添周末的乐趣，酒店可以推出周日度假活动，提供晚餐和水疗代金券等服务，让当地顾客忘记日常的劳碌，使他们更好地迎接周一的来临。

3. 销售滞销库存

是不是从来没有顾客入住过你的总统套房？你应该针对滞销库存来设计特定的打包产品。通过提供一个更具针对性的打包产品，你可以制定一个特惠的价格来销售那些真正需要销售的库存。阶梯式的特惠价格在酒店需要销售客房的情况下是比较有效的。例如，你可以针对新的特价总统套房产品设计特定的预订窗口，并针对每个不同的窗口提供特定的折扣。如果顾客提前六周预订该产品，那酒店将为他们提供 7 折优惠。如果顾客提前一个月或两周预订该产品，那酒店将为他们提供 8 折或 9 折优惠。

三、销售酒店的特价产品

当你策划好所有打包产品后，你就需要销售这些产品。你当然可以选择通过酒店宣传单、QR 代码和具有吸引力的酒店相关资料等线下渠道来推销你的特价产品，但你必须提升酒店的在线知名度，确保酒店的特价产品页面具有较高的能见度。

1. 充分利用酒店品牌网站来推销特价产品

如果你投入了时间去设计优秀的打包产品，却没有把这些信息在品牌网站发布，导致最优价格保证无效，你一定不想看到这样的结果。因此你要确保特价产品在酒店品牌官网（特价产品页面和预订系统）上显著的位置显示。如果你可以在酒店品牌网站上添加横幅广告，那你就可以使用一些在视觉上具有吸引力的相关照片来设计广告，以推销某个特定的产品。

2. 在线旅游代理商、第三方和其他相关网站

在在线旅游代理商和其他第三方网站的列表上显示对酒店提升在线知名度带来非常重要的影响，因此你必须在这些渠道上展示你的特价产品，确保这些产品能被更多潜在顾客看到。你应该与酒店的在线营销经理进行合作，突出显示你酒店的季节性或当地打包产品，并在针对商务旅行的网站（如 CVENT 和 HotelPlanner）上展示自己的特价商务产品。

如果你的酒店信息能在 TripAdvisor 的商家列表中显示，那你不仅可以突出展示某个特价产品，该列表还会提供一个链接，用户点击该链接后将看到酒店品牌网站的特价产品页面。你还应该利用相关的网站和博客，因为这些平台认为你的特价产品对其访客和读者来说是有趣且有益的。上

述网站和博客将把高质量的访客引导至你的预订渠道，因此你可以根据特价产品所针对的特定顾客类型或特征来进行营销。

你可以看看一些当地的会议与旅游局网站是否能为自己的酒店提供曝光的机会，你还应该寻找针对细分市场的合作伙伴。如果你正在策划一款关于宠物主题的特价产品，那你就应该寻求与一些宠物友好型的旅游网站进行合作，它们也会很有兴趣与你进行链接。这不仅将使你获得额外的曝光度，还将为你提供在其他网站创建跳转链接的机会。你还可以使用社会媒体渠道来推销具有吸引力的新打包产品。

四、让你的特价产品变得特别

你需要针对酒店的需求和目标、根据这些元素来设计产品和通过在线渠道来有效地进行推销，这样你在酒店采取的一些有趣的做法就能吸引访客。上述规则能帮助你的酒店推出成功的营销活动，增加酒店的曝光度，并最终提高入住率和收入。

资料来源：环球旅讯（2012-07-23，wing 编译）
http：//www.traveldaily.cn/article/63056.html

任务参考

序号	名　称	参考视频地址
1	情景模拟视频：销售拜访	视频位置：课程学习网站⟶视频资源⟶课程学习同步参考系列⟶情境三⟶销售拜访
2	客户拜访技巧	视频位置：课程学习网站⟶视频资源⟶课程学习同步参考系列⟶情境三⟶销售拜访⟶客户销售拜访

任务评价

单元3　任务评价方案

评价项目	序号	考核项目及分值比例	评价标准	考核方式及单项权重		
				学生自评	组员互评	教师评价
通用评价指标（50%）	1	工作计划性（10分）	工作计划与具体实施情况偏差较小，并在必要时能合理调整计划保证顺利完成任务。	10%	10%	80%

续表

评价项目	序号	考核项目及分值比例	评价标准	考核方式及单项权重		
				学生自评	组员互评	教师评价
通用评价指标（50%）	2	实施过程（20分）	正确理解任务并按时、保质完成任务。分析方法正确，准确填写管理表单。	10%	10%	80%
	3	成果汇报与语言表达（5分）	汇报内容完整、表述清晰、语言流利，回答问题正确、熟练。	10%	10%	80%
	4	答辩情况（5分）	团队成员熟悉内容，能很好地完成各评委的提问。	—	50%	50%
	5	工作态度（5分）	纪律性好，主动积极，认真负责，勤学好问。	10%	20%	70%
	6	团队合作和协作（5分）	与小组成员和谐合作，主动承担分工，合理处理人际关系并能协助他人完成工作任务。	50%	25%	25%
任务评价指标（50%）	7	销售拜访情景模拟（50分）		10%	10%	80%
		个人商务形象（5分）	要点准确，关键资料不遗漏。	10%	10%	80%
		开场（5分）	分析具体、得当。	10%	10%	80%
		产品介绍（5分）	能根据顾客的需求进行针对性介绍，介绍语言生动，资料齐全。	10%	10%	80%
		异议预测（5分）	异议预测合理、全面。	10%	10%	80%
		有效处理异议（5分）	处理异议方法得当。	10%	10%	80%
		促进成交（5分）	能掌握时机进行成交推进。	10%	10%	80%
		结束拜访（5分）	结束得当，给人良好的最后印象。	10%	10%	80%
		情景（5分）	正式、严肃、体现知识与技能的运用。	10%	10%	80%
		情景讨论（10分）	能根据上面的情景演示，进行总结并就情景所蕴含的要点进行讨论。	10%	10%	80%
总　分						
团队排名						
是否进步						

任务实施自查

单元3　任务实施进程自查表

<table>
<tr><td>任务负责人</td><td colspan="2"></td><td>时　　间</td><td></td></tr>
<tr><td>计　划</td><td colspan="4"></td></tr>
<tr><td>组　织</td><td colspan="4"></td></tr>
<tr><td>领　导</td><td colspan="4"></td></tr>
<tr><td>控　制</td><td colspan="4"></td></tr>
<tr><td>得　失</td><td colspan="4"></td></tr>
<tr><td>改进措施</td><td colspan="4"></td></tr>
<tr><td>管理感悟</td><td colspan="4"></td></tr>
</table>

情境4　策划酒店促销活动

单元1　策划酒店广告

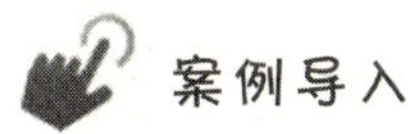

案例导入

2010年6月3日，香格里拉酒店集团在全球隆重推出其全新制作的品牌形象电视广告。广告主题为“至善盛情，源自天性”，广告创意大胆、风格前卫，向受众传达了香格里拉在过去40年里所恪守的独特服务理念。

由奥美和国际知名商业导演布鲁诺设计创意，该广告将观众的视线带入极端的自然环境地区，只为传达一个简单而普遍的真理——至善真诚，莫过于对陌生人送上无微不至的关怀。

广告外景选在积雪覆顶的雪山上，故事由一个迷路的旅行者在寒冷的暴风雪中苦苦寻找一个落脚点展开。该故事也将在印刷系列广告的其中一版出现，同时推出的还有另外两个印刷版本的广告，分别展现在蓝色海洋中人与海豚嬉戏和一只美丽的天鹅沉浸在神秘奢华世界里的场景，将观众带入一种自然和谐的意境。这些广告展现的画面虽各不相同，但全都传达着香格里拉的品牌价值和承诺：“至善盛情，源自天性。”

“自与香格里拉开始合作之日起，我们就明显地感受到他们的那种与众不同和至善至美的品牌内涵。而我们需要做的就是用触动人们心灵、引发人们思考的方式将它们生动地诠释出来。我们相信香格里拉酒店集团这种独辟蹊径的品牌理念将打破人们对酒店行业的固有认知，为香格里拉在全球范围内提升品牌价值起到关键作用。”奥美执行董事说道。

广告所阐述的品牌价值，体现在香格里拉33000名员工每天的工作中。而且，这种品牌价值将会在香格里拉酒店集团未来在中国和世界各地开业的40多家酒店中一直传承下去。该电视广告将首先推出90秒版本，之后依次推出60秒和30秒的版本，分别在电视、航机、网络及电影院线等媒介播出。此外，观众还可在香格里拉酒店集团网站在线观赏广告的完整版视频（共三分钟）。

从案例中可以看出，越来越多的酒店注重酒店品牌的建设，通过广告向消费者传递酒店的经营理念和酒店文化。那么，什么是酒店广告？什么是广告创意？什么是广告策划？如何来撰写酒店广告策划文案？这些都是本任务中将要讨论与完成的问题。

资料来源：《中国日报》作者：胡美东，略有修改

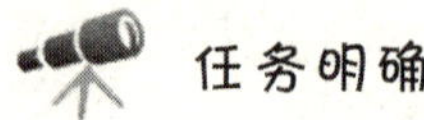

任务明确

单元1　任务单

任务描述	以小组为单位，为本模拟酒店撰写广告策划方案并汇报。
成　　果	××酒店广告策划方案
具体工作过程	开始：承上一任务，团队选择本次任务的实施负责人。 过程：根据本情境的任务要求，网上搜集资料、查找经典酒店广告案例、编写广告策划文案。任务实施负责人要填写项目实施进程自查表。 评价：各小组就所完成任务的计划与实施过程作总结，准备PPT并进行汇报与评价。
具体工作任务	1. 确定本项目负责人，开会商议工作计划。 2. 本项目负责人为全组成员讲解酒店广告策划的相关要点。 3. 依据计划分工收集相关资料并学习。 4. 在对本模拟酒店市场分析、消费者分析以及酒店产品特色分析的基础上，形成确定广告策略：广告目标；进行市场、商品和消费者定位；进行广告定位，确立广告主题；制订广告策略，包括广告表现策略（创意和表达）、广告诉求策略、广告媒介策略（版面、时段、栏目、地点等的选择或组合）。 5、分工完成。 6. 项目负责人进行班级汇报，并答辩。 7. 项目负责人总结得失，填写项目实施进程自查表。
需要填写的表单	1. 填写引导文答案概要（见预习指导）。 2. 工作（项目）实施进程自查表。 3. 工作（项目）评价单。
建　　议	根据本团队拥有的资源构思广告作品，并注意作品可行性。

预习指导

1. 登陆课程学习网站，观看视频《广告策划：SONY》，总结广告策划的一般流程以及关键点。

视频位置：课程学习网站——→视频资源——→课程学习同步参考系列——→情境四——→广告策划：SONY。

2. 根据如下引导文，阅读教材“知识讲解”内容，并尝试在空白处回答相应的问题。

预习引导文	读者自学后回答
1. 广告创意与广告策划的联系与区别？	
2. 如何评价酒店广告的效果？	
3. 如何撰写酒店广告策划文案？酒店广告策划的关键是什么？	

知识讲解

酒店广告策划

一、酒店广告策划的理念

酒店企业广告策划理念中比较重要的就是广告营销理念。酒店企业广告所面向的对象是消费群体，酒店企业只有抓住消费者的消费心理才能实现广告的价值。酒店企业广告要以满足顾客的需要为前提，从而实现企业的销售目标，另外酒店企业广告策划还要树立一定的服务意识。

酒店企业广告策划的理念要考虑到内外部因素，既要把握广告市场的变化动向，还要充分了解消费者的消费需求，只有这样才能促进企业全面科学的发展。

广告设计的服务对象是大众群体，广告策划必须结合外在环境去考虑，这里所指的环境包括许多方面，有经济环境、社会环境等。例如酒店企业广告策划就要从微观和宏观两个方面考虑。微观是从酒店企业自身出发，根据自身的特点和实际情况来策划符合酒店企业形象的广告。宏观则是从广告行业这个大的行业环境考虑。全面分析环境，充分掌握策划的信息，促进酒店企业广告策划的发展。

除了环境理论之外还要关注媒体的作用和特殊性。媒体营销有自己独特的模式和原则，通过媒体来达到营销的目的就必须遵循媒体的相关规定，例如对企业的保密义务等，对消费者的诚实信用如实报道的义务等。这是传媒领域所遵循的最重要的原则。

最后就是广告策划要确定一个明确的市场定位，对于特定的人群指定特定的广告策划。酒店企业的广告策划就要面向大众化的人群，面对一些特殊人群就要采取特殊的广告策划。

综上可知，酒店企业广告策划理念要结合市场经济发展的规律、消费需求的经济理念以及消费服务理念。

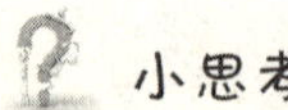

小思考

在生活中你见到的广告媒体都有哪些种类？他们各有哪些优缺点？

二、酒店广告策划的模式及表现形式（媒体）

广告策划都有一定的模式和表现形式。酒店企业在广告策划过程中会采用直接或者间接的方式来对外宣传，一般是通过宣传单或是电视节目等媒体来进行宣传。例如有些酒店会利用电视广播来宣传，这也是广告宣传使用最广泛的一类方法，使用电视这种媒介一般影响范围较大，传播的速度快，效果好，在表达方式上也清晰易懂。

借助多媒体将所要表达的广告内容通过文字和画面结合，具有一定的说服力，为企业树立了完整的形象。此外，酒店还可以利用报纸或是宣传单、杂志来表现，如果电视宣传属于动态的广告，那么杂志、报纸则属于静态的广告形式，通过平面展示企业的相关信息。

日常生活中除了可以通过多媒体，例如电视、电脑获取信息，一般就是通过书面的资料直接获取。有些企业将企业的特殊和基本情况制作成杂志或是在报刊上刊登，以吸引顾客的注意。这种方式不具有较强的说服力和信服力，但是其成本比较低。消费者对于广告的信服度较低，对企业的形象概念比较模糊，不能真正发挥传播的作用，一般情况下不采用此类方式。

企业在广告宣传中最多采用的是在店面内进行广告宣传和展示。比如顾客在餐厅里点餐时，会发一些餐厅的宣传册，其中包括对餐厅的介绍和菜品的简介等。在店里摆放一些突出的标志性的建筑，以便吸引顾客的注意，增强消费者对企业的好感。

最后企业还通过户外广告来加大宣传力度，比如在一些户外的高大的建筑物上进行宣传，交通运输工具例如公交车上也可以宣传。这些宣传方式多种多样，有些方式具有传播广，影响力强，成本低或是宣传广泛的特点。这些都为企业的发展树立了鲜明的形象，提高了企业的文化实力，增强了企业的竞争力。

三、酒店广告策划注意事项

酒店的广告策划不同于其他餐饮行业的广告策划，酒店的广告策划必须要全面分析市场的变化，掌握企业的发展目标，准确把握消费动向和消费群体的需求。

(1) 明确广告面向的群众。针对不同消费群体，企业要采取不同的广告策划。有时候还要结合当地的具体情况和消费水平，制作切实可行的广告，这样才能实现广告的价值。

(2) 丰富广告的内容，突出重点。广告的成本比较高，尤其是电视广告，所以在短时间内必须要制作出精简的能够突出企业形象的广告，要给顾客带来耳目一新的感觉，具有创意和新意，要让顾客能够记住，这样才能实现广告的价值，也能为企业树立一个良好的形象。

(3) 创立企业的品牌和口碑。品牌是企业发展的动力，企业通过广告树立的品牌可以为企业的发展带来好的经济效益和社会效益。

列举让你印象深刻的一则广告（媒体不限），分析让你印象深刻的原因。

四、酒店广告策划书的撰写

1. 酒店广告策划书的撰写程序

(1) 以市场、商品（酒店服务）和消费者分析与定位为基础。

(2) 进行科学准确的广告定位和广告主题的确立。

(3) 围绕广告定位及主题，从市场、商品和消费者分析入手，研究广告创意。

(4) 结合传播理论探索传播策略。

(5) 按逻辑顺序处理各要点间关系，按一定的格式要求编排各部分内容。

2. 酒店广告策划书的内容和结构

(1) 市场分析，包括酒店企业产品在内的主要品牌及其占有率分析、本酒店产品与竞争品牌之间的优劣分析、未来市场构成的变化趋势分析。

(2) 消费者分析，包括消费者经济状况、消费观念、购买习惯和心理等分析；消费者群体的构成分析；地域、文化、宗教等自然与社会因素对消费者的影响分析等。

(3) 商品分析，包括与同类酒店相比较的情况、消费者对酒店商品的认知程度、酒店业对商品定位以及消费者对这个定位的认同程度。

(4) 广告策略，包括根据酒店业发展目标确定广告目标；进行市场、商品和消费者定位；进行广告定位，确立广告主题；制订广告策略，包括广告表现策略（创意和表达）、广告诉求策略、广告媒介策略（版面、时段、栏目、地点等的选择或组合）。

不难看出，酒店广告策划书的撰写，关键不在于结构和格式规范上，而在于与策略谋划有关的必不可少的几个环节上，即市场、商品和消费者的分析与定位，科学准确的广告定位和主题确立，广告表现策略和传播策略。这些就是广告策划书写作的要点。

五、酒店广告策划与整合营销

酒店广告策划中进行的市场、消费者和商品分析，还有在此基础上进行的市场定位、商品定位、消费者定位、广告定位以及科学确定广告主题，这一过程正是整合营销传播中的“内容整合”的过程和核心内容，也是整合营销传播不可忽视的关键环节。从传播角度看，酒店广告策划是整合营销传播中最重要的传播计划，也是整合营销传播成功的关键。

根据整合营销传播的战术连续性，广告策划务必使不同的营销传播形式、不同的传播媒体的信息都彼此关联呼应，共同传达一贯的主题、形象或语调等，以使品牌形成统一的“声音”和“性格”知觉。要达到这个目标，必须进行科学准确的广告定位并据此确立广告主题。

1. 广告定位要解决两个关键问题

一是消费者的“心智”是什么。“心智”其实就是消费者的需求及其相关心理。品牌怎么才能占据最有利位置的问题，其实就是以商品或品牌的某种独特性或利益承诺满足消费者特定的迫切的需求的问题。

二是品牌怎么在消费者心中占据最有利位置。广告定位的过程实际就是在市场、商品、消费者调研分析及定位的基础上，使广告从内容到形式达到以商品独特性、独到的利益承诺满足消费者特定、迫切的需求策略制定的过程。

2. 广告主题

广告主题是由以下因素决定的。

（1）本企业商品或品牌在市场上的具体情况。

（2）本企业商品区别于市场上同类商品的独特性。

（3）消费者对该类商品的特定需求以及企业能提供的利益承诺。

这三个方面构成广告的核心内容，也就是广告主题，它也是在科学严谨的市场、商品、消费者分析及定位的基础上得来的。因此，广告主题的确立实际上就是广告定位的结果。有了科学准确的广告定位，才能确立正确的广告主题，而这两者的确立必须以科学准确的市场、商品和消费者分析与定位结果为依据。

3. 分析与定位

（1）市场分析与定位。

首先掌握酒店同业市场情况，尤其是同等定位的竞争对手的情况，包括其实力、产品或品牌特点、产品策略、市场策略、营销策略、广告策略等。

其次就是自身的广告产品在市场中的地位、目标消费者及其心理等。

最后运用市场营销理论研究和分析调查得来的资料，从比较分析中寻找自身优势，探求市场空白，挖掘本企业产品的独特之处，以填补市场空白和满足消费的特定需求，从而完成市场定位。

（2）消费者分析与定位。

消费者定位是指依据消费者的心理与购买动机，寻求其不同的消费者迫切、特定的需求并不断满足需求，从而使酒店品牌在消费者心目中确立一个有利的位置的定位方法。

影响消费者定位的主要因素有年龄、性别、文化背景、经济状况等，消费者分析可以上述因素为切入点，并围绕如下内容进行：

一是在某市场大背景下的消费观念、消费需求，特别是要重视研究和发现潜在需求。

二是研究目标消费者的迫切需求、潜在需求、消费习惯等，目的是使消费者的特定而迫切的需求和商品特性统一起来，让商品以最大限度满足目标消费者的需要——这一过程实际就是消费者定位。

（3）商品分析与定位。

商品定位，通俗地说就是以产品某种独特性或利益承诺满足消费者特定的迫切需求。

20世纪50年代初，美国广告大师罗瑟·瑞夫斯提出USP理论，要求向消费者说“独特的销售主张”。根据USP理论的实质要求，商品分析与定位的主要方法和要求如下：

商品定位的基本方法：在差异化商品分析基础上进行商品定位，与同类商品特别是竞争对手商品进行比较分析，寻求差异性。

商品定位的任务：分析商品的独特性或利益承诺以及目标消费者特定而又迫切的需求。

商品分析和定位要与市场细分工作相结合。其目标是以合适的定位强力吸引市场细分得出的消费者群体。

此外，即使是同一目标市场，在不同时间阶段，消费者的消费心理也会有所变化。比如星级酒店广告，在不同时期，同一酒店的广告语的侧重点会有所不同。例如在圣诞节期间，酒店广告语会侧重于该节日；而在旅游季节，又会侧重于旅游服务方面等。这些都是市场细分在商品定位与广告策划上的体现。

因此，商品定位必须注意几个问题：

一是根据同质需求细分所得的分市场是否足够大，能否成为目标市场。

二是细分所得的分市场，消费者购买能力如何。

这些问题涉及营销成本和市场前景问题，处理好上述两个方面的问题才能保证商品定位具有针对性、正确性和有效性。在同质化越来越严重的形势下，寻找商品独特性越来越困难。

六、整合营销传播的酒店广告策划

围绕企业的战略目标调整广告传播内容和形式要做到以下四个方面：

一要根据市场、商品或品牌、消费者调查分析及定位进行；

二要接受传播效果检验，根据反馈信息进行调整；

三要在主题相对集中的前提下，结合不同传播形式预备相应的广告内容，甚至做到同一种传播形式有不同预案；

四是这些调整要体现在广告策划书中，以备遵照执行。

整合营销传播中的酒店广告策划，由统一“声音”的广告内容和永不间断的广告投放两个要素构成。然而广告实践又无情地证明，单调重复的广告内容令人生厌，永不间断的广告成本巨大，不是任何企业都承受得了的。要杀出这双重围困，一是必须改革广告观念，把企业广告转化成有利于企业发展的企业传播活动，跳出广告做广告；二是站在企业战略高度上，在保持广告目标和广告主题不变的情况下，按企业传播的策略对广告内容进行多样化和系统化改造，并通过隐去功利性等方法增加传播的广泛适应性，把企业广告的内容融合到擅长与各方面沟通和交流的企业传播活动之中。

七、星级酒店经典广告语欣赏

酒店广告语的标题要用最精练的语言表达出酒店广告策划中最重要的意思，符合消费者的心理，从而吸引他们的注意。

北京金融街威斯汀大酒店的广告为：Take a piece of heaven home（把天堂带回家）。

新锦江大酒店的广告为：View Shanghai，Feel High（看大上海，感受新高度）。

上海建国宾馆的广告为：Meeting Expert：Jian Guo Hotel（会议专家，建国宾馆）。

昆泰嘉华酒店（KUNTAI ROYAL HOTEL）在圣诞节前夕的广告为：Magic Christmas：2008 Magic & Fairy Tale Christmas Eve（魔法圣诞节：2008 充满魔法和童话的圣诞前夜）。

三亚喜来登度假酒店（Sheraton）广告语：You belong（属于你）。

希尔顿酒店广告语：Travel is more than just a to b（旅行不仅是 A 地到 B 地）。

康耐德酒店广告语：The luxury of being yourself（做高贵的你）。

Marriott 广告语：Thinking of you（全心为你）。

最佳西方财富酒店广告语：Our worldwide standard for service and amenities（我们国际化的标准服务为的是您的满意）。

威斯汀酒店广告语：Explore & Experience（探索，体验）。

W 酒店广告语：Well，Hello there（W 酒店，欢迎您）。

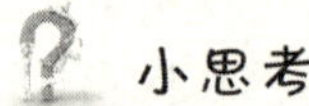

选择一家自己喜欢的酒店，尝试为其设计一句广告语。

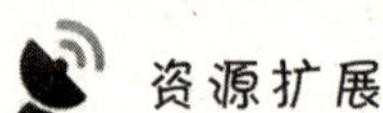

74%旅客受移动端旅游广告影响

调查表明，在通过移动端看到一个旅游广告或一个视频后，74%的人会搜寻广告中旅游公司的更多相关信息。

该结果由基于绩效的移动广告平台 Tapjoy 公司进行的一项调查得出。

这个数字应该不会让人吃惊，因为行业里的许多公司都采用了先进技术，例如桌面到移动端跨平台广告再匹配，如此一来，企业就能在移动端精准投放更多的相关内容。

通过这种技术，Expedia 能够实现对 5400 万客户的再匹配。

该调查于 2013 年 11 月初进行，取样于 Tapjoy 网络中的 860 名用户，结果被制成了一幅信息图表。图表中的关键数据如下：

· 在看过一个旅游广告后，56%的消费者会在移动设备上搜索旅游产品和宣传信息；

- 35％的受访者会在自己的移动设备上研究旅游计划；
- 16％的受访者通过移动设备购买机票；
- 72％的受访者在出游前的三个月内进行预订；
- 65％的受访者选择用移动设备来进行 last-minute 预订。

DM 广告

市场上许多人都在谈论 DM，其是英文 Direct Mail advertising 的省略表述。但对什么是 DM 广告有着各自的认识：有些人觉得 DM 就是夹在报纸里投递的或投在信箱里的广告单等。

美国直邮及直销协会（DM/MA）对 DM 的定义如下：对广告主所选定的对象，将印就的印刷品用邮寄的方法传达广告主所要传达的信息的一种手段。

DM 除了用邮寄以外，还可以借助于其他媒介，如传真、杂志、电视、电话、电子邮件及直销网络、柜台散发、专人送达、来函索取、随商品包装发出等。

DM 与其他媒介的最大区别在于：DM 可以直接将广告信息传送给真正的受众，而其他广告媒体形式只能将广告信息笼统地传递给所有受众，而不管受众是否是广告信息的真正受众。

1. DM 广告的形式

信件、海报、图表、产品目录、折页、名片、订货单、日历、挂历、明信片、宣传册、折价券、家庭杂志、传单、请柬、销售手册、公司指南、立体卡片和小包装实物。

2. DM 广告的特点

（1）针对性：由于 DM 广告直接将广告信息传递给真正的受众，具有强烈的选择性和针对性，其他媒介只能将广告信息笼统地传递给所有受众，而不管受众是否是广告信息的目标对象。

（2）广告持续时间长：一个 30 秒的电视广告，它的信息在 30 秒后荡然无存。DM 广告则明显不同，在受传者作出最后决定之前，可以反复翻阅直邮广告信息，并以此作为参照物来详尽了解产品的各项性能指标，直到最后作出购买或舍弃决定。

(3) 较强的灵活性：不同于报纸杂志广告，DM 广告的广告主可以根据自身具体情况来任意选择版面大小并自行确定广告信息的长短及选择全色或单色的印刷形式，广告主只考虑邮政部门的有关规定及广告主自身广告预算规模的大小。除此之外，广告主可以随心所欲地制作出各种各样的 DM 广告。

(4) 能产生良好的广告效应：DM 广告是由广告主直接寄送给个人的，故而广告主在付诸实际行动之前，可以参照人口统计因素和地理区域因素选择受传对象以保证最大限度地使广告讯息为受传对象所接受。同时，与其他媒体不同，受传者在收到 DM 广告后，会迫不及待地了解其中内容，不受外界干扰而移心他顾。基于这两点，所以 DM 广告较之其他媒体广告能产生良好的广告效应。

(5) 可测定性：广告主在发出直邮广告之后，可以借助产品销售数量的增减变化情况及变化幅度来了解广告信息传出之后产生的效果。这一优势超过了其他广告媒体。

(6) 隐蔽性：DM 广告是一种深入潜行的非轰动性广告，不易引起竞争对手的察觉和重视。

3. 影响 DM 广告效果的主要因素

(1) 目标对象的选定及到达：目标对象选择欠妥，势必使广告效果大打折扣，甚至使 DM 广告失效。没有可信有效的 MailingList（邮件列表），DM 广告只能变成一堆乱寄的废纸。

(2) DM 广告的创意、设计及制作：DM 广告无法借助报纸、电视、杂志、电台等在公众中已建立的信任度，因此 DM 广告只能以自身的优势和良好的创意、设计、印刷及诚实、诙谐、幽默等富有吸引力的语言来吸引目标对象，以达到较好的效果。

但是 DM 在中国似乎没有那么好运。众所周知，邮政业是中国颇受争议的垄断行业之一，作为邮政垄断下的产品，DM 的日子也并非一帆风顺，一直无多大起色。据广州地区邮政管理部门的市场调查资料显示，在广州个体消费者使用邮政业务状况的比例中，商业信函仅占 0.7%，邮送广告占 1.0%，而广告明信片最为可怜，才占 0.2%，这个微乎其微的数字也从另一方面反映了 DM 在中国遭遇的尴尬状况。

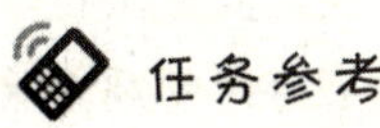

示例 1：广告策划方案

××酒店广告策划书

一、市场分析

（一）市场背景分析

邯郸市地处晋冀鲁豫四省交界处，紧邻 107 国道、京广铁路、京沈高速，交通十分便利。邯郸历史悠久，文化灿烂，被誉为中国成语典故之都，是中华文明的重要发祥地之一。近几年，在河北省省委、省政府的正确领导下，邯郸市各方面建设均取得了可喜的成就。随着邯郸经济的发展，政治、经济、文化交流活动日益增多，酒店的需求逐渐加大。邯郸市三星级以上的酒店主要有赵王酒店、邯郸大酒店、冀南酒店、燕赵之星商务酒店、民家福大酒店及邯郸金都。随着技术及服务的提升，酒店标准化程度越来越高，已经无法满足消费者的独特需求，这样顾客在选择酒店时随意性较强。而且随着市场的发展，酒店的竞争将会越来越激烈。

（二）××大酒店竞争分析

通过市场调查分析，可以清楚了解××大酒店的优势与劣势、营销机会与威胁，从而充分发挥酒店的优势，不断改进酒店的不足之处，为切合实际的广告策略打下基础。

优势：××大酒店酒店位于邯郸市光明南大街与学院北路交叉口，紧邻邯郸市多个生活区、某高校，地理位置优越，交通便利。周围分布着阳光超市、美食林千鑫超市、新秀超市等大型购物场所，顾客逛街购物也十分方便。

劣势：××大酒店的服务员服务不是很专业化、规范化，亲和力不足。酒店设施设备没有得到及时的更新，无法满足高档商务顾客需求。酒店的管理以及创新机制不完善，面对竞争对手不断变化的竞争手段，难以及时调整策略。

机会：近几年邯郸市经济的高速发展，市区人民的政治、经济、文化活动日渐丰富，生活水平不断提高。随着邯郸市“三年大变样”工作的稳步实施，越发便捷的交通明显带动了与周边地区的经济交往，商务旅行增长较快。同时，长途交通状况的明显改善，也极大地带动了跨区的观光旅游，旅游流动人口的增加必将为酒店消费市场带来蓬勃的发展商机。

威胁：随着周围市场一些高中低档酒店的建立，原本常在酒店消费的商务顾客和团队游客逐渐流失。××大酒店要想提高经营效益，必须在稳定一部分中档客源的基础上开辟新的客源市场。迫于激烈的市场竞争，有一部分酒店开始下调收费标准，并进行各种形式的促销活动。这些酒店大部分是一些近几年刚建立的，设施、设备水平高于本酒店，吸引了不少酒店常客，对本酒店也构成了不小的威胁。若××酒店不及时在各个方面进行全面改进，在不远的将来，处于多方夹击之下，将会陷入困局。

（三）顾客分析

选择在酒店住宿的人群当中按顾客的性质划分，可以划分为游客、商务顾客与会议团体、散客三大类：

(1) 游客是邯郸市各酒店住宿人数最多的一个群体，是酒店的一个大规模的客源，并且以团队预定为主。但是游客来自全国各地不容易提供统一服务。

(2) 商务顾客与会议团体一般选择酒店时最先考虑的是地理位置和交通，对酒店的价格范围的态度主要是取决于上司的批准。而现在，酒店的价格对这一群体来说不是非常重要的因素，高效快捷的服务更是他们所需要的。他们重视的是酒店声誉和形象，所需要的是与自己身份相符的酒店。而××大酒店是一家高档酒店，所以在选择目标顾客时主要以中高层顾客为主。

(3) 散客：如某高校学生，他们经济实力有限，平时生日聚餐及老乡会等在酒店消费额不高，在淡季吸收他们进来消费可以增加酒店的营业额，应将其视为次要的广告宣传群体。

二、广告战略

（一）酒店广告战略

随着酒店的不断发展，同质化的酒店竞争越来越激烈，作为中高级别的××大酒店同样面临着激烈的竞争。对于顾客而言，同类型的酒店越多可选择的余地就越大，而在设施、服务等差别不大的情况下，知名度与信誉度就将会成为顾客在选择上的决定因素。如果××大酒店能够加大宣传力度，及时调整策略，××大酒店将会立于不败之地。而知名度、信誉度的建立又需要靠多方面的努力，广告宣传是提高知名度的强力手段。选择什么样的广告形式，需要根据××大酒店的市场大小、目标群体、竞争强弱来确定。

（二）实施

要实施以提高××大酒店的知名度、树立企业形象、宣传企业为主要内容的广告战略。通过各种广告宣传方式提高顾客的初识度和记忆度，从而使顾客对××大酒店产生好感与认可，间接地提高酒店的入住率乃至年度收益。展开全方位的广告宣传攻势，充分体现××大酒店的新思维、新包装、高品位、大氛围，做到以情动人，以理服人。

（三）广告媒体战略

从××大酒店所能接受的广告费用出发，本着事半功倍的原则，以最少的媒体费用投入达到最佳的广告效果。结合广告目标及实际情况，通过对广告媒体的特性和比较分析，我们选择一些较为合理的宣传媒介并进行了优化组合，以此来实现酒店广告传播效果，加深顾客对酒店的认知程度，提高和扩大酒店的知名度以及美誉度。针对邯郸各大媒体综合分析，在选择媒体时我们主要以印刷媒体为主，结合户外媒体、网络、广播、新闻为一体的广告媒体战略。

地面的印刷媒体是最为传统的一种媒体，传播面较广、速度快、触及的顾客面广，具有较强的阅读性，能够把酒店的广告信息正确传达给顾客。印刷媒体主要是报纸、酒店宣传册、酒店每月的价目表、促销活动宣传资料。

户外媒体不受时间和空间的限制，可以随时传递信息，具有较强的时效性。但是它只能作为酒店名称或者口号宣传的载体，而不能产生促销的作用，并且媒体费用相对较高。

网络广告主要是为了满足各地游客对邯郸各大酒店信息的搜索及中间商（旅行社）对××大酒店信息的了解与反馈。节省双方在收集信息过程中的费用，这是一个非常好的互动性媒体，主要是通过建立自己的网站并在各旅行社推广。

广播媒体具有传播速度快、传播范围广、覆盖率高等特性，又可以全天候播放，收听方便。在制作过程中可以通过语言、音乐来塑造酒店的形象，能够使听众感到真实、亲切，进而产生来酒店消费的欲望。而且广播广告制作简单、费用低廉，所以选择在邯郸电台和邯郸交通音乐台的不同时段播放。

新闻方面主要以软性广告为主，选择在《邯郸日报》和《浔阳晚报》上刊登。利用软性广告可以强化酒店信息的可信度以及酒店信息的到达率。它具有单纯的报纸广告无可比拟的宣传效果。

三、广告实施计划

在信息发达的现代社会，媒体无疑是吸引大众眼球的媒介。可根据不同媒体不同受众的特点，合理地进行市场定位和目标顾客的定位，合理地选择媒体投放广告，不可片面追求覆盖率，造成广告的浪费。硬广告和软广告相结合，软硬兼施，可以取得更好的效果。利用媒体整合，实现小投入，大产出。

1. 地面宣传

印制酒店介绍传单、酒店宣传册、酒店每月的价目表、促销活动资料等，雇佣暑期打工的大学生进行发放，费用较低。在各大路口设置广告牌，日夜宣传，扩大酒店知名度。

2. 建设与推广酒店网站

网站的建设主题是宣传酒店设施和服务，提供酒店淡季和旺季价格变动的信息，并且在邯郸地区各旅行社推广。

3. 促销活动

（1）七夕情人节为情侣设置的宣传促销活动。

（2）高考期间的相关促销活动。

（3）宴会、商务宴请活动。

四、广告效果预测

广告效果事前测定主要是通过媒体数据反映。我们选择的户外媒体是以庚亮南路灯箱和庚亮南路与浔阳路交汇处的霓虹灯为主。这里人流量大、接触的人群广、广告效果佳。印刷媒体主要是《邯郸日报》、《浔阳晚报》、宣传册、海报等，在《邯郸日报》和《浔阳晚报》上刊登的广告，广告效果预测由报社提供，宣传册和海报以份数为标准。网络广告以该酒店的点击率来衡量。

1. 宣传造势，让消费者产生强烈的记忆感，产生良好的口碑宣传效应，提高知名度和美誉度。

2. 店内装潢富有人情味，服务周到，能提升目标消费者对企业的忠诚度。

3. 通过服务比赛、征文比赛等成本节约的比赛活动，能极大地增强员工的企业归属感和向心力，提高工作积极性。

4. 通过促销，提升营业额。

五、广告预算

我们的中心任务就是以尽可能少的经费达到最佳的广告效果。通过深入的调查、周密的策划，明确广告目标与广告对象，利用新颖的、有效的广告创意吸引顾客，开展有计划的广告活动以减少广告投入费用，从而满足广告主所期望的经济效益和社会效益。

市场调查费用：2300 元，灯箱制作与发布费用：20000 元，报纸广告费用：5800 元，宣传册及海报制作费用：4300 元，促销费用：28000 元，公关费用：53000 元，路口租用场地费：38000 元，广告发布人员费用：2000 元，其他附加费用：6400 元，合计：159800 元。

六、广告计划的实施和控制

1. 计划的实施

营销计划的实施需要餐厅全体服务人员和参加活动的人员的协调和配合。

2. 销售控制

各细分市场的业绩评估每月进行一次，及时分析未完成的相应销售指标的原因（是产品、服务问题，还是促销方式、价格问题），提出相应的措施。

七、广告效果评估与监控

（一）风险

每一种方案都暗含风险，如何在风险和收益之间取得平衡，是决策中的重要问题。风险分析可以帮助我们作出最稳妥的决策方案，以下是我们对本次方案可能产生的风险的分析：

市场风险：目前市场上的同类酒店可能随时采取一些新的营销策略，会使得××酒店的销售额受到影响。

成本控制风险：本酒店是以产品种类多样取胜的，所以在成本控制方面最大的风险在于过多投入市场开发而忽视服务和产品创新等方面。如果本方案的一些产品组合推出的市场效果低于期望值，那么由该方案所产生的成本（包括人工及产品）将较难收回，产品组合推出将面临较大风险。

竞争风险：随着邯郸城区建设的逐步完善，一些新的大酒店可能加入，新加入的酒店采取的促销方式及产品策略会带走很大一部分客源。

（二）收益

全市知名度：邯郸市电台即其他方式的宣传滚动播出的广告及相关的宣传不断刺激人们视觉及听觉，使得××大酒店能够在一个较短的时间内在消费者的心中留下好的印象，使其市场知名度大大提高。

市场占有率：通过一系列营销活动，迅速占领特定市场，如商务餐饮等，吸引顾客到本店消费。

总体营销量：在先前的宣传及促销的基础上，结合各类产品的特点，提高本餐厅的总体营销量，进而增加销售额。

任务评价

单元1 任务评价方案

评价项目	序号	考核项目及分值比例	评价标准	考核方式及单项权重		
				学生自评	组员互评	教师评价
通用评价指标（20分）	1	工作计划性（2分）	工作计划与具体实施情况偏差较小，并在必要时能合理调整计划，保证顺利完成任务。	10%	10%	80%
	2	实施过程（3分）	正确理解任务并按时、保质完成任务。分析方法正确，准确填写管理表单。	10%	10%	80%
	3	卷容格式与文字表达（10分）	文字编排工整清楚，格式符合要求，表达流畅、条理清楚、逻辑性强。	—	—	100%

续表

评价项目	序号	考核项目及分值比例	评价标准	考核方式及单项权重		
				学生自评	组员互评	教师评价
通用评价指标(20分)	4	成果汇报与语言表达（5分）	汇报内容完整，表述清晰，语言流利，回答问题正确、熟练。	10%	10%	80%
	5	答辩情况（5分）	团队成员熟悉内容，能很好地完成各评委的提问。	—	50%	50%
	6	工作态度（2分）	纪律性好，主动积极，认真负责，勤学好问。	10%	20%	70%
	7	团队合作和协作（3分）	与小组成员和谐合作，主动承担分工，合理处理人际关系并能协助他人完成工作任务。	50%	25%	25%
任务评价指标(70分)	8	广告策划方案评价（70分）		10%	10%	80%
		封面完整（2分）	要素具备（名称、策划者、时间）。	10%	10%	80%
		前言（2分）	简述策划的背景、目的、方案主要内容。	10%	10%	80%
		目录（3分）	排列有序(2分)、一目了然(1分)，排列至一、(一)两级即可。	10%	10%	80%
		市场分析（6分）	包括企业的宏观环境以及行业分析（1分）、消费者分析（1分）、竞争对手定位以及以往广告分析（1分）、产品的特点分析（1分），市场分析确切（2分）。	10%	10%	80%
		市场策略（7分）	营销目标明确(1分)、产品定位准确(3分)、广告目标具体(3分)。	10%	10%	80%
		广告表现（20分）(有具体作品呈现)	广告诉求对象合适(2分)、广告主题醒目(3分)、广告创意(广告语、广告片等)符合广告目标以及产品定位、消费者习惯，能很好地表现广告的诉求点(15分)。	10%	10%	80%
		广告媒介（12分）	媒介选择符合消费者媒介接触习惯，与经费预算、广告目标相适应，具有可行性。要求使用3种以上不同的媒介方式。(每种合适媒介3分，组合合理3分)。	10%	10%	80%

续表

评价项目	序号	考核项目及分值比例	评价标准	考核方式及单项权重		
				学生自评	组员互评	教师评价
任务评价指标(70分)		广告预算(5分)	用广告活动经费的预算与分配表的方式来体现(4分),活动经费预算合理可行,分配妥当(6分)。	10%	10%	80%
		广告效果的评估(3分)	阅读率或视听率、广告记忆度、广告好感度、广告的购买动机与行动率、广告费用指标、市场占有率指标、广告效果指标(必须包括3种以上评估方法,每种1分)。	10%	10%	80%
		符合相关法律法规(5分)	—	10%	10%	10%
	创新性(5分)		方案有新的创意,见解独到。	10%	10%	10%
总分						
团队排名						
是否进步						

任务实施自查

单元1 任务实施进程自查表

计划	
组织	
领导	
控制	
得失	
改进措施	
管理感悟	

单元 2　策划酒店营业推广活动

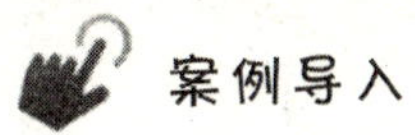

案例导入

案例 1　形形色色的酒店营销

长沙运达喜来登酒店采取客人下飞机后可在汽车上办理入住手续的服务来吸引客人。客人下飞机后，在酒店接送车上就会有服务员帮助办理入住手续，并分发房卡，征询客人有什么特殊要求。

金陵饭店在南京近郊辟出 50 亩优质土地，作为金陵饭店有机蔬菜基地，打出了无声的广告。

上海外滩东方商旅精品酒店房卡备有上海交通卡功能，入住宾客可以用房卡乘坐计程车、地铁、渡轮，吸引了很多外地客人多次入住。

香格里拉酒店集团推出了“无忧娃娃”服务，告诉客人在入睡前将施了魔法的“无忧娃娃”放在枕头下，第二天早晨醒来时，便会重回精神百倍、无忧无虑的状态。“无忧娃娃”是起源于危地马拉的传统文化，每个娃娃可以消除宾客的一个烦恼。

瑞士巴德拉格斯大酒店每夜都会自动记录顾客的睡眠模式，并制作一份详细的分析报告，提出可能的治疗方案，引起了很多客人的兴趣。

纽约精品酒店会提供各种各样的枕头。在“公园大道 70 号酒店”，宾客可选择十几种防鼾枕头，其中的一款枕头能够支撑颈椎、减小打呼噜的几率。而用荞麦壳填充的枕头最受客人欢迎，这种枕头能够促进血液循环。添加了香料、能够有效缓解疲劳的芳香枕头，则大受女性消费者的青睐。

芝加哥 Monaco 酒店的熟睡套房十分有名。该酒店用竹帘取代窗帘，为套房营造了一个静谧安宁的睡眠环境。在客房内，保健枕头、睡眠面具等助睡用品一应俱全。虽然入住一晚需要花费 360 美元，不少客人还是首选该酒店的熟睡套房。

北美皇冠假日酒店也以优质睡眠服务取胜。客人可免费使用睡眠专用箱，箱内存放着眼罩、耳塞、熏衣草喷雾、催眠曲 CD。该酒店规定，叫早服务一旦出现差错，客人即可获得全额退款。

洛杉矶四季酒店的完美睡眠服务也让人印象深刻。入住客人可免费享受SPA、使用保健枕头、针灸治疗、冥想等服务。在酒店，眼罩、耳塞、暖脚炉、加湿器甚至泰迪熊等有助于睡眠的物品应有尽有。花费则取决于客人实际享用的服务。

美国佛罗里达州的泰瑞豪特酒店的日落沉睡项目很有特色。客人支付250美元，就能与健康专家面对面讨论生活点滴，参加瑜伽课程，或在夕阳下的沙滩上举行宗教典礼，享受按摩等服务。

曼哈顿本杰明酒店则推出了睡眠礼宾司服务。酒店客房设在5楼以上，并安装隔音玻璃，除采用特别定制的床垫外，还有十多种不同的枕头。其中，有一个枕头里内置了扩音器以及一条可接驳iPod的电线，让客人听着音乐入睡。住客还可以支付额外费用，享用睡前按摩，或品尝有助入睡的小点心。

香格里拉酒店为商务会议客人推出了个性健康食谱，为宾客重点推介60种特色健康菜品。

丹麦哥本哈根皇冠假日酒店则让客人通过健身来为酒店提供电能，勾起了很多客人的好奇心。客人可用特制的健身器材来为酒店发电。比如，发电自行车，它可以把运动产生的能量收集起来并转换成电能存贮在电池里，再传回到酒店的供电系统。任何顾客只要每小时生产的电能超过10瓦特，就可享用免费丹麦大餐。这家皇冠假日酒店没有花一分钱做广告，却让全世界都知道了它。

案例2　社交媒体在酒店营销中的应用

国外的索尔维之家酒店每间客房的镜子上都印有一个“胡子”贴供客户拍照、酒店的名称、Twitter图标，还附上一句：“我的胡子照，不错吧”，鼓励客户在Twitter上分享自己的胡子照，以此加大酒店的曝光率。虽然这种推广酒店的方法看似愚笨，却是免费宣传酒店的好方法。现在只要看到这个胡子就让人联想起酒店，大大提升了酒店的知名度。

在香港目前至少有50％的酒店已经在利用社交媒体这类渠道，五星级的酒店基本都有特定的人员或是专门的部门在运作这一块。互动群体不单单是酒店常客，还有一些潜在客户。我们会像朋友一样跟顾客聊天，在这种沟通中，无形稳固了顾客的向心力和忠诚度。

“每一个微博、微信用户后面，都是一位活生生的消费者。”越来越多的酒店意识到社交媒体的重要性并已经加入到社交媒体的营销中，并且正在想方设法地增加自己的粉丝数量。免费推广，更强的服务能力，更高的服务效率是社交媒体对于酒店的三大优势。随着社交媒体的普及化，消费者越来越被“互联网化”，酒店以往无法直接与客户互动的障碍正在逐步消除，为酒店和粉丝之间搭建了互动性很强的交流平台，以往被动地等待客户的方式必将被主动地寻找客户和推广自身品牌的方式所取代，这一切都要拜社交媒体所赐。酒店在提高经营效率的同时，一方面重新审视自己的客户资源管理策略，另一方面借助于社交媒体的开放性和互动性，进行免费推广，对那些与好友分享内容的粉丝提供奖励，从而实现自身品牌在社交平台的传播，进而搭建一个崭新的基于平等互动基础之上的客户关系管理和营销方式，增强了客户服务的能力。

从市场营销的角度来说，酒店可以通过社交媒体与客户沟通，了解客户的喜好和需求，顾客也可以在这一平台上主动询问酒店。在与客户建立友谊后，酒店可以去引发消费动机，进行软性营销。在未来几年，酒店利用社交媒体推广这种趋势会愈加明显，而且这将是非常重要的酒店营销模式。

从案例中可以看到酒店营销点子花样百出，营业推广对酒店十分重要，并且看到越来越多的新颖的营销方式在酒店宣传中得到应用。现代交流工具的出现及新生代的酒店住宿人群的出现，使得酒店营业推广的方式更具有时代性、潮流性。什么是营业推广？酒店常用营业推广方式有哪些？酒店营业推广的目标是什么？如何评价营业推广的效果？这些都是本单元中将要讨论与完成的问题。

任务明确

任务描述	以小组为单位，选择某一节庆，为所模拟酒店策划酒店营业推广活动，并汇报。
成果	××酒店营业推广方案

续表

具体工作过程	开始：承上一任务，团队选择本次任务的实施负责人。 过程：根据本情境的任务要求，上网搜集资料、查找酒店营业推广案例、编写营业推广文案。任务实施负责人要填写项目实施进程自查表。 评价：各小组就所完成任务的计划与实施过程作总结，准备 PPT 并进行汇报与评价。
具体工作任务	1. 确定本项目负责人，开会商议工作计划。 2. 本项目负责人为全组成员讲解酒店营业推广的相关要点。 3. 选择撰写方案的节庆，依据计划分工收集相关资料并讨论。 4. 讨论确定营业推广的类型、推广的目标、主题、工具、预算等细节。 5. 分工撰写。 6. 项目负责人进行班级汇报，并答辩。 7. 项目负责人，总结得失，填写项目实施进程自查表。
需要填写的表单	1. 填写引导文答案概要（见预习指导）。 2. 工作（项目）实施进程自查表。 3. 工作（项目）评价单。
建议	首先明确营业推广的具体目标，针对某一特定市场进行策划，也可将优秀的营业推广活动拍成视频，上传网络，查看效果。

预习指导

1. 登陆课程学习网站，观看视频《酒店促销金点子》，找灵感和创意。

视频位置：课程学习网站⟶视频资源⟶课程学习同步参考系列⟶情境四⟶酒店促销金点子

2. 根据如下引导文，阅读教材“知识讲解”内容，并尝试在空白处回答相应的问题。

预习引导文	读者自学后回答
1. 你所理解的营业推广是什么？	
2. 营业推广最大的魅力在哪里？	
3. 酒店进行营业推广的方法有哪些？	
4. 酒店营业推广的目标是什么？	
5. 营业推广的具体实施步骤是怎样的？	

酒店营业推广

一、酒店营业推广的主要目标

酒店营业推广可总结为：酒店企业在某一特定时期与空间方位内通过刺激和鼓励交易双方，并促使消费者尽快购买或大量购买酒店产品或服务而采取的一系列促销措施和手段，具有非常规性、灵活多样性、强刺激性、短程高效性等特点。

酒店营业推广的目标就是以多种方式刺激和鼓励与酒店有关的单位、个人和酒店消费者，广泛地开展业务活动，并使其能产生较快、较强的反应，并加速其购买酒店产品和服务的过程。

1. 酒店针对消费者的营业推广

它是酒店企业向自己的顾客直接实行的一种营业推广，就是酒店通过一系列方法，鼓励顾客进行连续的购买，试用酒店的新产品，并同时去吸引其他有意购买同类产品的顾客等。其具体的做法有：折价赠券、赠送样品、现金折扣等。

2. 酒店针对中间商的营业推广

针对酒店的中间商，酒店的营业推广的目标一般要促使中间商持续地经营本酒店的产品和服务，提高他们的购买水平和自己的销售额等。

(1) 价格折让。酒店中间商的生存经济条件就是一种进销差价的积累，因此，如果酒店可以给他们提供一定的折扣与优惠的话，就一定可以刺激他们大批量地购买。

(2) 销售竞赛。销售竞赛也就是酒店刺激和鼓励批发商或是中间商以及其销售人员积极地推销本酒店的产品和服务，对购买额大、展销活动影响大、本期比上期购买量比例增加大的经销商进行奖励。

(3) 合作广告。对于中间商所做的广告宣传，酒店可以给予他们一定的“广告折扣”或是直接支付给他们一些广告宣传费用。此外，酒店还可以采用免费赠品的形式来刺激中间商大量购买。

3. 酒店针对销售人员的销售推广

针对销售人员的销售推广是指酒店鼓励自己的销售人员多成交、多发展新的客户，大力推销自己酒店的产品和服务，以刺激酒店的非季节性销售和寻找更多的潜在消费者等。

采用的方法主要有对员工的利润提成、促销竞赛、培训等。酒店力求通过这些措施来刺激自己的促销员工全心全意地为酒店销售产品。

二、酒店营业推广的方式

酒店的营业推广主要是针对追踪消费者和酒店中间商而进行的，由于两者之间的需求有一定的差异，所以酒店在进行其营业推广活动的时候，也应该注意在方法上有所不同。酒店的一般顾客比较关注自身消费的利益，而中间商则比较注重自己获得的经济利益。

1. 价格优惠

当酒店产品的价格成为激发顾客购买行为的主要因素时，酒店使用几个优惠的方法往往会取得比较好的效果。目前，很多酒店都在经营淡季或是特殊的时期里推出优惠的价格项目，从而招徕客源。这种以价格取胜的方式可行性比较强，对于酒店的顾客或是中间商都有比较大的吸引力。

2. 奖券和抽奖

酒店所推出的奖券和抽奖都是用来刺激顾客进行购买的经营手段。作为奖券，酒店可以把它附载在报纸、杂志以及宣传材料之中，或是通过邮寄直接寄送给顾客。当然，酒店还可以将奖券在顾客消费的时候就赠送给他们，以求在第一时间内刺激他们的再次购买的消费欲望。

酒店抽奖的形式多种多样，目前在美国和欧洲有许多的酒店就采用一种幸运抽奖的方式，凡是在本酒店消费的顾客都有机会参加这种抽奖活动，一旦顾客中了奖，他们就可以获得一些酒店提供的实物或是一次免费的服务作为奖品，以便他们更进一步地了解酒店的产品，并在此过程中获得身心的愉悦。

3. 提供酒店的产品样品

有时候，酒店可以让一些顾客先试住客房或是品尝自己的产品，再向他们收取费用，或是进行大量的销售。其实这也是酒店的一项很有竞争力的高招，这种方法对于消除顾客不了解酒店的顾虑有很大的帮助，尤其对于中间商和酒店大型宴会的办理者的购买是十分有效的办法。

4. 退款和折扣

给予没有得到满意服务的顾客以全部或部分的退款或折扣是使顾客对

酒店产品质量充满信心的一种保证，同时也是酒店吸引顾客的一大有利条件。比如，美国的酒店规定，如果顾客送洗的衣物没有在规定的时间内洗好并送回，酒店将不得收取顾客的洗衣费用。再如，如果在酒店餐厅内，客人所点的菜肴没有在规定的时间内送到的话，这桌客人就将免费享用这顿佳肴。这种方法对于个人或是少数消费者是行之有效的。

5. 优先照顾

酒店对待自己的特殊顾客，比如说重要顾客、贵宾、酒店俱乐部的成员、长期的客户等，可以实行一种具有个性的特殊服务。酒店可以为他们优先订房，定期地赠送他们一些特别的礼品，或是赋予他们在酒店内部就可以将支票兑换成现金的权限等。

三、酒店营业推广的决策过程

1. 选定市场目标

通常，所选定的目标市场要与酒店的整体目标市场保持一致，但是有时候，酒店也会有自己具体的营业推广的目标市场。因为对酒店总体目标市场的各个部分而言，不同的促销方式具有不同的接触能力以及效果。所以，明确酒店营业推广的具体目标市场应该是酒店进行这项决策的第一个环节。

2. 设定酒店的具体营业推广目标

这种目标应该非常具体，有针对性，最好可以细致到能够明确酒店的这次营业推广活动到底要完成什么样的指标。

3. 策划酒店营业推广的主题

这是一个对酒店创造力进行挑战的重要环节，推广主题的选择将直接影响到酒店营业推广工具的选择。与此同时，一个好的酒店的营业推广主题可以起到对外增加销售和对内唤起员工工作热情的双重作用。

4. 选择适当的酒店营业推广的工具

酒店对于不同的营业推广对象，不同的营业推广目标，应该合理地选择一种适当的营业推广工具来具体进行，酒店的每一种营业推广的工具都有自己的特点，要比较之后谨慎地作出选择。但是，这并不是说酒店在作出选择的时候畏首畏尾，而是应该在仔细分析、认真研究的基础上大胆地创新，想出各种各样的营业推广点子。

5. 制定酒店营业推广的预算

营业推广固然可以促进酒店产品的销售，增加酒店对顾客的吸引力，但是，采用这种促销手段也增加了酒店的促销费用。酒店必须要去权衡促销成本和经营效益之间的得失。

常用的方法有三种：

第一是参照上期的费用来制定酒店本期的促销费用。这种方法比较简单易行，但是必须充分估计到各种情况的变化给酒店带来的影响。

第二是比例法，就是根据其占酒店总促销额的比例来具体确定营业推广所需的费用，再将预算的总费用分摊到各个推广项目中去。

第三是总和法，就是先确定酒店营业推广的各个项目的费用，然后再将它们的费用相加得到总费用预算，其中，各个营业推广项目的费用就已经包括了优惠成本以及实施成本两部分。

四、酒店营业推广的过程

酒店营业推广过程分为四步，首先是进行酒店营业推广方案的策划，包括确立旅游营业推广目标和选择旅游营业推广工具环节。其次是制定酒店营业推广方案。再次是进行酒店营业推广方案的实施与控制。最后是对酒店营业推广效果进行评估。

五、酒店营业推广效果的评价方法

酒店为了控制、调整和总结营业推广的实施效果，有必要对营业推广的整个过程和结果进行评价。

1. 测定营业推广前后营业额的变化

在利用这种方法时，酒店必须注意营业推广的最后阶段市场变化的情况。例如，酒店在营业推广之前的客房出租率是60%，在营业日推广的时期上升到80%，而在酒店营业推广结束之后又回落到50%，但是在之后相当长的一段时间内，其营业额定位在70%，这样就可以表明，该酒店的这次活动吸引了一些新的客户，并刺激了原有顾客的消费量，最终的70%说明了酒店这次营业推广活动赢得了一些顾客。

2. 顾客调查

营业推广时期的顾客调查是针对顾客的动态调查、顾客构成调查、顾客意见调查。酒店对顾客的动态调查可以采用现场记录、查阅原始资料等手段来分析顾客的数量、消费量、重复购买率等指标；对顾客构成的调查主要是针对新老顾客的比例、不同年龄顾客比例等进行调查；对顾客意见的调查，主要是对顾客的动机、建议、要求、评价等方面的调查，实际上就是酒店了解顾客的购买行为而进行的调查。

3. 比较试验法

酒店在开展营业推广期间可以选择一个部门、一种产品，运用一定的措施，了解顾客的不同反应，从而推测这次推广的实际效果。

不管酒店应用上述哪种评价方法，都存在着一个销售效果的归属认同问题，到底酒店销售额的增加是不是由营业推广引起的，有时是难以判断的。如果当时酒店外部环境变化了，酒店在同时所采取的其他各种促销方式的作用都不可低估。另外，酒店营业推广效果的评估还应该着眼于酒店经营长期效应的客观评价。

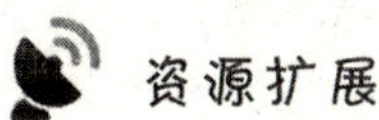

资源扩展

澳大利亚 Art Series 酒店营业推广活动及点评

活动 1：店藏名画，欢迎来偷！

澳大利亚奢侈型连锁酒店 Art Series 为了吸引客人入住，举办了一场别出心裁的营销活动。他们在各大媒体上放话：酒店里有街头艺术家 Banksy（班克斯）一件价值 15000 美元的画作，如果你能偷走又不被人发现，它就是你的！果然迅速引发热烈反响，甚至连 Serena Williams 这样的明星都想来试试，短短 4 周内预定量便已超过了 1500 间。

每年 12 月至次年 1 月中旬，澳大利亚墨尔本酒店业进入传统淡季。如何吸引客人入住以摊销经营成本，成了每家酒店都要遭遇的大难题。面临逾千间客房预定任务压力的澳大利亚豪华连锁酒店 Art Series 更是为之伤透了脑筋。

Art Series 在墨尔本拥有 3 家艺术主题酒店，均以澳洲本地著名艺术家命名。转念一想，既然是艺术主题酒店，与其在其他不相干的东西上花费精力，何不在艺术这一话题上做足文章？思虑再三，Art Series 终于想出一招：邀请住客来“偷”名画！

他们找来英国最抢手的地下画家、被誉为当今世界上最有才气的街头艺术家的 Banksy（班克斯）的两件名作，然后在各大媒体上广发英雄帖：嗨，我们这里藏有班克斯的名画，够大胆，你就来把它偷走！只要能躲过酒店员工的眼睛，成功把画作带到酒店外，它就归你了！

当然，“偷盗”从来都不会那么简单，你得先找到那幅画——它被轮流放在3家酒店中的一家。好在从来都是“高手在民间”，5天后第一幅画作——班克斯的《没有球赛》即被一位名叫茂拉·图霍的女性“顺”走了。她假扮成负责把艺术品搬到另一家酒店的公司雇员，成功骗过酒店员工，将画作带出了酒店。

接着，Art Series又放上了另一幅价值4300美元的版画。不过，这次没有人能够带走它。有人扮作推销员，有人在闭路电视上做手脚，有人在前台安装窃听装置，甚至有人干脆拿起来就跑，但都未能得逞。最终Art Series将其捐赠给了一个关注公共安全的慈善组织——Crime Stoppers Victoria。

怎么样，很有意思的一则营销活动吧？它的好处到底在哪里？

其一，轰动效应。如今信息量超乎寻常，人们每天都被各式各样的资讯所包围，另辟蹊径就成为突出重围、吸引眼球的唯一出路。竟敢邀请大家来“偷”名画，Art Series可是够“另类”的！好比一场行为艺术秀，令人惊讶不已，迅速吸引大家的眼球，引来各家媒体竞相报道，最终演变为流传一时的营销事件，连正在墨尔本参加澳洲网球公开赛的网球明星小威廉姆都想来参与。

其二，持续关注。“成也萧何，败也萧何”，事件营销能制造轰动效应，可来得快去得亦快，效果到底不能持久。Art Series的办法是：诉诸于社会化媒体！他们不放过任何一个能吸引眼球的机会，通过社交媒体将每个失败者的“犯罪”过程不断爆料出来，引发网民的持续关注，不单扩大了品牌影响力，更收获了实实在在的销售增长：短短4周内房间预定量便已超过了1500间。

其三，紧扣主题。好创意从来不会令人有生硬之感，它仿佛为品牌度身定做。艺术主题酒店的“偷盗”创意，若不是选择名画作噱头，即便能引发如许关注，想必效果亦差上一截吧。而这正是事件营销成败的关键。为了制造足够的噱头，企业不得不选择充满热辣的话题，可若是与品牌定位和品牌形象不符，削弱客户已形成的品牌认知，则会得不偿失。

最后的慈善捐赠之举亦是漂亮之极。怎么说呢，好营销就该这样！不愧为2012年戛纳广告节公关类金奖作品！

活动2：无新客入住，就不用退房！

又到一年岁末淡季，澳大利亚奢侈型连锁酒店Art Series又有新创意！用

户入住酒店，通常必须在离开之日上午 11 点之前退房，但是 Art Series 却在旗下三家主题酒店实行不一样的退房制度：只要没有新客入住，原来的住客就不用退房。活动为期一个月，自 2012 年 12 月 16 号至 2013 年 1 月 13 号。

推出“世界上最晚的退房制”!

在 Art Series 看来，既然没有新住客，何必非要在上午 11 点前将原来的住客赶出去呢，他们可是“上帝”呀！但凡在 2012 年 12 月 16 日至 2013 年 1 月 13 日入住 Art Series 旗下三家主题酒店的顾客皆可享受这一待遇：只要没有新客入住，你就大可一直住下去!

若是新客 15 点才入住，你就可以呆到 15 点才走；若是 17 点呢，自然可以呆到 17 点了。若是足够幸运，当晚无人入住，你就可以免费再住一宿啦。心动不如行动，还不赶紧来体验一回?

那么，它到底好在了哪里?

首先，不是广告胜过广告。出行在外，想必都曾遭遇退房难题。明明下午才要离开，亦无新客入住，店家愣是在中午之前要你退房。虽则理解其商业考虑，心里却也难免老大不情愿。没有新客入住，自己便可以一直待下去，天下竟有这样的好事?

Art Series 的另类之举，戳中消费者的心理，话题性十足，吸引眼球，实现了病毒传播。不知道的人从此知道有家这样的酒店，留下最初的印象；知道的人亦平添了份好感，增加再次入住的概率。这样的传播效果，岂是寻常广告所能比拟?

其次，不是促销胜过促销。既然是传统淡季，房间住不满，空着也是空着，何不干脆将它们免费送给现有的住客继续居住？同为酬宾活动，这远比大打折扣来得巧妙，于品牌推广更有益。一来无须担心传统折扣促销方式可能带来的品牌形象损害，以及竞争对手可能采用的过激应对；二来又能给住客带来实实在在的实惠，营造良好的消费体验，提高顾客满意度与忠诚度，可谓一举两得。

最后，与其花费，不如让利。与其花费巨资大做广告，让各大媒体和代理商捞足了好处，倒不如将广告费拿出来让利于消费者。顾客理念不是刻意地去迎合，而是打心底里去对他好。这才是最根本的顾客理念：处处从顾客需求出发，时时为顾客利益着想。消费者高兴了，自己也能真正高兴起来。

这大概亦是时下许多品牌沉陷的迷惘：口口声声“顾客至上”，实际操作起来却更愿意向电视台支付巨额广告费。殊不知，如今可不比当年，群众的眼睛都是雪亮的，你使的坏半点瞒不过他们，你对他们的好他们会牢记在心底。他们越来越痛恨欺骗他们的品牌，却越来越喜爱那些值得信任与托付的品牌。消费体验好的品牌，顾客会积极买其产品，主动跟人推荐。心理学中称之为“互惠原理”。

资料来源：虎嗅网（2012-12-29，作者：詹少青）

http://www.huxiu.com/article/8396/1.html

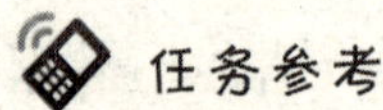

绵阳富临酒店营业推广方案

根据目前酒店情况，首先树立“以市场为先导，以销售为龙头”的思想；为了更好地开展销售工作，制订营销方案、市场推广计划，并在工作中逐步实施。

一、目标消费群体分析

（一）目标消费群体构成

1. 团队——本省、省外旅行社及国外旅行社（北京、上海、广东和东南亚国家、日本、韩国等）。

2. 散客——首先成都及周边地区，再加上北京、上海、广州等大城市的商务公司。

3. 会议——政府各职能部门、驻绵阳企业、事业机构及市内外各商务公司。

（二）营销优劣势分析

1. 三星级酒店地理位置好。

2. 老三星酒店知名度高、客房品种全。

3. 餐饮、会务设施全。

4. 四周被高星级酒店包围，设施设备虽已翻新，但与周围酒店相比还是有差距。

二、营销策略

（一）市场状况

1. 随着经济的发展，预计还会有 3—4 个酒店相继开业。

2. 竞争形势会相当激烈，“僧多粥少”的现象不会有明显改善，削价竞争仍会持续。

3. 与本店竞争团队市场的酒店有：金龙宾馆、新世界大酒店等。

4. 与本店竞争散客市场的有：王子大酒店、绵州酒店等。

5. 预测：新酒店相继开业团队竞争更加激烈，散客市场仍保持平衡，会议市场潜力很大。

（二）市场定位

作为市内中档旅游商务型酒店，充分发挥酒店地理位置优势，餐饮、会务设施优势，瞄准中层次消费群体：国内标准团队、境外旅游团队、中档商务散客、各型会议团体。

（三）营销推广策略（市场部负责）

1. 旅行社客源

（1）以价格做杠杆，在旺季追求利润最大化，在淡季时追求高的出租率，吸引各社团队。

（2）稳住本市的主要大旅行社，走出去寻访成都、西安、北京等各地的旅行社和国内主要游览地的旅行社合作，力争成为指定酒店。市内旅行社的客源是酒店的生存基本客源，旅行社客源市场的开发，主要以价格为杠杆，接待好各旅行社的老总，保证节日用房，而价格比拼是竞争对手最容易做到的。怎样在同等的价格或稍高的价格的情况下保证较高的开房率，那就必须对旅行社计调部人员进行公关。

（3）积极寻找港澳各地旅行社合作和其他地区旅行社团体客源。

（4）推出“年价团队房”（一年一个价）。

（5）为扩大餐饮消费，团队要求含早餐、正餐。

（6）加强北京团、上海团、广州团的会议等促销。

2. 会务客源促销

（1）促销时间：上半年 1 至 4 月至下半年 10 至 12 月。

（2）促销对象：政府各职能部门、本地商务公司、市外商务公司。

（3）以本市企业单位和建立市外酒店联盟对接会务客人、散客。

（4）建全代理制，组织省内外会务客源。策划举办一些企业经济类的论坛，学术研讨会，培训班会议和事业单位的会议。

3. 散客客源

散客市场客源的开发，是我们酒店客房追求的最主要的客源市场，要在有限的房数提高营业额总量，散团比例的改变是根本途径。开拓散客市场，重点是绵阳市场，其次是市内其他县市，从战略方向上来讲最后的重点是移向市外，即成都、广东、上海和北京等地。

（1）参加行业的连锁服务网，加强与各企事业单位的联系，稳定现有客户，大力开发新客户，本地市场客户要逐一登门拜访。

（2）针对散客，客房、餐饮两部分捆绑销售，客户在酒店住房，可同时在餐饮、娱乐方面享受不同程度的优惠。

（3）根据不同客人的需要，设计多种套餐（包价），含客房、餐饮。

（4）大力发展长住客户，制定内部员工合理的客房销售提成奖励制度。

（5）扩大司机拉客量，加强对出租车司机的促销。建全中介差价规定和订房差价提差方法。

（6）开辟网上订房服务，加强网络促销，扩大网络订房中心的订房。

三、内外部宣传建设

（一）内部消费链建立

通过内外促销宣传链完成内部消费链。

（二）外部宣传和促销

（1）与市内外新闻媒体的全面合作，除正常的广告播放和栏目的合作，同时抓住时机借新闻报道宣传酒店，提高酒店的知名度和美誉度。

（2）交通工具上的宣传：如飞机上的介绍和代理订房业务，成都、德阳等豪华巴士的宣传和代理订房业务。

（3）人员促销、交易会促销、信函促销，通过旅行社宣传、电子邮件和其他媒体等。通过以上方法和其他宣传促销宣传网，把客人吸引进来。

（三）内部宣传

客人进店要促成各项消费，就必须把每项服务介绍给他们，这样就须要建立内部宣传网——客人自走进酒店的大厅开始，就能了解酒店的基本设施情况（制作总体设施灯箱和图片），走进电梯，又能进一步看到图文并茂的宣传广告，到了客房，除了一些重点介绍的项目外，还有一本图文并茂的服务指南。除了各项设施的介绍图片、计费方法、电视节目和菜谱（含图片）外，还有酒店的背景资料和名人来访图片资料及企业文化的内容等。同时还有酒店位置图，各项交通设施和旅游景点的介绍、相应的地方风土人情等以及打开电视应在整点插播酒店介绍专题片。

四、现场促销活动（餐饮部负责）

（一）增加品种和特色菜，降低价格，提高质量

（二）举办“美食节”，中西餐培训班

（三）根据节庆推出相应的团圆宴、长寿宴、婚庆宴等

（四）开展有奖销售活动

如办福寿宴、良缘宴，可以赠送客房或免费接送及小礼品、鲜花赠送和在报刊登祝贺广告，在电视台、电台送歌等。

（五）增加旅行社指定用餐、给导游折扣，增加团队自点餐和风味餐消费。

比如，每天前台都给餐饮提供一份导游姓名和房号单，以便餐饮部和市场部联系。

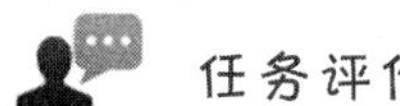

任务评价

单元 2　任务评价方案

评价项目	序号	考核项目及分值比例	评价标准	考核方式及单项权重		
				学生自评	组员互评	教师评价
通用评价指标（20 分）	1	工作计划性（2 分）	工作计划与具体实施情况偏差较小，并在必要时能合理调整计划保证顺利完成任务。	10%	10%	80%
	2	实施过程（3 分）	正确理解任务并按时、保质完成任务。分析方法正确，准确填写管理表单。	10%	10%	80%
	3	卷容格式与文字表达（10 分）	文字编排工整清楚、格式符合要求，表达流畅、条理清楚、逻辑性强。	—	—	100%
	4	成果汇报与语言表达（5 分）	汇报内容完整、表述清晰、语言流利，回答问题正确、熟练。	10%	10%	80%
	5	答辩情况（5 分）	团队成员熟悉内容，能很好地完成各评委的提问。	—	50%	50%
	6	工作态度（2 分）	纪律性好，主动积极，认真负责，勤学好问。	10%	20%	70%
	7	团队合作和协作（3 分）	与小组成员和谐合作，主动承担分工，合理处理人际关系并能协助他人完成工作任务。	50%	25%	25%

续表

<table>
<tr><td rowspan="12">任务评价指标（70分）</td><td rowspan="11">8</td><td colspan="2">广告策划方案评价（70分）</td><td>10%</td><td>10%</td><td>80%</td></tr>
<tr><td>封面完整（2分）</td><td>要素具备（名称、策划者、时间）。</td><td>—</td><td>—</td><td>100%</td></tr>
<tr><td>活动主题（10分）</td><td>有主题（4分），主题鲜明、引人注目（6分）。</td><td>10%</td><td>10%</td><td>80%</td></tr>
<tr><td>活动目标（5分）</td><td>有活动目标（2分），目标明确、具体、具有针对性（3分）。</td><td>10%</td><td>10%</td><td>80%</td></tr>
<tr><td>时间地点（5分）</td><td>选择恰当，与活动对象、活动方式相适应，时间选择得当（2分），地点选择得当（3分）。</td><td>10%</td><td>10%</td><td>80%</td></tr>
<tr><td>对象选择（5分）</td><td>促销产品明确、活动对象选择准确。</td><td>10%</td><td>10%</td><td>80%</td></tr>
<tr><td>活动方式（10分）</td><td>刺激程度适当，与费用匹配。</td><td>10%</td><td>10%</td><td>80%</td></tr>
<tr><td>实施安排（10分）</td><td>事前准备充分（3分），事中人力、物力等布置妥当（5分），事后有延续安排（2分）。</td><td>10%</td><td>10%</td><td>80%</td></tr>
<tr><td>广告配合（5分）</td><td>有广告配合（2分），广告配合方式符合促销目标以及对象的媒介习惯（3分）。</td><td>10%</td><td>10%</td><td>80%</td></tr>
<tr><td>预算恰当（5分）</td><td>有预算表（2分），预算符合企业的背景与目标（1分），预算分配合理（2分）。</td><td>10%</td><td>10%</td><td>80%</td></tr>
<tr><td>意外防范（5分）</td><td>具备处理意外问题的预案，要求2种以上简要预案，每个预案（2分），合理度（1分）。</td><td>10%</td><td>10%</td><td>80%</td></tr>
<tr><td colspan="2">创新性（8分）</td><td>方案创意独特且可行。</td><td>10%</td><td>10%</td><td>80%</td></tr>
<tr><td colspan="4">总分</td><td colspan="3"></td></tr>
<tr><td colspan="4">团队排名</td><td colspan="3"></td></tr>
<tr><td colspan="4">是否进步</td><td colspan="3"></td></tr>
</table>

任务实施自查

单元 2　任务实施进程自查表

计　划	
组　织	
领　导	
控　制	
得　失	
改进措施	
管理感悟	

情境5 实施酒店公关活动

案例导入

1983年，中国第一家五星级饭店，也是第一家中美合资的饭店——北京长城饭店正式开张营业。开业伊始，面临的首要问题就是如何招待顾客，为此长城饭店在成立之际就设立了公共关系部，招收和培训了一批高质量的公关人员，制订了一套公关活动计划和准则，把公关贯穿于饭店的各个环节。

一、慕田峪长城记者招待会

北京市为了缓解八达岭长城过于拥挤的问题，整修了慕田峪长城。当慕田峪长城刚刚修复、准备开放之际，北京长城饭店不失时机地向慕田峪长城管理处提出由他们来举办一次招待外国记者的活动，一切费用都由北京长城饭店负担。双方很快便达成了协议。

在招待外国记者的活动中，有一项内容是请他们浏览整修一新的慕田峪长城。这一天，北京长城饭店特意在慕田峪长城脚下准备了一批小毛驴。这些毛驴，除了供记者骑外，大部分是用来驮饮料和食品。当外国记者们陆续来到山顶之际，工作人员从毛驴背上取下法国香槟酒，在长城上打开，供记者们饮用。长城、毛驴、香槟、洋人，记者们觉得这个镜头对比太鲜明了，连连叫好，纷纷举起了照相机。第二天世界各地的报纸几乎都刊登了慕田峪长城的照片，北京长城饭店的名声也随之大增。

二、新闻代表团接待会

北京长城饭店的公关经理深切感受到慕田峪长城记者招待会给饭店带来的效益，心中盘算起举办一次更大规模的公关活动。机会终于来了，

1984 年 4 月 26 日到 5 月 1 日，美国总统里根将访问中国。北京长城饭店立即着手了解里根访华的日程安排和随行人员。当得知随行来访的有一个 500 多人的新闻代表团，其中包括美国的三大电视广播公司和各通讯社及著名的报刊之后，北京长城饭店的这位公关经理真是喜出望外，她决定把早已酝酿的计划有步骤地付诸实施。首先，争取把 500 多人的新闻代表团请进饭店。他们三番五次免费邀请美国驻华使馆的工作人员来长城饭店参观、品尝，在宴会上由饭店的总经理征求使馆对服务质量的意见，并多次上门求教。在这之后，他们以美国投资的一流饭店，应该接待美国的一流新闻代表团为理由，提出接待随同里根的新闻代表团的要求，经双方磋商，长城饭店如愿以偿地获得接待美国新闻代表团的任务。

其次，在优惠的服务中实现潜在动机，长城饭店对代表团的所有要求都给予满足。为了让代表团各新闻机构能够及时把稿件发回国内，长城饭店主动在楼顶上架起了扇形天线，并把客房的高级套房布置成便利发稿的工作间。对美国的三大电视广播公司，更是给予特殊的照顾。为了使收看、收听电视与广播的公众能记住长城饭店这一名字，饭店的总经理提出，各电视广播公司只要在播映时说上一句“我是在北京长城饭店向观众讲话”，一切费用都可以优惠。富有经济头脑的美国各电视广播公司自然愿意接受这个条件，暂当代言人、做免费的广告，把长城饭店的名字传向世界。

三、里根总统答谢宴会

有了之前两步成功经验，长城饭店又把目标对准了高规格的里根总统的答谢宴会。要争取到这样高规格的答谢宴会是有相当大难度的，因为以往像这样的宴会，都要在人民大会堂或美国大使馆举行，移到其他地方尚无先例。于是，他们决定用事实来说话。长城饭店在向中美两国礼宾司的首脑及有关执行部门的工作人员详细介绍情况、赠送资料的同时，把重点放在了邀请各方首脑及各级负责人到饭店参观考察上，让他们亲眼看一看长城饭店的设施、店容店貌、酒菜质量和服务水平，不仅在中国，即使是在世界上也是一流的。到场的中美官员被说服了，当即拍板，还争取到了里根总统的同意。

答谢宴会举行的那一天，中美首脑、外国驻华使节、中外记者云集长城饭店。电视上在出现长城饭店宴会厅豪华气派的场面时，各国电视台记者和美国三大电视广播公司的节目主持人异口同声地说："现在我们是在中国北京的长城饭店转播里根总统访华的最后一项活动——答谢宴会……"在频频的举杯中，长城饭店的名字一次又一次地通过电波飞向了世界各地，长城饭店的风姿一次又一次地跃入各国公众的眼帘。里根总统夫人南希后来给长城饭店写信说："感谢你们周到的服务，使我和我的丈夫在这里度过了一个愉快的夜晚。"

通过一系列公关活动，北京长城饭店名声大噪。各国访问者、旅游者、经商者慕名而来：美国的珠宝号游艇来签合同，美国的林德布莱德旅游公司来签订合同，几家外国航空公司也来签合同。后来，有38个国家的首脑率代表团访问中国时，都在长城饭店举行了答谢宴会，以显示自己像里根总统一样对这次访华的重视。

从案例中可以看出，长城饭店生意兴旺，知名度高，除了得力于一流的设备和一流的服务外，还与它一系列成功的公关活动密不可分。酒店公关活动的推出能够迅速为酒店打开市场，那么，究竟什么是酒店公共关系？什么是酒店公共关系活动？如何策划和实施酒店公共关系活动？这些都是本任务中将要讨论与完成的问题。

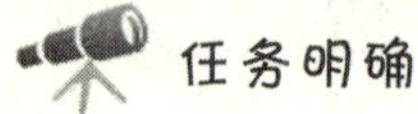

情境5　任务单

任务描述	以小组为单位，根据酒店公关策划的程序，对所模拟的酒店进行公关活动策划。
成　果	酒店公关活动策划书。
具体工作过程	开始：承上一任务，团队选择本次任务的实施负责人。 过程：根据本情境的任务要求，调查了解所策划的酒店的市场环境和市场情况，通过调查分析确定策划的主题及内容，并撰写公关活动策划书。任务实施负责人要填写项目实施进程自查表。 评价：各小组就所完成任务的计划与实施过程作总结，准备PPT并进行汇报与评价。
具体工作任务	1. 确定本项目负责人，开会商议分工事宜。 2. 本项目负责人为全组成员策划的程序与注意事项。 3. 组员共同讨论确定策划主题。 4. 围绕确定主题，根据分工各自收集相关资料。

续表

具体工作任务	5. 汇总并讨论所收集到资料，形成策划初稿。 6. 对初稿进行修改，形成最终策划文案。 6. 项目负责人进行本组项目汇报，并答辩。 7. 项目负责人，总结得失，填写项目实施进程自查表。
需填写的表单	1. 填写引导文答案概要（见预习指导）。 2. 工作（项目）实施进程自查表。 3. 工作（项目）评价单。
建　议	选择附近的、交通容易到达的酒店进行实地调研，在调研过程中灵活运用公关技巧，赢得酒店相关工作人员的支持与配合。

预习指导

1. 登陆课程学习网站，观看视频《体验日策划》，思考在进行这种类型酒店公关活动策划时分别要注意什么问题？

视频位置：课程学习网站⟶视频资源⟶课程学习同步参考系列⟶情境五⟶体验日策划

2. 根据如下引导文，阅读教材“知识讲解”内容，并尝试在空白处回答相应的问题。

预习引导文	读者自学后回答
1. 酒店公共关系的特点和职能有哪些？	
2. 酒店公共关系策划包括哪几个步骤？	
3. 酒店公共关系专题活动有哪几种类型？	
4. 酒店庆典型关系组织工作包含的内容有哪些？	

知识讲解

一、酒店公关概述

酒店公共关系是指酒店为了增进和社会公众、内部员工之间的了解、信任和合作而作出的各种谨慎的、有计划的、持久不懈的沟通努力。酒店通过各种有效活动，帮助酒店在公众心目中建立良好的企业形象，提高酒店的知名度，减少或是消除对酒店不利方面的影响，加强酒店员工的集体凝聚力，并密切与新闻界、顾客、竞争者以及社会公众搞好关系，从而为酒店创造良好的企业经营、营销环境。

酒店公共关系由主体、客体以及媒介共同组成。具体地讲，酒店、公共和传播就是公共关系的主体、客体和媒介，它们也构成了酒店公共关系活动不可缺少的三个基本要素。

（一）酒店公共关系的特点

1. 服务性

酒店是一种服务性行业，其特点决定了酒店公共关系工作的出发点是为酒店创造各具特色的形象服务。为公众提供更好的服务是酒店公共关系工作的核心内容和塑造良好形象的基础。

2. 营销性

酒店公共关系之所以在酒店经营管理中广为应用，其主要原因是公共关系能与市场营销相结合，有利于酒店扩大客源市场，从而促进酒店经济效益的提高。

3. 情感性

现代企业已经进入了“情感化”的经营时代，即“情感”作为一种重要的激励机制，已成为管理的一种重要方式。酒店在经营过程中更加突出这一特点，更集中地表现为人与人的直接交往。酒店公共关系作为一种管理职能，在公共关系活动中把“情感”这一重要因素导入其中，使酒店组织更加富有亲和力。

4. 复杂性

酒店公共关系的复杂性主要体现在酒店面向的公众范围广，公众年龄、身份、职业等构成较为复杂。此外，酒店公关所涉及的行业、部门复杂多样。

5. 长远性

酒店公共关系所要追求的最终目标是塑造酒店的良好形象、营造酒店的和谐环境、促进酒店与社会公众的共同发展，这是酒店组织的一项长远战略，是酒店公共关系不断努力的方向。实现这一目标需要酒店各组织、各部门及相关人员克服种种障碍，同心协力，持之以恒。

（二）酒店公共关系的原则

1. 真实性原则

酒店公共关系是酒店建立信誉、塑造形象的艺术，但又不是一种纯粹的艺术或宣传的技术，而是以事实为依据的科学。酒店在开展公共关系活动时，必须建立在良好行为和掌握事实的基础之上，向公众如实传递有关组织的信息，同时向组织决策者如实传递有关公众的信息。

2. 平等互惠原则

酒店公共关系强调主体与客体的平等权利和义务，酒店在进行公共关系活动时应尊重双方的共同利益，谋求组织利益和相关公众利益的平衡。

3. 整体性原则

酒店公关活动的开展要求酒店站在社会的高度，从社会、经济、文化和生态等方面综合考虑，力求凸显整体效益。

4. 全员公关原则

酒店公关工作不仅要依靠专职公关机构和公关人员的努力，而且还要依赖于酒店各部门和全体员工的积极配合，要求酒店全体成员树立公关观念，参与公关工作。

（三）酒店公共关系的职能

1. 收集信息，监测环境

酒店的生存与发展离不开客观现实的环境。这一环境包括国家相关政策规定的宏观环境，地方政府、管理部门的政策或规定的约定环境，组织之间相互交往的环境，组织内部相互协调配合的环境。客观环境对酒店及其组织的运行发挥着导向、促进和制约的作用。酒店公共关系工作的基本内容之一就是搜集、整理、分析、归纳各方面的相关信息，帮助组织了解不断变化的内部和外部环境，使组织能够针对各种变化做出及时、灵活的反应。

2. 塑造形象、赢得声誉

酒店塑造良好的形象是公共关系的最终目标，也是公共关系战略的核心内容。公共关系要对酒店形象进行评估和分析，要为酒店进行恰当的形象定位，要为酒店实现形象塑造的目标提出战略计划和实施方案。这些工作是公共关系工作的重要组成部分。公共关系通过一套科学的、系统的方法，协调组织的各种活动，更加完美地展现组织形象。

3. 传播信息，推广形象

现代酒店竞争激烈，经营模式差别不大，但在知名度和美誉度上却差异很大，因此，拓宽各类宣传渠道、抓住宣传机会，增强组织的知名度和美誉度是酒店经营的一个关键性问题。公共关系在这方面发挥了不可替代的作用。首先，公共关系注重新闻性宣传工作，即利用新闻传媒及时把组织内部的信息报道出来，并将信息材料以一定的导向性作用于公众，由此构筑酒店组织的整体形象。其次，公共关系注重交际性宣传，即通过演讲、讲座、专题活动等效果比较好的面对面的交谈推广酒店组织活动。再次，公共关系注重事件性宣传，即利用一些已经发生的事件因势利导强化宣传效果。

4. 加强交往，扩大影响

良好的公共关系活动，可以使酒店加强与社会公众联系，可以提高酒店的知名度，有助于建立酒店的信誉和树立良好的酒店形象，并通过社会舆论影响市场上消费者购买行为，为酒店的销售创造条件。

5. 团结员工，增强实力

酒店通过公共关系活动能够激励酒店员工的工作，并有助于吸引优秀的员工来酒店工作，促使员工充分发挥为酒店争光的积极性，从而增强酒店在市场上的竞争力。

二、酒店公共关系策划程序

（一）酒店公关调查研究

酒店公关调查是信息搜集、汇总及输入的过程，目的在于收集有关酒店公关工作的运行与管理的各种信息，并对这些信息加以整理分析，作为决策的依据。

公共关系调查有以下几方面的内容：

(1) 与公共关系工作有关的酒店情况和数据。

(2) 酒店美誉度。即公众尤其是权威人士对酒店的看法。

(3) 酒店内部公共关系状况。包括酒店管理方法、各部门之间的关系以及员工的公共关系观念等。

(4) 公共关系活动的历史和现状。在公共关系方面，酒店曾经做过哪些努力？正在做哪些努力和哪些改造？接受改进建议需要哪些条件？

（5）缺点。酒店哪些政策和活动造成了对自己不利的舆论？酒店是否接受改变这些政策和计划的建议？

（6）优点。酒店有哪些政策和活动造成了对它有利的舆论？酒店是否充分利用了这些有利条件？在将来的公共关系活动计划中，是否可以强调某些独特的政策和活动？

（7）机会。在酒店现有条件下，有无创造性地运用公共关系的机会？

（8）障碍。在实施公共关系计划时，可能会遇到哪些障碍？

（9）结论和判断。调查所得事实是否准确？结论能否经得起严格的检验和批评？调查报告是否体现了职业公共关系人员所常用的分析方法与原则？

（二）确定酒店公关目标

经过调查，掌握了酒店的实际情况后，在对环境及其发展趋势充分研究与预测的基础上确立公关工作目标。

酒店的公关目标应纳入酒店管理总体运行的轨道之中，要符合酒店的整体战略目标和计划。酒店公关目标按工作范围设定，有以下几种情况：

（1）以传播组织信息为目标。

（2）以酒店产品促销为目标。

（3）以联络组织与公众情感为目标。

（4）以重塑酒店形象为目标。

（5）以引起公众行为为目标。

（6）以社会公益为目标。

为使酒店公关目标更明确、具体、可行、可控，可在设置总目标的基础上设置具体的分目标。如某酒店的公关目标如下：

总目标：重塑酒店形象。

分目标 1：为酒店设计新形象标识。

分目标 2：提升酒店员工对客服务质量。

分目标 3：加大酒店形象宣传。

小思考

如何衡量酒店公关活动是否达到预期目标？

（三）制订公关工作计划

通过调查，了解本酒店公共关系存在的问题和机会，确定公关目标之后，酒店公关人员应制订公关行动计划，使原先确定的目标明确具体化。

1. 公关主题

公关活动主题在表达表现方式上形式多样，可以是一句简单的口号，也可以是一段简练的陈述，但是都必须起到主导、联结整个公关活动的作用。在内容上，主题必须观点鲜明、契合实际、便于记忆。

2. 公关项目

（1）利用酒店现有设施举行的活动项目。

（2）以信息传播为中心的活动项目，包括新闻发布会、记者招待会、演讲会、公关讲座和各种竞赛活动、宣传教育活动等。

（3）推销产品和服务的活动项目，主要形式为经常向客户、新闻出版机构、旅行社寄送有关产品和服务的新闻稿、特写文章和照片等。

（4）特殊情况下的活动项目，如全国性的重大节庆日、酒店的庆典日等。

3. 公关时机

（1）固定时机。这种时机常见的有固定节日、重大纪念日和其他节假日。

（2）常规时机。常规时机是指每隔一年或几年一次的各种文化体育活动，如亚运会、奥运会、锦标赛、博览会、展览会、电影节、青年歌手大赛等。这些常规性机会，是组织塑造良好形象，开拓发展客户的良好机遇。

（3）偶然时机，如日食、月食、流星等自然奇观，这些偶然得到的机会，常常是一种真正的大好机会，充分利用它，能获得意想不到的效果。

（4）组织营运过程中所蕴含的时机。组织营运过程中所蕴含的时机包括两类：一是组织重大事件发生的自然时间，如某工程奠基之时，企业推出新产品或新服务之时，企业销售额达到一个大的整数之时等等；二是一些具有隐蔽性的时机，需要公关人员慧眼察觉，如组织运营过程中可能会出现差错而造成组织形象受损，或者由于信息传播障碍而引起公众误解，或者由于外部某种原因可能引起公众关系恶化等等。

（四）编制公关费用预算

依照设定的项目和所需的资源，编制经费预算。经费预算包括劳务报酬、宣传费用、设备器材费用、管理费用等内容。制定公关预算按以下步骤进行操作：

（1）计算每一场活动需要的资金及完成目标所需的资金总量。

（2）确定关键目标领域，决定投入资金的目标序列。

（3）将全部资金在各个分目标之间进行预算分配。

（五）组织实施公关活动

1. 选择适当的传播媒介

（1）针对目标公众进行的信息传播活动，要选择其所惯用的传播媒介，让传播的信息全部或大部分为公众目标所了解并接受，从而使活动取得最佳效果。

（2）传播媒介可以根据公关活动的目标、目标公众对象、传播内容和经济条件等因素进行选取。

2. 设计编发公众所喜闻的公共关系信息

（1）公共关系人员在设计制作公共关系信息时，应该更多地从公众的特点和传播媒介的特点出发，而不是只从自己的酒店出发。

（2）信息要真实可靠，具有新鲜性和吸引力。信息必须明确，具有内在一致性，尽可能使酒店公关目标以适合公众和传播媒介要求的方式表达出来，使得制作的信息成为实现公共关系目标的强有力的工具。

（六）公关工作效果评估

公关活动结束之后，必须立即着手收集信息反馈，进行总结分析，进行影响和效果的评估，肯定成绩，找出差距，有利于酒店员工对公关活动深入认识，并且为今后类似的活动提供一些参考性的方案。

1. 评估的内容

（1）计划与目标一致性分析包括：公共关系目标的深度与广度；公共关系计划与预计的目标是否一致，两者之间的根本联系；预计的和实际的费用及获得的利益和效果等。

（2）活动实施过程分析包括：沟通交往活动是否达到了预定的公众和目标区域；社会关系的协调是否正在按照公共关系计划所设计的程序进行等。

(3) 功效、影响与效果问题分析包括：公共关系活动的效果；实现的效果计划外的作用；有无预料之外的影响；收益与成本分析；充分利用可利用信息与媒介资源情况等。

2. 评估调查

公共关系评估的依据主要来自社会实践，通过收集反馈信息进行分析研究得出评估结果；评估信息的来源主要有公众来信、来电、来访，新闻媒体的评论及报道，社会问卷调查，酒店内部员工态度和营业指标等。

表 5－1　　酒店公共关系工作程序

工作目标	关键点控制	细化执行	流程图
1. 使公关工作富有成效。	1. 调查研究		1. 调查研究 ↓ 2. 确定公关目标 ↓ 3. 制订公关工作计划 ↓ 4. 编制公关费用预算 ↓ 5. 组织实施公关活动 ↓ 6. 公关工作效果评估
	1.1 销售部公关人员通过观察、访谈、问卷等方式对酒店内部运营情况、外部公众认知情况和客观环境进行调查。	1. 公关调研问卷。 2. 公关调研报告。	
	1.2 对调查的材料归类整理、数据统计，认真研究分析，形成公关调研报告。		
2. 有效塑造和传播酒店的良好形象。	2. 确定公关目标。	—	
	2.1 根据公关调研结果、市场的实际情况，结合酒店的经营实际，销售部确定酒店公关工作目标。	—	
	2.2 公关工作目标要准确、合理、有效，同时要有弹性。	—	
3. 提高酒店的知名度和美誉度。	3. 制订公关计划。	—	
	3.1 根据确定的公关工作目标，销售部制订公关工作计划。	公关工作计划书。	
	3.2 按照公关工作计划，设定每一公关活动主题，确定所需人员、时间及具体实施方案等，形成酒店公关活动计划表。	公关活动计划表。	—

续表

工作目标	关键点控制	细化执行	流程图
—	4. 编制公关费用预算，依照设定的公关活动项目及活动形式等，编制公关活动预算，预算包括劳务报酬、宣传费用、设备器材费用、管理费用等内容。	公关活动费用预算表。	—
	5. 组织实施公关活动。	—	
	5.1 销售部负责组织实施公关计划，开展公关活动，对目标公众展开有效的信息传播。	1. 公关活动邀请函。 2. 公关宣传资料、宣传品等。	
	5.2 选择公众所熟悉的传播媒介，编发公众喜爱的信息，引导公众对活动的关注和参与，取得理想公关效果。		
	6. 公关工作效果评估。	—	
	6.1 销售部应定期对公关工作进行总结，同时通过观察、调查、分析，评估公关活动的实施效果。	1. 公关工作评估表。 2. 公关工作总结报告。	
	6.2 效果评估注重公关活动信息传播的有效性、到达公众数量及对其影响；评估公关活动是否达到了计划目标或解决的问题。		

三、酒店公关专题活动策划

酒店公关专题活动是指酒店为了某一明确目的，围绕某一特定主题有计划地开展各种有特定目的和内容的形象传播活动。酒店公关专题活动涉及范围广，内容丰富，对公众吸引力大，是酒店与广大公众进行沟通，塑造自身良好形象的有效途径。

（一）庆典活动

1. 庆典活动的类型

庆典活动是指酒店在其内部发生值得庆祝的重要事件时，或围绕重要节日而举行的庆祝活动，酒店一般将其视为一种制度和礼仪，庆典活动往往给公众留下“第一印象”。常见的庆典活动有开幕庆典、闭幕庆典、周年庆典、特别庆典和节庆活动。

（1）开幕庆典。指第一次与公众见面的，展现酒店企业新风貌的各种庆典活动，包括各种展览会、运动会和各种文化节日的开幕典礼、开业典礼等。

（2）闭幕庆典。是指酒店重要活动的闭幕式或者活动结束时的庆祝仪式，包括各种博览会、运动会和文化节日的闭幕典礼；重要工程的竣工或落成典礼；酒店重要活动或系列活动的总结表彰或者为圆满结束举行的各种庆祝活动等。

（3）周年庆典。是指酒店在发展过程中的各种内容的周年纪念活动，包括“生日”纪念，如酒店的店庆等，也包括酒店与相关公众之间友好关系周年纪念，还包括某项技术发明或某种产品服务问世的周年纪念和其他内容的周年纪念活动。

（4）特别庆典。是指酒店为了提高知名度和声誉，利用某些具有特殊纪念意义的事件或者为了某种特定目的而策划的庆典活动。根据不同的目的，酒店的特别庆典可采取不同的方式，如酒店策划世界环境日纪念活动、消费者权益法颁布十周年庆祝活动等，以表达企业关心社会的理念。

（5）节日庆典。是指酒店在社会公众重要节日时举行或参与的共庆活动。这里的重要节日可以是传统的节日，还可以是源自西方的节日如圣诞节等。节庆活动一般可分为两种：一种是酒店利用节日为社会公众举办的各种娱乐、联谊活动，免费或优惠提供的服务，目的在于联络感情，协调关系；另一种是酒店积极参与当地社区主办的集体庆祝或联欢活动，目的在于塑造一个积极参与社会活动的形象。

2. 庆典活动的组织实施

要把庆典活动办得圆满成功不是那么容易，尤其是大型庆典活动，牵涉面广，具体而复杂，酒店公共关系人员一定要精心策划，周密实施。具体来说，要办好一次庆典活动，应认真做好相关组织工作。

庆典活动要做到准备认真充分，接待热情有礼，场面热烈有序，才能吸引社会公众的广泛关注，庆典活动才会取得成功。

表5－2　　酒店庆典活动组织实施

主要工作	具体实施要求
1. 拟定宾客名单。	根据需要，拟定出席宾客及主要嘉宾的名单，并送领导审定。
2. 发出邀请，确定宾客。	经领导层审定后，印制成精美的请柬，并提前两周左右寄送给宾客。活动前三天再电话核实，看有无变动；对主要嘉宾、发言人、VIP（贵宾）等在活动前一天再核实一次。
3. 合理安排庆典活动的程序。	（1）主持人宣布典礼开始。 （2）介绍重要宾客。 （3）宾客代表致贺词。 （4）酒店负责人致谢辞。 （5）剪彩（或颁奖、奠基等仪式）。 （6）庆祝节目（如演出、放烟花等）。 （7）典礼结束后组织宾客参加其他活动。
4. 做好接待准备工作。	（1）确定签到、接待、摄影、录像、扩音等有关服务人员。 （2）安排宾客的接待服务工作。
5. 做好物质准备和后勤保障工作。	（1）庆典活动现场使用的音响设备、音像设备、文具、电源等。 （2）剪彩的彩绸带、鞭炮、锣鼓等。 （3）宣传品、条幅和赠予礼品。 （4）出现特殊情况时使用的物品，如雨伞、药品。

3. 开展庆典活动的注意事项

庆典活动是一种技巧性很高的酒店公共关系专题活动，为了达到预期目的，还需要注意以下事项：

一是要有计划。庆典活动应纳入酒店的整体工作安排，应使其符合组织整体效益提高的目的，组织者应对活动进行通盘考虑，切忌想起一事办一事，遇到一节庆一节。

二要选择好时机。调查研究是酒店开展公关活动的基础，庆典活动也应在调查的基础上展开，抓住酒店企业时机和市场时机，应尽可能使活动与组织、市场相吻合。

三是科学性和艺术性相结合。公共关系活动是科学地推销产品和形象的过程，通常要赋予其艺术性，使其更具有魅力。如酒店可以关心组织员工、增进内部团结为主要目的，为婚龄男女员工举办集体婚礼，为退休员工举办金婚、银婚纪念等活动。

四是制造新闻事件。酒店公共关系活动要引起媒体关注就要学会制造新闻事件。如电视剧《公关小姐》中的公共关系部经理，在酒店即将开业之际，巧妙地利用中国农历年虎年到来之际，策划在酒店大厅摆上一只真的大老虎，以此来制造新闻事件，让公众在争相看老虎的同时，也了解了中国大酒店。

五要注意总结。为保证今后开展活动的连续性，需要对每一次庆典活动进行总结，吸取经验教训。

小思考

庆典活动中“制造新闻事件”是否违背公关的真实性原则？

（二）新闻发布会

1. 新闻发布会的含义及特点

新闻发布会又称“记者招待会”，是公关组织为直接向新闻单位发布有关组织信息、解释组织重大事件而举办的专题公关活动。新闻发布会具有以下特点：

一是正规隆重。新闻发布会形式正规，档次较高，参加者有身份有地位。

二是沟通活跃。在新闻发布会上记者和发言人现场问答，双方沟通时间长。

三是传播迅速。新闻发布会发布信息速度快，扩散面广，社会影响大。

2. 新闻发布会的组织实施

酒店策划新闻发布会，主要是对发布会的主题、时间、地点、参加者、议程等事宜精心安排，保证达到预期目的。

表5－3　　新闻发布会组织实施

主要工作	具体实施要求
1. 选择主题	（1）主题应有较大的新闻价值。重大、新鲜的新闻才能吸引记者，否则会出现新闻发布会无记者到场的尴尬局面。 （2）新闻主题要单一。 （3）内容要简明扼要，不能浪费时间。记者开完会要组稿和发稿，时间很宝贵，浪费时间会给记者留下不好印象，以后再召开这类会议时，记者就不愿参加了。

续表

主要工作	具体实施要求
2. 选择时间	时间选择要恰当，尽可能选择适合记者的时间。选择时间时遵循两个原则： (1) 应尽量避开节假日和重大社会活动的时间。节假日或重大活动会分散新闻媒体的注意力。如香港每周六的赛马日、澳门的周六赛狗日一般不举办新闻发布会。 (2) 会议时间一般安排在上午 10 时或下午 3 时，总时间 60 分钟左右为佳。这个时间对记者最方便。
3. 新闻发布会的筹备工作	(1) 根据主题准备好各种材料。发言稿（发言人准备）、各种背景材料、新闻宣传材料、答记者问备忘录等（公关员准备）。 (2) 确定主持人和发言人。发言人应由组织的主要领导人担任，主持人则由公关部负责人担任。两人事先应熟悉发言稿，预测记者提问。面对敏感提问应有充分准备。 (3) 确定所邀请记者的范围。根据发布信息的类型来确定所邀请的记者。对关系密切的新闻机构和记者不能遗漏。 (4) 选择合适的会场。基本要求：交通方便，通讯设施完善。最好利用大型会务中心、专业新闻中心或大饭店、大宾馆会议室。 (5) 做好预算，留有余地。费用考虑全面，要留有备用金。
4. 会议工作程序	(1) 迎宾、签到（公关员或服务生）。 (2) 分发资料（公关员）。 (3) 启动会议程序。 ①主持人宣布会议开始，介绍发言人、来宾和新闻单位。 ②发言人发布新闻、介绍详细情况。 ③记者提问，发言人逐一回答。 ④主持人宣布会议结束。 (4) 参观或其他安排。会后可安排参观、茶话会或自助餐等，目的是提供双向沟通场所，以方便记者采访。
5. 会后情报工作	(1) 全面收集与会记者在媒体上发表的文章，将其归类分析，检查有无漏发信息。 (2) 统计已发表的稿件和记者名，计算发稿率，作为今后邀请记者的参考数据。 (3) 对已发稿的记者，给予特别的联系和致谢，加强与他们的友谊。 (4) 电话追踪记者对会议的接待、服务的意见。发现问题，抢先及时道歉。

小思考

怎样避免与其他新闻发布会产生时间上的冲突？

3. 新闻发布会的注意事项

第一，事前做好排练，发现问题及时纠正。

第二，对待各媒体记者一视同仁，不能厚此薄彼。

第三，所有工作人员与组织的宣传口径保持一致。

第四，公关员和服务生做好会议的接待和记录工作。

第五，主持人和发言人要注意言谈举止和会场的气氛引导。在发言冷场时，适时引导记者提问，而在记者争相提问时，又要维持好会场秩序。

第六，事先准备好回避问题的方式和技巧。

第七，避免造成对立情绪，在发现对立苗头时，要善于控制和化解。

（三）展览活动

1. 展览活动的组织实施

展览活动一般是通过集中的实物展示、图片资料和示范表演，配之以多种传播媒介的复合传播形式来宣传酒店产品和组织形象的专门性公共关系活动。展览、展销是酒店较为重要的公共关系专题活动之一，它以极强的直观性和真实感给观者以强烈的心理刺激，同时酒店在展览会上也可以了解公众的反映和意见，互相沟通，增进友谊。

展览活动为酒店开展公关活动提供了一个良好的机会，酒店应充分利用这个机会展示自己的产品，传递必要的信息，加强与社会公众的直接沟通。为使展览活动办得卓有成效，组织者应认真做好组织工作。

表 5－4　　展览活动的组织实施

主要工作	具体实施要求
1. 制订展览活动的主题和计划	（1）主题明确。 （2）主题突出个性。
2. 确定参观对象	（1）根据主题定位参展对象。 （2）确定参展对象的层次、数量和需求特点。
3. 选择展览场地和时间	展览活动的地点选择应做到： （1）交通方便。便于参观者寻找和到达。 （2）环境适宜。展览会地点周围环境是否与展览会主题相得益彰。 （3）设施齐全。辅助设施齐全、易安装。
4. 展厅（台）布置	（1）展厅布局合理，同类型产品应集中在一个区域。 （2）展台设计新颖有创意，具备科学性、艺术性。

续表

主要工作	具体实施要求
5. 展览活动的宣传	(1) 展前宣传。展前可以在报纸、电视、广播等常规媒体宣传，同时给有可能参展的单位发邀请函，邀请参展商和观众。 (2) 展中宣传。展会过程中通过拉横幅、设立电子展屏、发宣传册等方式营造氛围，达到宣传效果。 (3) 展后宣传。展后可采用邮寄方式询问客人对展会的感受，并介绍下次展会的相关信息，为下次展会活动做好铺垫。
6. 培训工作人员	展会工作人员包括讲解员、接待员、服务员，应有针对性地进行良好的公关培训，培训内容包括： (1) 展览礼仪规范。 (2) 展览专业知识。 (3) 沟通能力培训。
7. 参会人员接待	(1) 根据参加会议者的具体情况以及人数多少安排相应的车辆。 (2) 根据参会人员的喜好，预定各种形式的食宿。 (3) 根据参会人员的喜好，设计不同的休闲方式，设计专门的旅游线路。
8. 展览活动开展	(1) 开幕式活动安排。 (2) 展中做好现场管理及突发事件处理。
9. 效果评估	展览会结束后，要测定展览的实际效果，通常可采取以下几种方法： (1) 举办有奖问答活动。 (2) 设置公众留言簿，主动征求公众意见。 (3) 召开公众座谈会，随机选取一些公众进行座谈，了解他们对展览会的看法。 (4) 登门访问。 (5) 问卷调查。在展会过程中或展览会结束之后，进行问卷调查。

2. 展览活动注意事项

第一，成立专门的对外新闻发布机构，负责制订新闻发布的计划和组织实施，负责与新闻界联系的一切事务。

第二，准备展览会所需的各种辅助宣传材料，如拍摄幻灯片和录像、制作各种小册子和目录等。

第三，确定展览会的管理机构，提供相关服务。大型的展览会要设立文书、邮政、运输、保险等专业服务部门。通常展览会应在入口处设置咨询台，贴出展览会平面图，作为参观者的指南。国际性展览会还应设置处理对外商检贸易的业务部门。

第四，为了使展览会办得生动活泼、新颖别致，还需要适当选用展览方法和技巧，如邀请有关知名人士出席，举行别开生面的开幕式，邀请有关文艺团队助兴等，以活跃展览会的气氛，吸引更多公众前往参观。

（四）公益活动

公益活动是组织从长远着手，出人、出物或出钱赞助和支持某项社会公益事业的公共关系实务活动。公益活动是目前社会组织特别是一些经济效益比较好的企业用来扩大影响、提高美誉度的重要手段。酒店开展公益活动，一般遵循以下原则：

一是一致性原则。公益活动是对酒店品牌建设的长期投资，因此，公益活动主题和类型应与酒店的品牌有关联，相互一致。

二是长期性原则。酒店开展的公益性活动应持之以恒，不应稍纵即逝，昙花一现。

三是传播效果原则。酒店公益活动要善于抓住时机，要选择影响力较大、有利于扩大酒店声誉、与酒店有密切联系的活动，吸引大众传播媒介。

四是计划性原则。酒店公益活动具有长期性，因此必须制订详细的工作计划，确保酒店的形象塑造与酒店的战略目标相一致。

五是量力而行原则。酒店参与公益活动花费的成本必须列入酒店的预算，因此酒店要根据自身财力情况承担公益活动，有选择地对社会活动进行赞助，而不是参与越多越好。

表5-5　　酒店公益活动的组织实施

主要工作	具体实施要求
1. 确定公益活动主题	酒店公益活动一般以社会公众关心的热点、难点为中心，常见的主题有： (1) 支持社会福利事业。 (2) 资助教育事业。 (3) 热心社区服务。 (4) 保护环境。 (5) 协助发展体育事业。 (6) 资助医疗、保健事业。 (7) 资助文化艺术事业。 (8) 赞助学术研究。

续表

主要工作	具体实施要求
2. 确定公益活动对象	公益活动对象依据公益活动主题而定。
3. 制订公益活动方案	制订具体活动方案时应考虑： (1) 赞助的形式、赞助的金额、赞助的范围等。 (2) 活动的方式。 (3) 活动的时间、地点。 (4) 活动参与人员。
4. 实施公益活动	在公益活动实施过程中，酒店还要科学地选择适当的宣传媒介进行报道，主动地将公益活动的情况告诉公众，使公众更好地了解酒店的独特之处，强化其对于酒店的印象。
5. 效果评估	公益活动结束后，酒店应对活动效果进行评估，可通过问卷调查、访谈等方式进行。

（五）联谊活动

酒店的公关联谊活动，是指酒店与酒店内部公众之间或酒店与外部公众之间为加深感情、促进信息沟通与合作而举行的公关专题活动。酒店的联谊活动形式有酒会、舞会、员工集体婚礼、集体生日晚会、文艺晚会等。联谊活动策划包括以下 4 个基本环节：

(1) 确定联谊的主题。联谊活动的主题必须鲜明并富有特色。主题的取舍可根据酒店的历史、文化、经营特色和宾客消费特点而确定。如酒店可以用“酒会”形式拉开“美食品尝周”或“美食节”的帷幕，以制造气氛。

(2) 选择联谊时间。举办联谊活动的时间是能否吸引公众的重要条件之一。利用酒店开业的周年纪念日举行联谊活动，或进行一周一次、一月一次的“酒店员工日”活动均不失为开展联谊活动的最佳时机。如广州中国大酒店在举办店庆活动时，公关人员设计了“中外通商之途，殷勤款客之道”这一主题，突出展示了酒店为来华经商者提供先进完善服务的特色，酒店拍摄了一张全酒店 2000 多名员工参加留影的“全家福”，开展了一系列的庆祝活动，使这次联谊活动获得了非常大的成功。

(3) 选准联谊的对象。联谊是一种双边活动，必须是联谊双方或多方都有联谊的愿望和要求，并有联谊的条件和能力，相互以对方为己方开展公关工作的目标。如与合作伙伴的联谊、与酒店宾客的联谊、与酒店同行的联谊、与酒店内部员工联谊以及与新闻界、体育界、教育界公众联谊等。

(4) 把握联谊的类型。一是感情型联谊。这种联谊的目的是初步建立良好的印象，为日后进一步联系奠定感情基础，可以互递名片、互致信函、个别交谈或邀请出席酒店的某项庆祝活动，并互赠联谊的纪念品等。二是信息型联谊。这种联谊是以沟通信息为主要内容和手段，以谋求各方建立合作伙伴关系为目的，互助互利，建立信息网络的一种公关交际形式。三是合作型联谊。这是一种以联系各方直接合作为内容的高层次的联谊活动，通过合作联谊能实现各方的共同目的，既能增进彼此间的友谊，又能相互促进工作业务的开展。

（六）危机型公关活动

(1) 危机型公关活动的特点。

酒店在与内外环境的关系中，不可避免地会发生摩擦和冲突，这些矛盾与冲突构成了危机。酒店危机表现最多的是投诉，投诉者最多的是顾客，当然也包括竞争对手、社区、员工等。投诉的原因有两种：

一是自身工作没做好，造成不良后果。

二是公众的误解，个别公众的污蔑和诽谤。两种原因造成的后果都是对酒店形象的损害。

危机型公关活动的目的就是面对酒店形象的损害，设法澄清事实，消除偏见，将损失降低到最小程度，努力重整旗鼓，将坏事变为好事，维持酒店的声誉，扩大酒店的影响。

(2) 危机型公关活动策划的要点。

一是实事求是。客观地面对事实，让投诉者把话讲完。实事求是地对待投诉是成功解决问题的前提。如果是酒店的责任，要诚恳道歉并承担一切损失。如果是外部原因或公众误解，就应在调查研究的基础上，掌握充分的证据，澄清事实，消除误会，并感谢投诉者为酒店工作提出的宝贵意见。

二是重视公众利益。公众投诉一般是因个人利益严重受损，难以忍受而产生的一种维护个人正当权益的法律行为。此时，投诉者往往不可避免地会出现言辞激烈，甚至行为失控的现象。公关人员应设身处地地为公众着想，站在投诉者的位置上思考问题、分析问题，充分理解投诉者的过激表现，要表现出耐心与诚恳。当酒店组织利益与公众利益发生冲突时，应自觉地将公众利益置于酒店利益之上，这是危机型公关策划应遵循的要旨。

三是引导舆论。这是危机型公关策划所必须重视的要点。危机产生后，势必影响酒店形象，损害酒店声誉。因此，危机型公共关系尤其要重视舆论的力量，在公共关系策划中着意于引导舆论，求得公众的谅解，帮助酒店重振声誉。在引导公众舆论的过程中，首先应本着实事求是、有错就改的态度，在良好的服务态度基础上，积极将酒店有关信息通报给社会公众，获得公众情感上的谅解。然后采取积极措施，主动改进工作，才能使酒店度过风险、转危为安。

小思考

酒店危机处理包括哪几个步骤？

资源扩展

微博公关："微时代"的新型公关

微博，是微博客的简称。"微博"之"微"体现在它要求用户用短短140个字将自己即时的心情感悟或就某个新闻事件的思考评论，概括、完整地表达出来。每一个微博用户都可以通过这个平台传播、分享和择取五花八门的讯息，大到国际关系，小到家长里短。自微博引入中国以来，这个传播媒介的使用人数得到了大幅提升，与之相适应的，就是微博作为传播手段的影响力也在不断加强。

一、微博营销中的微博公关

在新媒体时代，从政府到企业，对微博公关的需求越来越大。据调查显示，微博营销与公关已成为许多企业的网络营销新配工具之一。企业可以通过自己的官方微博向外界传播企业活动、产品销售的信息，帮助构建一个负责、严谨、有规划的企业形象。面对每一个可能是潜在消费者的微博用户，企业需要做的是倾听受众的需要，编辑与微博用户切身利益息息相关的微博内容，带动他们转发、扩散，让这群潜在的消费者参与到企业的推广与营销中来。企业微博转发数量越多，表明企业的关注点与消费者的需求契合度越高。

微博在为企业营销提供新思路，推动公关传播手段创新的同时，也给公关行业提出了新的课题。微博时代信息的去中心化和碎片化给谣言和危机的产生和传播创造了温床，危机的源头无处不在。在微博时代里，人人都是媒体，也同时都是受众。由于每个发布者都隐藏在一个微博账号后，任何一个人都可以是危机发生的触发器，任何一个细节都可能是危机的诱发因素。跟传统公关相比，难度在于，我们或许可以通过努力控制某一个媒体，但是我们无法控制每一个人。

微博的影响力如达摩克利斯之剑，成就了一些品牌，也打垮了某些形象。如何在降低微博负外部性的同时，利用它扩大自身形象的正面宣传，也成为从事微博公关的人员最为关注的问题。

二、酒店微博公关的实例

1. 金茂三亚丽思卡尔顿酒店

金茂三亚丽思卡尔顿酒店非常重视微博公关，酒店派专人 24 小时关注微博及三亚目的地旅游动态消息，收集客人关于住店期间好的与不好的消息，把微博上一些情况分享给销售和管理团队，把不好的体验转变成提供优质服务的故事。此外，酒店鼓励员工关注酒店官方微博，让全民参与，重视酒店微博。酒店微博已有 3 万多名粉丝，发布微博量达 900 多条。

2. 海口星海湾豪生大酒店

海口星海湾豪生大酒店在试营业初期便开通了新浪企业认证官方微博，微博的信息传播面广、速度快，为酒店提供了一个绝佳的品牌宣传互动平台。星海湾豪生大酒店微博重在进行品牌形象推广，定期更新发布酒店的最新产品活动信息，让广大粉丝能实时了解酒店的最新动态，同时发布海口作为旅游目的地吃喝玩乐购的趣闻趣事，传播和分享最真实的旅行感悟。此外，酒店还不定期发起在线有奖转发活动，让粉丝能深入了解酒店产品，积极回复粉丝的评论与私信沟通，提高广大网友对酒店的信任度。建立起酒店微博与粉丝的亲切关系，更好地为广大宾客提供五星品质服务。

三、微博公关的发展方向

每个时代的公关都和当时的信息传播方式密切相关。同时，政府、企业、个人的形象的塑造以及品牌的经营，也在一定程度上需要依赖传播手段的发展状况。在微博盛行的时代，一个即时、互动、多元、立体的媒体平台成为了公关的主角。

现在很多组织机构、公众人物对于社会化媒体如微博的运营，都是交给组织机构下属的公关或营销部门负责，是依附于部门的一个附属职能。随着微博公关的营销效益逐渐扩大，微博的运营会朝更加专业化的方向发展。可以预见，微博公关的发展可能会呈现出两种形态：一是在组织机构内部成立一个独立的部门，专门从事社会化媒体运作，该部门直接对决策层负责；另一种是专业的微博营销团队自力更生，不依附任何政府机关、企业或公众人物，而是通过这些组织或个人的授权，为其进行微博公关的代理工作。

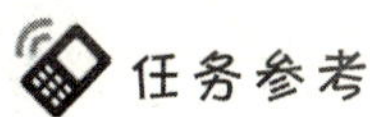

佳梦酒店公关策划方案

一、市场分析

（一）宏观环境分析（略）

（二）微观环境分析

1. 行业分析

（1）中国的大众旅游发展需要物美价廉的酒店住宿设施。

（2）中国日益繁荣的经济刺激了国家内部的商务往来，产生了对经济型酒店的巨大需求。

2. 消费者分析

长沙市人口多、人流量大，流动人口较需要酒店提供住宿和饮食，而且一些企业的商务往来也需要酒店提供服务。

3. 竞争对手分析

华天大酒店，驻长沙较长时间，知名度和美誉度都比较高。

（三）佳梦酒店公关 SWOT 分析

1. 优势：物美价廉、服务好、环境幽雅。

2. 劣势：知名度不高。

3. 机会：长沙固定人口和流动人口比较多，人流量大。

4. 威胁：竞争对手较多，容易遭遇对手的打压。

二、公关目标

1. 提高佳梦酒店在长沙的知名度。
2. 提高佳梦酒店在消费者心中的地位。
3. 扩大佳梦酒店在长沙的市场占有率。

三、公关对象

消费大众、公司员工、供应商、传播媒体等。

四、公关活动安排

<table>
<tr><td rowspan="2">前期宣传</td><td>媒体宣传</td><td>1. 时间：开业前 15 天（2012 年 9 月 15 日）。
2. 媒体：湖南卫视、湖南经视。
3. 设置形式：广告形式。</td></tr>
<tr><td>指示牌宣传</td><td>1. 时间：开业前 15 天（2012 年 9 月 15 日）。
2. 设置地点：以佳梦酒店为中心，300 米范围内的主要街道上。
3. 设置形式：租用现有合适的位于道路两旁的户外媒介（如公共汽车候车亭的广告位）。
4. 数量：每个不同文案至少要求设置 5 个，一共不少于 10 个。
5. 大小、高度：视实际情况而定，文字能大就大，力求醒目。
6. 设计要求：要求使用佳梦酒店标准的标识及标准字体。
7. 时间要求：于开张前 10 天设好。</td></tr>
<tr><td>开业当天</td><td>举办公关专题活动</td><td>1. 主题：佳梦酒店为您过生日。
2. 活动时间：开业当天（2012 年 10 月 1 日）。
3. 活动地点：佳梦酒店。
4. 活动概况：给佳梦酒店开业当天过生日的 30 位公民每人赠送一间包间，他可以邀请亲朋好友前来包间聚餐消费，所有费用最后由佳梦酒店代为支付，费用设上限。
5. 活动细则、注意事项：
(1) 报名点餐
菜谱酒水限制：在限定的一类或几类菜单或酒水中选择当天的菜谱或酒水；
菜的数量：限定一个总的上限，如每人限 2 个菜，避免浪费；
浪费餐饮处理：要告知所点的菜吃不完，需要接受小小惩罚。
(2) 拍照留念
所有同天生日的来宾与佳梦酒店管理层代表合影留念（如该照片需在某范围内，如佳梦酒店使用，则应与其签订肖像权使用协议）。
(3) 举行“佳梦酒店请您定菜价”定价员抽取及聘收颁发仪式。</td></tr>
</table>

续表

<table>
<tr><td rowspan="3">开业后公关活动</td><td>活动一</td><td>活动主题——佳梦酒店请您定菜价
1. 活动日期：2012 年 10 月 14 日（星期天）。
2. 活动时间：上午 8：00—10：00。
3. 活动地点：佳梦酒店。
4. 活动概况：聘请 30 位定价员，对提出的若干类别的若干菜名，集体评定其菜价。
5. 定价员选择：
选择方式一：开业当天，以抽签的方式，抽出 30 个愿意参加活动的客人；
选择方式二：开业后每天随机抽取 3 个前来消费的客人（在客人愿意、有空的前提下），担任定价员。
6. 活动预告：开业后第 3 天，发出“佳梦酒店请您定菜价”活动广告。
7. 参加定菜价人员的报酬：每人 200 元，于活动结束时用红包的方式支付。
8. 需要确定菜价的菜名：由佳梦酒店选择。
9. 确定方法及流程：除去最高分、最低分，取平均分；要准备相关的表格、文具，确定具体流程。
10. 公证：事先，将活动与公证处联络，取得其支持。公证处进行现场公证，公证后，悬挂经公证盖章的菜价牌。
11. 事后宣传：活动的第二天，在报纸上公布菜价确定结果，鸣谢公证处及定价员，并以市民监督、检查为内容进行广告，同时，刊出“佳梦酒店请您评大厨”的活动预告。</td></tr>
<tr><td>活动二</td><td>活动主题——佳梦酒店请您评大厨
1. 活动日期：2012 年 10 月 20 日（星期六）。
2. 评选方法：每天对每个厨师，随机抽取其烹饪的 5 道菜，请享用该菜的客户，对该菜的各项品质属性如味、色、香、形等进行打分（先做好打分登记表，以方便客人操作，最好只要打勾就行了），并请客户签名；对于参加评分的客户，每人赠送一份精美的纪念品。收集每天的评分，进行累加，即可得出每个厨师的总分，从而能排出名次。
3. 活动宣传：大堂及外围，要打出相关的宣传口号横幅。
4. 评选结果及过程照片，可于评选结束后的第二天或第三天，在报纸上刊出；报纸同时刊出“佳梦酒店请您评服务”活动预告，同时将佳梦酒店服务员工作标准列出来。</td></tr>
<tr><td>活动三</td><td>活动主题——佳梦酒店请您评服务
1. 活动日期：2012 年 10 月 20 日—2012 年 10 月 31 日
2. 评选方法：
(1) 每天请 5 位客户在埋单时，填写《服务人员评分表》，对为其提供服务的服务员，按佳梦酒店服务员工作标准进行评分，将每天的评分累加在一起，形成每个服务员的总分，从而排出名次；
(2) 注意要均衡每个服务员被评分次数，保持大体一致。
3. 赠给评分客户一件精美礼品。
4. 活动宣传：大堂及外围，要打出相关的宣传口号横幅。
5. 评选结果及过程照片，可于评选结束后的第二天或第三天，在报纸上刊出，报纸同时刊出“佳梦酒店指定绿色菜地”活动预告。</td></tr>
</table>

续表

开业后公关活动	活动四	活动主题——指定绿色菜地活动 1. 活动方式：开业10天后，开始着手物色附近的农家，找一些比较理想的，与其签署绿色蔬菜供应合同并拍一些照片，然后，在佳梦酒店大厅合适的地方展示这些照片。 2. 合同签署完后，在报纸上报道绿色蔬菜签署情况及绿色蔬菜的含义，向公众传递佳梦酒店采购了绿色蔬菜的信息。

五、活动预算

名称	开业前期（万元）	开业中期（万元）	开业后期（万元）				合计（万元）
费用	15	26	3	2	2	2	50

六、预期效果

1. 通过前期指示牌宣传，使公众对佳梦酒店有一个初步了解。

2. 通过开业公关，给公众一个耳目一新的感觉，留给公众一个深刻的印象。

3. 通过“定菜价”活动，给公众留下一个菜价合理的深刻印象。

4. 通过“评大厨”活动，使公众了解到佳梦酒店有优秀的厨师。

5. 通过“评服务”活动，让顾客了解佳梦酒店的优质服务。

6. 通过“绿色菜地”活动，使绿色饮食观念深入人心，并在公众心目中形成佳梦酒店为绿色宾馆的良好印象。

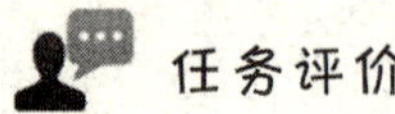

任务评价

情境5　任务评价方案

评价项目	序号	考核项目及分值比例	评价标准	考核方式及单项权重		
				学生自评	组员互评	教师评价
通用评价指标(30分)	1	工作计划性（2分）	工作计划与具体实施情况偏差较小，并在必要时能合理调整计划保证顺利完成任务。	10%	10%	80%
	2	实施过程（3分）	正确理解任务并按时、保质完成任务。分析方法正确，准确填写管理表单。	10%	10%	80%

续表

评价项目	序号	考核项目及分值比例	评价标准	考核方式及单项权重		
				学生自评	组员互评	教师评价
通用评价指标（30分）	3	卷容格式与文字表达（10分）	文字编排工整清楚、格式符合要求；表达流畅、条理清楚、逻辑性强。	—	—	100%
	4	成果汇报与语言表达（5分）	汇报内容完整、表述清晰、语言流利，回答问题正确、熟练。	10%	10%	80%
	5	答辩情况（5分）	团队成员熟悉内容，能很好地完成各评委的提问。		50%	50%
	6	工作态度（2分）	纪律性好，主动积极，认真负责，勤学好问。	10%	20%	70%
	7	团队合作和协作（3分）	与小组成员和谐合作，主动承担分工，合理处理人际关系并能协助他人完成工作任务。	50%	25%	25%
任务评价指标（70分）	8	公关活动策划书评价（70分）		10%	10%	80%
		封面完整（1分）	要素具备（名称、策划者、时间）。	—	—	100%
		市场分析（4分）	市场分析包括企业的宏观环境以及行业分析（1分）、消费者分析（1分）、竞争对手分析（1分），市场分析确切、到位，能从分析中达到了解企业公关现状的目的（1分）。	—	—	—
		公关活动目标（5分）	有活动目标（2分），目标明确、具体、具有针对性（3分）。	—	—	—
		公关活动主题（5分）	有主题（2分），主题鲜明、引人注目（3分）。	10%	10%	80%
		公关活动对象（5分）	有明确的活动对象（2分），公关对象选择符合企业市场要求（3分）。	10%	10%	80%
		公关活动时间地点（5分）	选择恰当，与活动对象、活动方式相适应，时间选择得当（2分），地点选择得当（3分）。	10%	10%	80%

续表

评价项目	序号	考核项目及分值比例	评价标准	考核方式及单项权重		
				学生自评	组员互评	教师评价
任务评价指标（70分）	8	活动项目流程设计（15分）	活动项目设计与目标、对象、费用相吻合（9分，要求设计3个以上的小项目，1个小项目3分），流程安排细致、正确，具有一定的可行性（6分，每个小项目2分。	10%	10%	80%
		媒介宣传（5分）	有媒介宣传（2分），媒介选择合理，宣传效果显著（3分）。	10%	10%	80%
		进度安排物料准备（10分）	对活动全过程拟成时间表，（5分），何地需要哪些物料，需要怎么布置安排。（5分）。	10%	10%	80%
		费用预算（5分）	有预算与分配表（2分）费用预算合理，可行（3分）。	10%	10%	80%
		效果评估（3分）	有效果评估（1分），公关效果评估合理，符合企业要求（2分）。	10%	10%	80%
		意外防范（2分）	具备处理意外问题的预案。	10%	10%	80%
		创新性（5分）	方案创意独特且可行。	10%	10%	80%
总　分						
团队排名						
是否进步						

任务实施自查

情境5　任务实施进程自查表

计　划	
组　织	
领　导	

续表

控　制	
得　失	
改进措施	
管理感悟	

情境6　编制酒店营销计划

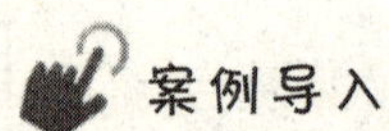

××酒店2013年10月营销工作总结与11月计划

一、10月本市旅游总体形势分析

2013年“十一”黄金周，本市假日旅游市场运行平稳，较之历次黄金周是温而不火，7天内本市共接待游客×××万人次，较2012年“十一”下降了××%，旅游饭店7天平均出租率为××%。从第二周开始，出现节后明显淡季，整个旅游市场处于低潮，旅游饭店接待客量急剧下降，直至本月月底，平均开房率一直处于××%左右。

表6-1　“十一”黄金周本市同星级酒店的销售状况对比表

酒店名称	房间数	间/夜数	平均房价	出租率
本酒店				
A				
B				
C				
D				

二、10月酒店住房销售状况与分析

表6-2　10月住房销售状况表

	实际	预算	差额	去年同期
住房率（%）				

续表

	实际	预算	差额	去年同期
平均房价				
售出间/夜数				
住房销售额				

表 6－3　　10 月客源构成表

	售出间/夜数	所占比率（%）	销售额（元）	所占比率（%）
商务散客				
旅行社				
政府机构				
其他				
总数				

表 6－4　　10 月前 10 名商务客户消费排名

排序	公司名称	售出间/夜数（间）	销售额（元）
1			
2			
3			
4			
5			
6			
7			
8			
9			
10			

表 6－5　　10 月前 10 名旅行社团队消费排名

排序	旅行社名称	售出间/夜数（间）	销售额（元）
1			
2			
3			
4			
5			

续表

排序	旅行社名称	售出间/夜数（间）	销售额（元）
6			
7			
8			
9			
10			

表6－6　10月市场构成及各细分市场销售目标完成状况分析

项　目	市场构成			出租间/夜数			平均房			销售额		
商务公司	实际（%）	预算（%）	相差（%）	实际	预算	相差	实际	预算	相差	实际	预算	相差
旅行社、散客、团队												
政府机构												
其　他												

三、竞争对手分析

表6－7　竞争对手分析表

酒店名称	间/夜数	入住率（%）	市场份额（%）	平均房价
本酒店				
A				
B				
C				
D				
E				
F				

四、10月黄金周及全月客量减少原因分析

1. 国庆、中秋节巧合连在一起，许多家庭为团圆放弃出游。

2. 十月金秋，秋高气爽，内地季节特征较为明显，内地景区分流了大量游客。

3. 航空公司机票优惠政策比往年推迟出台，且机票价格比往年高，

影响了旅行社组团的对外报价，影响了来本市的客流量。

4. 由于假日旅游组团风险大、利润小，不少旅行社均不积极去招徕和接团。

5. 本地区仍缺乏强有力的旅游吸引及目的地。

6. 自 10 月起政府有关部门强制酒店增收服务费，无形中提高了价格。

五、酒店所面临的新问题

距离本酒店咫尺之遥的酒店于 9 月中旬开业以来，对本酒店散客客源冲击很大。据了解，该酒店散客对外报价为×××元～×××元，凭贵宾卡可享受优惠，对一些重要客户价格为×××元～×××元，对本酒店的商务客源市场极具吸引力。而团队方面也是如此，其对 A、B、C 等一些大社，团队价格在×××元～×××元（含早餐）之间，无形中又分流了我们很大一部分旅行团队客源。

进入 10 月，本市的主要客源是会议、展览，近一段收集的会议信息和询价较多，但是，由于酒店会议设施陈旧、餐饮娱乐设施改造工程未能如期完工，因此，很大部分会议客源流向竞争对手。

六、11 月营销工作计划

以上因素预计将持续至 10 月中旬，鉴于此，为确保平稳过渡到 11 月，特制定出如下营销战略。

（一）商务市场

1. 加大销售力度，狠抓商务市场

充分利用酒店的地理位置优势，加大销售力度，扩大销售范围，做到扫遍每一个角落，不放走每一个顾客。

2. 调整现有商务价格

由于我酒店 B 房面积较小，基本上能与三星级的标准持平，所以建议以×××元为底限开发三星级档次的客源市场。A 房则以×××元～×××元为底限与×××酒店、××酒店竞争，豪华房间×××元与××酒店、××酒店竞争。

3. 对客源量大的客户采用重点维护的方法

对于重点客户，如××公司、×××公司等，除了让他们享受到酒店现有一些如赠送果篮、免费健身、洗衣打折、附赠早餐和免费升级房型的优惠以外，对于其主要负责订房业务的人员（办公室主任或秘书）给予较实惠的好处，如附赠小礼品、免费餐券、免费房券、健康中心免费卡或保留差价付佣金等等，一方面方便销售人员与客户之间的交流与沟通，另一方面体现酒店对他们的重视，借此加强他们对酒店的忠诚度。

（二）旅行社市场

1. 旅行社团队

在旅行社团队市场中，原则上，我们会选择一些高房价的订房，但在这段旅游市场处于低潮且竞争又较为激烈的非常时期，建议筛选几家接团量大的旅行社，给予特殊价格和优惠条件实施重点维护，具体如下：

选择两家：标准B×××元（含早餐）、标准A×××元（含早餐），例如×××旅行社、×××旅行社。

以上房价保证每天固定的团队预订量在××间左右，另外留××间房作为浮动房价接待不同价格的团队，作为补充。

2. 旅行社散客

在旅游团队客源备受影响的情况下，我们更注重于开发旅行社散客市场，选择几家接待散客量大的旅行社实施如下价格政策，具体措施如下：

A. 标准B×××元、标准A×××元，例如×××旅行社、××旅行社等。

B. 标准B×××元、标准A×××元，例如×××旅行社、××旅行社等。

以上房价保证平均每天散客订房量××间，对待部分旅行社仍可以采用和散客一样价格政策，争取更多的散客客源，以保持整体平均房价。

七、促销活动

为了稳定老客户，发展新客户，及时掌握市场动态，11月，拟在以下国内地区实行销售计划：

广东地区（广州、深圳、珠海）主要旅行社和商务公司拜访一次（一周时间，一人），北京、上海地区拜访一次（一周至十天时间，一人），等等。

资料来源：《酒店营销知与行》，作者：迟晓

从上述案例可以看出，对于一个营销人员来说，特别是对于负责某一方面的营销工作的管理者来说，起草营销工作总结与营销工作计划书是一

项重要的工作。酒店总结与计划书写作的要求各个酒店也是不一样的。从写作格式上来看，有些酒店把这两份东西表格化了，有些像填空答题；有些酒店则要求按照正规的文体格式来写。从内容上来看，有些酒店把总结报告与计划书分开来写，是两份报告；有些酒店则把这两份报告合二为一，写成一个报告，一般，前半部主要是营销工作总结部分，后半部主要是营销工作计划。那么，一份完整的营销计划由哪些方面构成？营销计划又有哪些类型？在写作时需要注意哪些事项呢？这些问题就是本任务要讨论的。

任务明确

任务描述	以小组为单位，为本模拟酒店撰写年度营销计划。
成　　果	××酒店年度营销计划
具体工作过程	开始：回顾本学期所经历的所有任务，团队选择本次任务的实施负责人。 过程：根据本情境的任务要求，收集本课程所完成的所有任务，讨论下一年营销工作要点，并编制年度营销计划书。任务实施负责人要填写项目实施进程自查表。 评价：各小组就所完成任务的计划与实施过程作总结，准备 PPT 并进行汇报与评价。
具体工作任务	1. 确定本项目负责人，开会商议工作计划。 2. 本项目负责人为全组成员讲解营销计划编制的相关要点，学习营销计划范例。 3. 以往各项目负责人准备好各任务方案，成员在回顾以往任务的基础上共同商议下一年度所模拟酒店营销工作要点，参照范例分工完成年度营销计划的撰写。 4. 项目负责人进行班级汇报，并答辩。 5. 项目负责人总结得失，填写项目实施进程自查表。
需要填写的表单	1. 填写引导文答案概要（见预习指导）。 2. 工作（项目）实施进程自查表。 3. 工作（项目）评价单。
建　　议	要充分利用以往任务的数据资料，找到下一阶段的工作重心，在此基础上完成计划。

预习指导

1. 回顾本学期所作的所有任务，请思考酒店的营销管理流程。

2. 登陆课程学习网站，观看视频《如何制订营销计划》，归纳总结营销计划制订的思路。

视频位置：课程学习网站──→视频资源──→课程学习同步参考系列──→情境六──→如何制订营销计划

2. 根据如下引导文，阅读教材“知识讲解”内容，并尝试在空白处回答相应的问题。

预习引导文	读者自学后回答
1. 营销计划有哪些作用？	
2. 营销计划有哪些类型？	
3. 一份完整的营销计划应包含哪些内容？应如何编制酒店营销计划？	

知识讲解

一、酒店营销计划

酒店营销计划是一份用于指导酒店在一定时期内各自营销活动的书面文件。酒店营销有别于其他企业的营销，因为酒店所提供的产品和服务是不能储存的，是有时效性的，因而酒店的营销人员必须根据不断变化的市场，努力发现消费者的不同需求，通过预先制订计划，运用不同的营销手段、定价策略，提供给消费者确实需要的产品，让顾客感到满意。

一份正式的酒店营销计划通常包括以下几个方面：

1. 酒店营销使命

酒店营销使命是明确酒店营销决策的指导性纲要。主要根据营销分析情况，对酒店的市场、产品、竞争、消费者行为的过去、现在、将来作出高度概括和总结。

2. 酒店营销目标

酒店营销目标有定性和定量之分。定性目标通常有市场形象、服务质量、市场竞争地位等。定量目标通常有酒店市场占有率、营业收入、利润、投资回报率、客房出租率、销售量、平均房价等多种目标。

3. 酒店营销策略

酒店营销策略是指为了实现酒店既定的营销目标而制订的各种设想。酒店营销策略基本上是围绕酒店目标市场、竞争、营销组合等因素构思出来的。因此，酒店营销策略通常包括市场策略、竞争策略、产品策略、价格策略、销售渠道策略等。

4. 酒店营销行动计划及营销政策

营销行动方案是为了实现酒店营销目标，实施酒店营销策略所设置的具体行动步骤和详细的布置，实际上是酒店营销策略进一步具体化的产物。

酒店营销政策是酒店用来指导在一定时期内开展营销活动的规定和指示，比如价格政策、客户优惠政策、酒店 VIP 会员制政策等。

二、营销计划的编制流程与规范

（一）市场计划制订服务流程

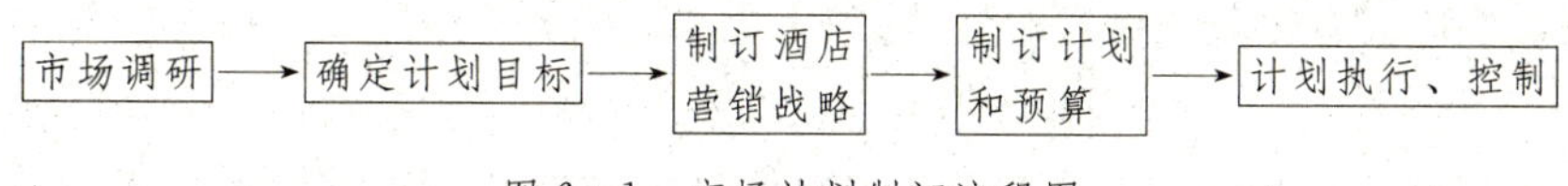

图 6—1　市场计划制订流程图

（二）规范

1. 市场调研

公关营销部对酒店的环境和状况（如酒店的地理环境及周边环境、酒店的特色及市场形象、总的服务质量状况及接待能力、员工素质及服务能力、装修改造情况、优势和劣势等）进行市场调研。

对竞争对手情况（如竞争酒店客房出租率及平均房价、竞争对手各类房价、竞争对手设施项目、竞争对手餐饮设施和价格等）进行市场调研。

对宏观环境（如国家经济状况、地区投资项目情况及发展可能性、上年度入境人数及主要客源国等）进行调研。

通过市场调研确定目标市场。

2. 设定营销目标

公关营销经理根据调研结果，确定酒店营销计划的财务目标，包括酒店全年的总营业额、毛利额、利润等。

确定酒店营销计划的营销目标，包括年度营业额、出租率、平均价格、市场份额及酒店知名度、美誉度等。

3. 制订酒店营销战略

公关营销经理与酒店领导及其他部门围绕产品、价格、渠道、促销等营销组合因素讨论如何实现营销计划目标。

营销经理根据讨论结果制订酒店营销战略，报酒店总经理审批。

4. 制订市场营销计划和预算

公关营销经理根据酒店营销战略制订酒店营销计划，具体内容有销售计划，本年度酒店营销的优势、劣势、机会、威胁，市场营销目标，市场营销组合，具体的政策与活动等。

公关营销经理还应根据营销战略和酒店年度财务预算编制销售变动费用和固定费用的预算。

5. 营销计划执行的控制

在整个计划实施过程中，酒店各部门将营销计划规定的目标和预算按月份或季度进行分解，便于酒店上层进行有效的监督和检查。

通过监督和检查，公关营销部可以督促未完成任务的部门改进工作，以确保酒店营销计划的顺利完成。

总之，酒店的管理，离不开符合本酒店发展的各种管理模式及方法。如："以人为本、以市场为中心、以顾客满意为标准"等管理模式；如"标准化、制度化、军事化"等管理方法。酒店管理模式、管理方法及公关活动都离不开计划，管理中营销计划尤为重要，营销计划的有效执行从另一侧面证明管理水平的高低。酒店营销工作缺乏计划将会导致行动和经费开支上的混乱，使酒店在市场竞争中处于劣势地位，因此酒店必须用计划来对待市场。酒店营销公关计划是市场营销过程中重要的工作之一。酒店营销公关计划的编制对酒店公关活动的策划、执行及效果有着良好的指导作用。

同时酒店公关部除了编制酒店营销公关计划之外，应当与时俱进建立自己的联络网、信息库、资料库，注重对公关效绩的分析。这样更有助于制定科学、合理的公关计划。因为公关活动的效绩不像营销的效绩一样。它除了从客流量、营业额是否增加角度进行评估外，还要看酒店的知名度是否高了，信誉是否好了，外部理解程度是否加强，牢骚是否减少等。

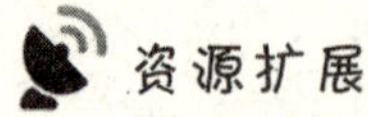

酒店如何制订在线营销计划?

当今，酒店要生存和发展，必须建立一套完整的营销和预算计划，主要包括在线营销和在线分销等。

1. 在线营销

希望酒店网站在新的一年产生多少收入？

相比过去的一年，预期的增长如何？

传统的营销手段与在线营销的平衡点在哪？

你会将线下的预算转移到线上吗？

为吸引网站流量，你会采取什么策略？

你如何提高酒店网站的转化率？

明年你将推出哪些在线营销新举措？

为了能直接与客户互动，你将如何收集邮件、手机号码和 FaceBook 联系方式？

你如何吸引不同的目标客户和细分市场客户？

你如何衡量所有营销手段的效果和投资回报率（ROI）？

更值得关注的是你将投入多少人力和物力？

你是否重新设计网站或优化网站？

本地信息和旅游信息目录的链接状况如何？

搜索引擎营销（SEM 和 PPC）。

搜索引擎优化（SEO）。

展示广告。

在搜索引擎、评论网站、旅游论坛和社会媒体网络上投放广告。

交互式活动和促销（竞赛、游戏、竞猜和抽奖活动）。

邮件营销。

移动网站。

移动搜索引擎营销（SEM 和 PPC）。

社会媒体营销或 Travel 2.0。

在线声誉管理。

博客。

视频。

分析和追踪投资回报率。

网站管理人员。

外部营销机构或专家。

2. 在线分销

你确定了酒店需要采用的新的本地或国际销售渠道吗？

要区分哪些是重点渠道、细分渠道以及流量获得渠道。

哪些旅行社渠道或论坛能够帮你吸引这些目标客户市场？

你将如何保持在线直销和分销的平衡点？

你将采取什么方式来保护酒店不受OTA控制？

你的散客销售和批发商合作伙伴是否遵守了合同？

你将如何阻止批发商通过OTA网站分销和发布仅限房间的套餐价格？

你将如何控制你的分销成本？

你会使用价格一致性策略，通过更有效的分销渠道来产生预订吗？

你懂得在成本比较高的分销渠道中保护自己吗？如限时销售、团购网站和last-minute网站。

你会让自己跟上网站的发展趋势和潮流吗？这些网站只会拉低酒店净价吗？

资料来源：环球旅讯（2011-10-18，Meledy编译，略有改动）

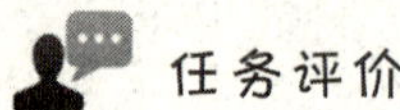

任务评价

情境6　任务评价方案

评价项目	序号	考核项目及分值比例	评价标准	考核方式及单项权重		
				学生自评	组员互评	教师评价
通用评价指标（20分）	1	工作计划性（2分）	工作计划与具体实施情况偏差较小，并在必要时能合理调整计划保证顺利完成任务。	10%	10%	80%
	2	实施过程（3分）	正确理解任务并按时、保质完成任务。分析方法正确，准确填写管理表单。	10%	10%	80%
	4	成果汇报与语言表达（5分）	汇报内容完整、表述清晰、语言流利，回答问题正确、熟练。	10%	10%	80%
	5	答辩情况（5分）	团队成员熟悉内容，能很好地完成各评委的提问。		50%	50%
	6	工作态度（2分）	纪律性好，主动积极，认真负责，勤学好问。	10%	20%	70%
	7	团队合作和协作（3分）	与小组成员和谐合作，主动承担分工，合理处理人际关系并能协助他人完成工作任务。	50%	25%	25%

续表

<table>
<tr><th rowspan="2">评价项目</th><th rowspan="2">序号</th><th rowspan="2">考核项目及分值比例</th><th rowspan="2">评价标准</th><th colspan="3">考核方式及单项权重</th></tr>
<tr><th>学生自评</th><th>组员互评</th><th>教师评价</th></tr>
<tr><td rowspan="11">任务评价指标（80 分）</td><td rowspan="10">8</td><td colspan="2">营销计划评价（80 分）</td><td>10%</td><td>10%</td><td>80%</td></tr>
<tr><td>摘要，参考文献，语句，标题目录等（10 分）</td><td>是否简明扼要地反映案例报告内容；标注格式是否规范；语句是否流畅，病句、错别字情况；标题是否能反映文章内容或论题的范围，目录是否完整。</td><td>—</td><td>—</td><td>100%</td></tr>
<tr><td rowspan="5">市场分析（25 分）</td><td>A. 企业的目标和任务，明确企业市场营销策划方案的重要目标。</td><td rowspan="5">10%</td><td rowspan="5">10%</td><td rowspan="5">80%</td></tr>
<tr><td>B. 市场现状和策略，提供足够信息，真实反应实际情况。</td></tr>
<tr><td>C. 主要竞争对手及其优劣势，明确界定竞争对手，并利用理论工具进行优劣势分析。</td></tr>
<tr><td>D. 外部环境分析，明确企业必须应对的外部要素是什么。</td></tr>
<tr><td>E. 内部环境分析，展示具体数据，以确定目前和预计的市场份额。</td></tr>
<tr><td rowspan="3">营销策略（35 分）</td><td>B. 目标市场描述，向目标市场描述了客户决策过程的每个阶段。</td><td rowspan="3">10%</td><td rowspan="3">10%</td><td rowspan="3">80%</td></tr>
<tr><td>C. 市场定位，针对目标市场，市场定位准确、合理，并能够体现差异性、排他性的原则。</td></tr>
<tr><td>D. 营销组合描述，描述了适当的生命周期阶段，渠道成员明确描述每个阶段，并确定其职能。</td></tr>
<tr><td></td><td>行动计划（10 分）</td><td>活动日程安排，在日程表中明确说明营销活动中的关系。</td><td>10%</td><td>10%</td><td>80%</td></tr>
</table>

续表

评价项目	序号	考核项目及分值比例	评价标准	考核方式及单项权重		
				学生自评	组员互评	教师评价
总　分						
团队排名						
是否进步						

任务实施自查

情境6　任务实施进程自查表

计　划	
组　织	
领　导	
控　制	
得　失	
改进措施	
管理感悟	

综合案例研读

宁波万豪酒店市场营销策略

1. 宁波万豪酒店简介

1.1 万豪酒店品牌介绍

万豪国际集团是世界上著名的酒店管理公司和入选《财富》全球 500 强名录的企业。万豪国际集团创建于 1927 年，总部位于美国华盛顿，目前拥有 18 个著名酒店品牌，多次被世界著名商界杂志和媒体评为首选的酒店业内最杰出的公司。万豪国际集团的发展起源于已故的威拉德·玛里奥特先生 1927 年在美国华盛顿创办的一个小规模的啤酒店，很快发展成为服务迅速周到、价格公平、产品质量持之以恒的知名连锁餐厅。

首家万豪酒店于 1957 年在美国华盛顿开业，在公司的核心经营思想指导下，加之早期成功经营的经验为基础，万豪酒店很快得以迅速成长，并取得了长足的发展。

万豪国际集团于 1997 年进入中国酒店业市场。目前，万豪国际集团旗下有丽兹卡尔顿酒店、JW 万豪酒店、万豪酒店、万丽酒店、万怡酒店和华美达酒店共 6 个酒店品牌在中国。

1.2 宁波万豪酒店

宁波万豪酒店是由万豪集团管理的五星级酒店，宁波万豪酒店总占地 38700 万平方米，由德国 GMP 公司设计。主楼高 39 层，楼高 160 米，屋顶设有停机坪。21 到 38 层为宁波万豪酒店客房。2005 年 5 月，万豪与宁波海城投资开发有限公司签订了 2007 年开业、有 333 间客房的宁波万豪酒店管理协议。

宁波万豪酒店坐落于宁波繁华市中心，邻近姚江，靠近宁波市政府、中山公园和宁波市最大的商业区——天一广场，地理位置优越，交通便捷。

酒店共有客房 333 间，按照不同的房型分布在 19 个楼层，客房的房间类型包括高级房、豪华湖景房、商务豪华房、高级套房、总统套房、行政豪华房和行政豪华套房等房型，每间客房都拥有点播电视、免费宽带上网、写字台、室内小酒吧、独立的盆浴和淋浴卫生间等设施。

酒店拥有 6 个各具特色的餐饮部门，具有现代风格的 river cafe 是颇受外籍客人推崇的西餐厅，共有座位 190 个，为客人提供自助早餐和全天零点的西餐。位于 2 楼的中餐厅，经营江南菜肴和粤式菜肴，共设有 12 个包房和一个能容纳 30 人的大厅。在 35 楼有专门为商务客人服务的行政酒廊。另外，大堂吧是休闲及商务洽谈的场所。酒店的宴会厅房位于三楼。

除了客房和餐饮，万豪酒店还包括商务中心、外汇兑换、租车服务、洗衣服务、礼宾服务、有可无线上网的公共区域、行李存放服务、叫醒服务等附属服务设施。

1.3 宁波万豪酒店营销状况

宁波万豪酒店从 2007 年全面营业以来，主要经营指标处于一种稳固的增长态势。但是由于宁波的经济发展迅速，政府对酒店业的支持，一些同等五星级酒店纷纷落户宁波，比如香格里拉酒店、威斯汀酒店、君悦酒店、华侨豪生等，使得酒店市场的竞争十分激烈，下图是宁波星级酒店的分布图。

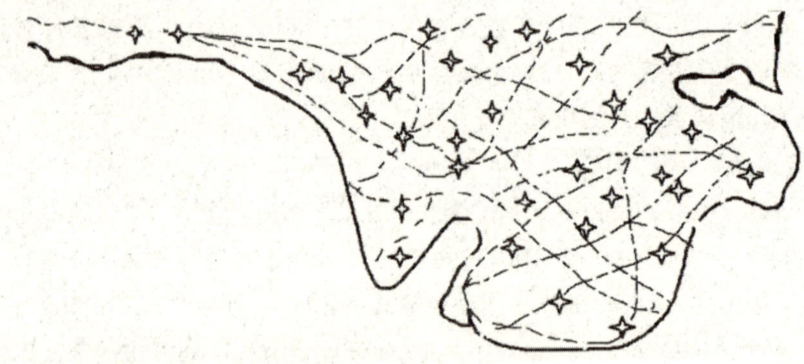

图 6—2　宁波市星级酒店分布示意

由图 6—2 可以看出，宁波酒店业已趋于饱和，如何在竞争激烈的酒店业中立于不败地位，万豪酒店应使用什么样的营销方式以消耗尽量少的资源，获得收益的最大化。

1.4 宁波万豪酒店存在的营销问题

1.4.1 万豪酒店产品问题

首先，硬件上的问题。（1）自身的硬件有缺陷，万豪酒店共有客房 333 间，在五星级酒店中，属于规模相对比较小的酒店。（2）在宴会厅、西餐厅、中餐厅方面也存在着厅内内层过小这些不可改变的弱点。(3) 酒店开业已经近 5 年，部分设施设备老化，设施相对新开业酒店略显滞后。

其次，软件上的问题。酒店软件服务没有达到一定的高度，因为酒店基层员工的薪酬和他们的工作量不成正比，所以导致酒店员工的流失率很高，员工数量少，从而影响了员工的服务水平和水准，加之部门经理的管理水平和能力有待提高，导致前厅、餐饮等部门的服务质量和服务水准良莠不齐。

1.4.2 营销创新

酒店对营销创新这一块不太注重，或者由于市场调查不足，推出的活动反应不尽如人意，造成了一定的资源浪费。

2. 宁波万豪酒店营销环境

2.1 宁波万豪酒店宏观环境分析

2.1.1 政治环境（略）

2.1.2 经济环境（略）

2.1.3 自然环境（略）

2.1.4 社会人文环境（略）

2.1.5 技术环境（略）

2.2 宁波万豪酒店 SWOT 分析

所谓 SWOT 分析，是指酒店对自身经营的优势（strengths）、劣势（weaknesses）、面临的机会（opportunities）以及威胁（threats）所进行的一种分析方式。①

2.2.1 优势分析

（1）万豪酒店位于和义路，距离机场及火车站只有 15 分钟以内的车程，距离市中心步行只要 5 分钟，所以占有得天独厚的地理位置。

（2）宁波万豪酒店是美国著名酒店品牌，所以在市场上也有着非常高的影响力和品牌认知度。

（3）酒店的餐饮丰富，涵盖了各国特色。

（4）管理团队是一批有经验、责任心很强、很有创新意识的管理人

① 林峰、杭建平、王海云：《市场营销策略与应用》，北京：社会科学文献出版社，2004。

员，是来自全球各地的精英。

2.2.2 劣势分析

（1）万豪于2007年开业，正式运营已经超过5个年头，部分设施设备已老化，尽管有过一些更新，但是不能从根本上解决因设施设备老化带来的一些弊端。

（2）万豪酒店的外观及大堂，包括宴会厅，没有五星级的气势，略显小气。酒店硬件设施先天不足，宴会厅比较小，万豪酒店的房间数量较少，只有333间。与同星级的酒店相比，接待能力较弱。而且房价与宁波其他五星级酒店相比高出很多。

（3）万豪酒店餐饮种类较少，口味针对西方人，价格昂贵。由于万豪品牌是美国品牌，酒店一直比较重视欧美客人，对内地的客人重视程度较低，经常引起客人的投诉。

（4）万豪酒店的服务质量有待提高。酒店行业的员工流动率一直高于其他行业，这是个不争的事实，宁波万豪酒店员工的流失率很高，员工一上手之后就开始厌倦，万豪酒店一直依靠实习生来顶住，经常由于找不到实习生而出现一个餐饮部门员工只有几名，天天加班的现象。

（5）员工压力过大。

2.2.3 机会分析（略）

2.2.4 威胁分析

（1）同行业的威胁。

①新进入者众多，酒店业竞争的相对激烈将会在一定时期内对酒店市场的入住率和价格结构产生一定的压力。宁波威斯汀酒店、宁波君悦酒店两家五星级酒店开张，其设施设备更加先进，装潢华丽，员工的工资薪酬比万豪优渥许多。

②本来存在的威胁，宁波华侨豪生酒店、宁波香格里拉酒店、宁波索菲特酒店这三家不管是酒店地理位置还是市场定位都与宁波万豪酒店相近。

表6－8　　宁波万豪酒店主要竞争对手分析

酒　店	优　势	劣　势
宁波华侨豪生酒店	宁波本地饭店，地理位置好，更能吸引宁波本地客人；各种产品收费价格较低。	设施设备档次低于万豪，酒店外表看上去不够气派，环境喧闹。

续表

酒店	优势	劣势
宁波香格里拉酒店	地理位置优越，投资大，设施设备、居住环境等硬件条件更好。	管理混乱，员工流失率最为严重，定位不够准确。
宁波索菲特酒店	建筑豪华，客房数远远多于万豪，大厅气派，设施设备更先进。	地理位置不如万豪便利，菜品及服务质量略逊于万豪，房价高。

（2）人力资源的问题。

宁波酒店行业的突出问题之一就是人力资源的管理，专业工作人员供不应求，万豪酒店的培训没有针对性，员工学习的只是皮毛，服务质量有待提高。

（3）能源成本。

能源成本的增加也是目前酒店行业的一大问题，应该高度重视在酒店能源管理方面采用新技术，这样才能在能源消耗方面取得竞争优势。

3. 宁波万豪酒店 STP 战略营销分析

对宁波万豪酒店将来的目标市场进行细分，并结合宁波万豪酒店自身的特点，寻求宁波万豪酒店更加擅长和更加易得的目标市场，有利于万豪确定利用有效的资源开拓更加容易获得快速发展的目标市场定位。

3.1 万豪酒店市场细分

STP 是指市场细分（Market segmentation）、目标市场选择（Targeting）和市场定位（Positioning）。STP 是酒店营销工作中的第一步，所有的营销策略都是围绕着 STP 进行的。市场细分就是把整体性的市场划分成有意义的、具有较强相似性的、可以识别的较小的顾客群的过程，每一个顾客群成为一个细分市场。无论是商务散客、会议团队、旅游团队还是网络订房都对酒店的产品有着不同的需求和相对独立的消费特征，对酒店的所有不同类型的客人进行深入的市场细分，可以了解不同群体客户的消费特征及个性化需求，从而提出有针对性的产品和策略，满足不同细分市场群体的需求，同时也会大大提高客人的满意度和忠诚度。

在万豪的住店客人中，按照旅行目的的不同可以分为商务客户和旅游客户。

3.1.1 商务客户

(1) 公司协议客户

宁波的协议客户是所有市场细分中最重要的一部分。该市场具有价格高、入住率高、回头率高等诸多特点，公司协议客户是一个酒店赖以生存的基础，同时公司协议客户也是对配套设施和服务水准要求最高的一类人，因为他们有着丰富的酒店入住体验，所以对所有的细节和服务都有更加严格的比较和讲究，公司协议客户的发展和扩大对于会议及团队市场的开拓也起着至关重要的作用。当然，因为其酒店入住经验非常丰富，所以对于价格也相对敏感，对于硬件及服务的要求，他们也是非常挑剔的。

(2) 网络订房

随着网络的发展，包括网络订房在内的散客在酒店中的重要性也越来越明显，成为酒店市场细分中的一部分。为了酒店的生存和发展，在信息时代酒店开展网络订房已是必然趋势，网络订房是目前酒店电子商务的主要形式，它拓展了酒店经营的客源渠道，同时树立了酒店在网络上的形象，扩大了商务客源。网络订房是高星级酒店提升客源层次的有效途径之一，它在吸引国内高层次商务客人的同时，也能较大幅度地吸引境外的旅游宾客。

(3) 长住客户

酒店长住客人是一个酒店出租率的基础，酒店长住客人主要来自于受聘于各大外资公司的宁波的外籍高级管理人员等。长住客人居住时间长，对于服务环境的要求较高。如果长住客人较多，可以为他们配备大巴，为他们提供接送服务。

(4) 会议团队市场

会议团队整体消费额高，一次性入住房间数量较多，对于宴会设施等综合服务项目要求较高。会议团队因为其对于场地的要求，宴会菜品的要求和预算都很严格，对于房间的入住时间及房间内的安排要求很高，而且对于价格都非常敏感，会根据会议组织者的预算反复压低价格，有的甚至打到了五折。

3.1.2 旅游客户

(1) 旅游团队市场

该市场的价格随着季节的变化而变动较大，有着明显的淡旺季之分，但是价格及利润较低，是在出租率较低的情况下的一种补充。旅游团队具有房间集中、往返频率较高、价格低等特点。

(2) 旅游散客市场

该市场的客人流向取决于旅行社的选择，而旅行社选择酒店的基本原则是看哪家酒店给他们创造的利润率高，所以这部分散客具有很难掌控、回头率低、利润率低的特点。

3.2 万豪酒店目标市场选择

目标市场的选择就是在诸多市场中选择最为合适的细分市场作为目标市场的过程。鉴于商务客人在万豪酒店市场细分中所占的比重最大，而且随着经济的发展，商务市场能给酒店提供源源不断的销售机会，万豪酒店对商务市场也具备一定的招徕能力。因此，宁波万豪酒店的目标市场的选择应该本着重点发展商务客人市场，适当发展旅游团队市场的原则，改变并提高其市场营销策略，形成自己的独特的营销风格，从而在激烈的竞争中形成差异化的优势。

其次，当万豪选定商务客人这个市场后，采取什么营销策略来经营这个目标呢？

表6－9　　酒店营销策略的决定因素

参考标准／营销战略	酒店资源（人力、物力、财力）	市场同质性	产品同质性	产品生命周期	竞争对手数目	竞争对手营销策略
无差别营销	多	高	高	介绍期	少	—
差别营销	多	低	低	成熟期	多	差别营销策略
集中营销	少	低	低	—	多	—

由上表可知，鉴于宁波万豪酒店开业时间较短，属于资本雄厚的酒店集团子公司。宁波的酒店业竞争激烈，可采用差异性营销战略对待商务和旅游客户。

在上述市场细分中，把万豪的客人分为两类，一类是商务客户，一类是旅游客户。旅游团队因为其利润率低，占房率较高，是酒店必不可少的一个细分市场，但是不会把它作为主要目标市场，只是作为淡季提升出租率的一个细分市场而已。占主导地位的是商务客户，酒店大部分精力应集中于商务客户。万豪酒店根据这两类客人的特点，可以采取差异性的营销

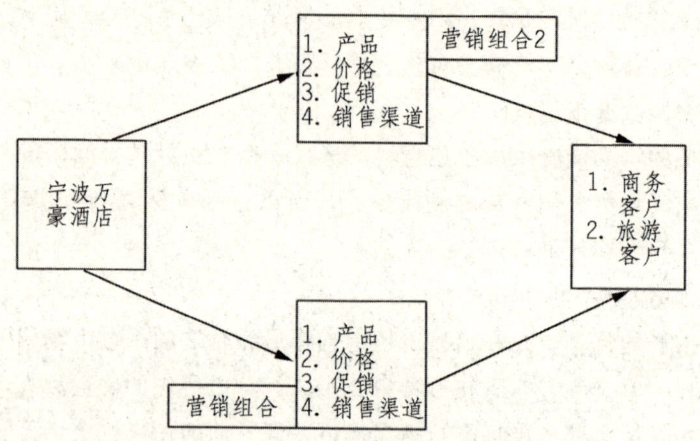

图 6—3　集中性营销策略

组合来满足这两个细分市场的需求。

3.3 万豪酒店市场定位

市场定位（Market Positioning）是指企业根据竞争者现有产品在市场上所处的位置，针对顾客对该类产品某些特征或属性的重视程度，为本企业产品塑造与众不同的、给人印象鲜明的形象，并将这种形象生动地传递给顾客，从而使该产品在市场上确定适当的位置。

针对不同的市场细分，万豪也给予他们不同的市场定位，对于商务客人，宁波万豪的市场定位是“为商务人士的您提供专业和奢华的入住体验”。商务人士对于酒店最为看重的就是酒店能为其旅行提供方便、舒适的环境，并且能够最好地体现其公司的地位、品质和价值，而宁波万豪对于商务市场的定位就是针对商务客人的这一特质而制订的，宁波万豪有完善的综合服务设施能够满足商务人士旅行的全部需求，办公休闲两不误。对于长住客人，宁波万豪则提出了“万豪，您的‘家外之家’”的口号。

对于旅行社客人的定位为：“高品质团队的入住首选!”因为旅行社的价格的特殊性，所以万豪可以选择一些对于房间要求较高、预算较为宽松的高品质团队作为其市场定位。而对于政府和会议市场也因为其场地的局限性，而定位为“中、小规模高端会议的首选之地”。

4. 宁波万豪酒店的营销策略分析

4.1 关系营销策略

4.1.1 内部的员工关系

员工是酒店赖以生存和发展的细胞，是酒店最基本的内部公众，他们同酒店的目标和利益关系最为密切。员工处于营销第一线，他们是酒店与外部公众接触的媒介，酒店营销具体的工作大部分是从他们开始的。

（1）充分尊重、信任员工。首先就是尊重员工的劳动和工作价值。其次要重视对员工的激励工作，酒店的管理者对员工的成绩或进步都应给予及时、充分的肯定。例如，可以每季度进行一个部门之星评比，对工作上认真负责的员工给予物质和精神上的双重奖励。再次，管理者要善于掌握员工的个性和品格，善于根据员工的个性特点进行引导，避免个性和品格上的矛盾。

（2）重视信息的双向沟通。例如，在酒店的墙报、宣传橱窗等地方设宣传栏，让员工及时了解酒店服务质量、人事变动、奖金福利政策等情况。另一方面，酒店也可以将员工的意见、情绪、愿望以及合理化要求及时规划综合，反映给有关部门，用作决策或工作的依据。

（3）加强酒店与员工的情感交流。比如，可以适当组织一些娱乐活动，郊游、运动会、舞会等，为员工提供活跃生活和交流情感的机会。酒店的管理者可以把员工的档案统计起来，记录员工的生日，在员工生日的时候送上一盒蛋糕，道一声“生日快乐”。或在员工生病的时候送上一束鲜花表示慰问，这样的话会使得员工觉得领导平易近人，会对酒店产生感情。

（4）培养员工对酒店的忠诚。除了物质和福利的奖励外，应注重加强员工精神方面的鼓励，比如说心灵的满足、信念的培养、自豪感、荣誉感等等。

4.1.2 外部的宾客关系

（1）提供始终如一的优质服务。例如微笑服务。

万豪酒店非常注重微笑服务，甚至列入了服务 20 条。但是许多服务员在提供服务的过程中往往都面无表情，语气生硬，管理者应重视这一块，加强对员工的培训或者注重员工的内部关系。

再如，对客人一视同仁。万豪管理者比较偏好欧美客人，这种偏好自然而然地影响了员工。对外国客人总是笑脸相迎，服务优先，所以经常引起国内客人的不满甚至投诉。

其他如细微服务、高效服务等都是酒店业的常规动作，不再赘述。

（2）做好长住客人的工作

做好长住客人的工作，首先记住长住客人的长相和名字，要了解长住客人的生活习惯，为他们提供方便的服务：了解长住客人所在国的国庆日、主要客人的生日，在他们生日时，为他们送上蛋糕，送上祝福；帮助长住客人解决急难问题。另外，如果酒店有重大的活动要通知他们，请他们参加；节假日为他们安排联谊会、聚餐等等。

（3）及时处理客人的投诉

在酒店人与人之间发生直接关系的工作中，总会有投诉，可能是工作人员的差错或缺点，也可能是由于客人与服务人员之间产生的误会，或者说客人过于挑剔。不管客人投诉是否有道理，我们都应注意倾听，不要急作争辩，做好记录，并尽快做出处理意见。

如果是信函投诉，应记下客人的通讯地址，处理完后立即向对方回复，要正式，最好印有公关部的负责人以及总经理的名字进行回复。

4.2 价格策略

4.2.1 客房定价策略

表 6－10 万豪酒店的客房与竞争对手价格比较表（门市价）

房间规格 酒店	普通套房	标准套房	商务套房	豪华套房
万豪酒店	1988/间	1988/间	2288/间	2588/间
华侨豪生	1588/间	1588/间	1688/间	2088/间
香格里拉	2171/间	2171/间	2386/间	2680/间

表 6－11万豪酒店的客房与竞争对手价格比较表①（促销价）

房间规格 酒店	普通套房	标准套房	商务套房	豪华套房
万豪酒店	1028/间	1028 间	1218/间	1280/间
华侨豪生	698/间	698/间	798/间	828/间
香格里拉	1056/间	1171/间	1271/间	1286/间
索菲特	788/间	788/间	986/间	1294/间

由表 6—10 和表 6—11 可以看出万豪的价格高于华侨豪生和索菲特酒

① http：//www.4006777711.com/hotel/hotel-7720.html.

店，接近于香格里拉酒店。这是由于万豪的地理位置优越于华侨豪生与索菲特，品牌影响力大。华侨豪生采取价格差异化策略，所以它取得了价格优势。从另一方面来说万豪失去价格上的优势。因此万豪可以制订一些客房定价策略，获得万豪酒店在产品价格上的优势，以赢得更多客人的青睐。

（1）商务客人。

网上优惠。鼓励客人在网上注册成会员，对会员预订给予一定幅度的优惠，对于第一次预订的会员可给予 7 折甚至 6 折的优惠，以吸引客人通过网络注册成会员。

预付价。客人预付房租，酒店可给予一定的优惠。

停车优惠策略。对于开车的客人给予免停车费的优惠。

团体优惠。对于会议团队，订房数量多的尽可能少打折或不打折，最好以附送房间的方式给予客人优惠。

（2）旅行团队价格。

旅行团队有明显的淡旺季之分，淡季一般从每年的 12 月到次年的 3 月底，旺季则是每年的 4 月到 10 月，对于不同季节的价格，旅行社的团队价格策略也有很大的调整，因为通过价格调控，可以充分发挥旅行团队对于酒店生意的影响。淡季时，需要更多旅行团队来提升出租率，所以用较低的价格来吸引旅行团队生意。而旺季时，因为市场需求量足够，所以就将旅行团队的价格提升至酒店可接受的程度，更加接近于酒店的平均房价，择优来选择旅游团队。另外，对于旅行团队的生意，因为价格的特殊性，酒店对其有严格的限制，首先，必须是有团单和导游，只接受基础房型的预订，这样可以减少对商务客人入住的冲击。

4.2.2 菜单定价策略

（1）菜肴特定时间定价法。

菜肴同时也带动了酒店其他产品的销售，使得酒店的总体收益增加。定价法是酒店为了招徕客人，故意将某些有名的菜肴短时间内降价，以接近甚至低于成本的价格出售。客人受到这种促销方式的诱惑而前来品尝或者购买。

（2）优惠策略。

对于住房的客人在酒店的中西餐厅就餐时可以给予 9 折优惠，餐饮的利率大概在15%－20%之间，当给客人10%优惠时，酒店还能产生5%－10%的利润，虽然客房住客消费的餐饮产品利润降低了，但是却能提高客房的开房率和餐厅的上座率，对酒店的资源实现了有效地利用。

(3) 声望定价法。

声望定价法同样是针对细分市场，将目标对准市场中高消费层次的客人，酒店凭借信誉和客人的“地位、声望需求”以及“价高质则优”的心理，用较高的菜肴价格吸引这一档次的客人。这种定价法要做详细的市场调查：除细分市场顾客的身份和消费实力外，还需要考虑年龄结构和客人所能承受的最低、最高价格限度。尤为重要的是，产品的价格必须与质量相吻台，这样才能保证酒店的声誉，不损害客人的利益。

4.3 产品创新策略

与所有产品一样，酒店产品进入衰退期之后，即使增加促销、广告等费用，也很难避免销售量和利润的下滑，所以酒店的管理者应积极寻找新产品来代替老产品，提高自己的市场竞争力。当然，新产品并不一定意味着以前从来没有过的全新产品。只要在功能或形态等方面得到改进或更新，并与原有产品有所差异，能够给顾客带来新的利益即可视为新产品。同时在产品创新时，不要照搬别人的做法。这方面，万豪是有过教训的。

4.3.1 改进型产品策略

所谓改进型产品，就是对饭店原有产品的某些部分进行改造。

万豪酒店根据目标市场与市场定位，对产品各方面的内容进行重新设计，重新选择了目标市场：商务客人为主。

(1) 酒店增设各种商务设施，方便商务客人在酒店内的所有活动。例如，完善商务中心的功能，增加商务出租服务，包括代客租车、翻译、商务秘书租赁。再如，在商务楼中心增设供客人上网的电脑，方便没带电脑的客人上网，在酒店的公共区域设置无线上网系统。

为改善商务客房配置，使客人住得舒适，可进行如下改造：一是更换地毯和墙纸，换上脚感十分柔软的地毯，更换较脏的墙纸。二是更换床上用品，采用亚麻床单和羽绒床垫，并采用符合人体睡眠功能的床垫，采用绿色环保的加入决明子、植物干花等有益健康的枕头，使客人能享受到优质的睡眠，这对于经常用脑的商务客人来说是非常好的放松方式。三是房间设保险柜，使商务客人的资金和资料更方便和安全，熨斗及熨衣板方便客人紧急时使用。四是更换高质量的浴巾、毛巾、脚巾，增设壁挂式吹风机及体重称，增加高级浴袍，沐浴液与洗发香波配备品牌产品，虽然每间房间的成本会增加，但换来的却是客人更高的满意度。

（2）万豪对行政楼层的改进。利用新的材料对原来的行政楼层进行部分的改造，增加了一些新的功能。万豪的行政楼层位于酒店的36－39楼，处于酒店大厦的最上部4层，房间共有36间。在行政酒廊里，可以在入口处设接待台，由专职服务人员负责登记开房、结账退房、信息咨询、侍从陪护等服务业务。不必去前台，就可以办好一切手续。为商务客人提供方便，住店、离店时间也节约了，符合商务客人高效性的特点。另外，这里还可以为客人出租办公设备，为客人收发传真、电传，为客人复制影印资料文件等；“推迟离店时间”——离店结账时间一直延续到下午6点，完全符合商务客人的活动规律；“高度私人化服务”在酒店例行的服务程序和规范上增加了更多符合商务客人自身喜好的服务项目。

（3）可以对某些客房加以改造。例如，现在单身女性商务客人、单身女性旅游者都在逐年增加。可以针对单身女性，将客房装饰成温馨的色调，可以配有特制的穿衣化妆镜、成套化妆用品、各种品牌的洗涤剂，还可以提供女士睡衣、吹风机、挂裙架、卷发器、针线包以及其他妇女专用的卫生用品。在床头柜或是小茶几上备有专供妇女阅读的书刊和最畅销的妇女杂志。

4.3.2 仿制型产品策略

仿制是一种重要的竞争策略。例如，代客保管剩酒服务项目不少酒店都有。万豪酒店可以仿制这个代客保管剩酒的服务项目，或者再推陈出新，发展代客保管碗碟。如果客人使用次数多，可以赠送一套餐具供他们专门使用，吸引他们常来就餐。

4.4 促销策略

宁波万豪酒店在媒体推销方面做得很好，在报纸、杂志、电视、户外广告上都有万豪酒店的宣传。在促销方面，重点说的就是人员推销中的岗位推销。酒店的工作人员与客人是面对面的服务，客人获得的很多信息都是从酒店工作人员这儿得到的，因此营销部门和人事培训部门应重视各部门员工岗位推销策略和技巧的培训。

（1）前厅部工作人员。

针对商务客人，员工应尽量向他们推销设施齐全、便于会客、价格较高的商务套房。对旅游客户，应向他们推荐景色宜人、宽敞的客房。在推销客房的时候还可以适当推销酒店的其他附加服务。针对客人的心理需求，根据时间、情况的不同，主动向客人推荐服务。比如夜间住房的客人，可向他推荐客房送餐服务。整夜奔波、早上到达的客人，可向他们推荐酒店的服务项目、美容美发及桑拿设施。在用餐前到达的客人，可推荐酒店的餐饮服务。

（2）餐饮部工作人员。

餐饮部工作人员要在了解当天每道菜的名称、来历、制作方法、特色及营养价值的基础上，尽量揣摩客人的心理，针对客人不同的心理推荐不同的菜肴。对老年人，最好推荐有吉祥名称的食物；对于请客吃饭出手阔绰之人，尽可能向其推荐特色菜肴并提供热情服务，使其自尊心和面子得到满足；对于一些有宗教信仰的客人，一定要记住他的要求，并及时保留到档案里。

参 考 文 献

1. 胡宇橙，王文君. 饭店市场营销管理. 北京：中国旅游出版社，2005

2. 王文君. 饭店市场营销原理与案例研究. 北京：中国旅游出版社，1999

3. 严伟. 旅游饭店市场营销. 上海：上海交通大学出版社，2003

4. 菲利普·科特勒，梅汝和等译. 营销管理. 北京：中国人民大学出版社，2001

5. 何丽芳，李飞. 酒店营销实务. 广州：广东经济出版社，2005

6. 王大悟，黄小春. 中国酒店评论. 北京：中国旅游出版社，2006

7. 任昕竺，吕伟成，滕玮峰. 旅游市场营销与管理. 北京：人民邮电出版社，2006

8. 张俐俐，杨莹. 旅游市场营销. 北京：清华大学出版社，2005

9. 陈觉. 餐饮营销经典案例及点评. 沈阳：辽宁科学技术出版社，2003

10. 胡宇橙，王文君. 酒店市场营销管理. 北京：中国旅游出版社，2005

11. 迟晓. 酒店营销与知与行——周末夜话. 广州：中山大学出版社，2002

12. 菲利普·凯特奥拉，约翰 L. 格雷厄姆. 国际市场营销学. 北京：机械工业出版社，2007

13. 田雅琳等. 酒店市场营销实务. 北京：人民邮电出版社，2008

14. 刘晓明. 酒店产品营销. 北京：中国财富出版社，2013

15. the Educational Institute of the American Hotel&Lodging Association，Case Studies in Lodging Management，the United States of America，1998